GLI SPILLI

Oltre 180 tascabili a colori, per fissare le idee sulle materie fondamentali, di attualità, cultura e lingue straniere. Ideali per la maturità e i primi anni di università.

STRUMENTI DIDATTICI

Guide per l'aggiornamento e l'attività didattica di insegnanti, orientatori e psicologi sui temi dell'orientamento e dei test a risposta multipla.

MATURITÀ

Volumi che raccolgono i temi d'esame della prova scritta dei licei scientifici, risolti e commentati.

ORIENTAMENTO

Guide aggiornate per la scelta degli studi post-diploma e per l'inserimento nel mondo del lavoro.

TESTUNIVERSITARI

Manuali ed eserciziari specifici per la preparazione ai test di ammissione di tutte le facoltà universitarie.

PASSEPARTOUT

Volumi monodisciplinari utili per la preparazione ai test di concorsi pubblici, selezioni aziendali, concorsi dell'Unione Europea, concorsi militari, ammissione all'università e ai master.

TESTPROFESSIONALI

Oltre 40 manuali ed eserciziari per prepararsi alle prove di selezione previste per l'accesso e l'abilitazione a specifiche professioni (promotore finanziario, vigile urbano, fisioterapista, infermiere ecc.).

LAVORO&CARRIERA

Guide pratiche su temi di informatica e sales management utili per svolgimento delle professioni aziendali: ideali per direttori e manager di impresa.

CONCORSI&ESAMI

Volumi completi con teoria ed esercizi per prepararsi alle prove scritte e orali dei concorsi pubblici e degli esami di Stato (commercialista, psicologo, avvocato, architetto ecc.).

STUDI PROFESSIONALI

La prima collana pensata per i professionisti (avvocati, commercialisti, notai), dedicata alla comunicazione e al marketing, al management, alla gestione delle relazioni.

TESTMILITARI

Manuali ed eserciziari specifici per la preparazione alle prove di ammissione alle Accademie militari e alle Forze Armate.

I NUOVI CODICI

Mini-codici di comoda consultazione in udienza, in ufficio e durante le lezioni universitarie, aggiornati alla legislazione di riferimento.

METEO

Collana curata dal colonnello Mario Giuliacci e realizzata da meteorologi professionisti. I volumi coniugano l'approccio divulgativo con il rigore scientifico.

UPPA

Piccoli volumi dedicati ai genitori che vogliono approfondire gli aspetti più delicati della crescita dei propri bambini (0-6 anni): dall'alimentazione ai principali disturbi.

S.O.S. LINGUE

Piccoli volumi per un soccorso immediato quando ci si trova all'estero: dialoghi modello, frasari per le situazioni più comuni e per gli imprevisti, indicazioni per la pronuncia e agili glossari.

TESTUNIVERSITARI

AlphaTest Lingue

ESERCIZI COMMENTATI

2ª EDIZIONE

edizioni

Alpha Test

Via Mercalli, 14 – 20122 – Milano (Italy)

Tel. 02 5845981 – fax 02 58459896

servizi@alphatest.it

www.alphatest.it

ISBN: 978-88-483-1855-6

Seconda edizione: gennaio 2016

Prima edizione: gennaio 2014

Impostazione grafica della copertina di Andrea Morando

Rielaborazione grafica della copertina e illustrazioni interne a cura dell'Ufficio Grafico Alpha Test

Stampato da Grafica Veneta srl. Trebaseleghe (PD)
per conto di Alpha Test S.r.l.
nel gennaio 2016

INDICE

PREFAZIONE

Per molti giovani di tutto il mondo, l'iscrizione all'università è da diversi anni subordinata al superamento di una selezione preliminare che ha lo scopo di valutare le potenzialità dei singoli studenti a frequentare con profitto il corso di laurea prescelto.

Attualmente, in Italia, molti corsi delle più importanti università private, alcuni corsi di laurea magistrale a ciclo unico a livello nazionale (Medicina e Chirurgia, Odontoiatria e Protesi dentaria, Medicina Veterinaria, Scienze della Formazione primaria e Architettura) e molti corsi di laurea triennali sono caratterizzati dalla presenza del **numero programmato**: il numero di matricole di questi corsi non può superare il numero di posti programmati annualmente in ogni ateneo.

In generale, la selezione dei candidati che desiderano accedere a un corso universitario a numero programmato viene effettuata sulla base di una prova a test, composta da domande a risposta multipla, che valuta il possesso di determinate attitudini e conoscenze. Il risultato di tale prova – predisposta per alcuni corsi a cura del ministero dell'Università e della Ricerca (come, per esempio, le prove di accesso a Medicina/Odontoiatria e Veterinaria) e per altri corsi dalle singole università – determina un **punteggio** in base al quale viene stabilita la **graduatoria dei candidati.** In alcuni casi, alla formazione della graduatoria finale contribuiscono anche i risultati conseguiti dai singoli candidati negli ultimi anni della scuola superiore; il risultato del test è comunque il fattore di gran lunga più importante ai fini dell'ammissione.

Oltre alle prove selettive, sono ormai in uso in molte sedi universitarie le **prove valutative** per i corsi ad accesso libero il cui scopo è misurare il possesso di conoscenze e attitudini necessarie per frequentare con profitto il corso prescelto; tali prove attribuiscono – in caso di valutazione negativa – un "debito" formativo che lo studente dovrà "saldare" entro il primo anno di corso, dimostrando di aver colmato le lacune rilevate. Anche chi sceglie di frequentare un corso universitario ad accesso libero deve quindi spesso affrontare una prova a test.

La presenza dei test di pre-immatricolazione, selettivi o "orientativi", impone quindi agli studenti seriamente motivati di prepararsi in modo mirato alle prove di ingresso che dovranno sostenere.

Alpha Test è la prima e la più importante organizzazione in Italia che da oltre 30 anni offre agli studenti tutti gli strumenti necessari per affrontare con successo i test selettivi. Opera a livello nazionale con sedi nelle principali città universitarie e si avvale della collaborazione di decine di esperti. Per le diverse prove di ammissione, Alpha Test organizza in tutta Italia dei corsi specifici di preparazione (alphatest.it/Corsi), pubblica la collana *TestUniversitari* composta da oltre settanta tra manuali ed eserciziari, specifici per ogni area di studi (alphatest.it/Libri-Alpha-Test) e ha sviluppato Alpha Test Academy, il nuovo programma on line di assistenza personalizzata allo studio, che guida e aiuta lo studente nella preparazione al test.

In particolare questo libro è rivolto alla preparazione ai test di ammissione ai **corsi universitari appartenenti all'area di Lingue e Mediazione linguistica**.

Suggerimenti per prepararsi al test

La **prima cosa** da fare è procurarsi le informazioni sul test che si dovrà affrontare: le fonti più autorevoli e aggiornate sono il sito del ministero dell'Istruzione, dell'Università e della Ricerca (MIUR), i siti delle singole università e alphatest.it. Nel primo è riportata la normativa di interesse per gli studenti, mentre negli altri vengono pubblicati i bandi di concorso che integrano le indicazioni del Ministero con le specifiche proprie di ciascuna sede universitaria. Su **alphatest.it/Test-di-ammissione** sono pubblicate le date dei test, tutte le principali leggi e normative sulle prove di ammissione, i test ufficiali degli ultimi anni risolti e commentati e gli aggiornamenti e approfondimenti per i diversi corsi di studio.

Il metodo Alpha Test: libri, Alpha Test Academy, corsi

Il primo passo per il conseguimento di una preparazione completa è costituito dallo studio individuale da compiere sui libri. A questo volume si affianca il corrispondente MANUALE DI PREPARAZIONE. Ai fini dello studio, ciascun volume è autosufficiente e, allo stesso tempo, complementare rispetto all'altro. Le loro caratteristiche sono così sintetizzabili:

- **MANUALE DI PREPARAZIONE**: è il principale strumento di studio per le prove di ammissione. Consente infatti l'**apprendimento e il ripasso** mirato delle materie su cui vertono le domande dei test; la spiegazione degli argomenti è completata da schemi, tabelle, glossari e da centinaia di esercizi risolti e commentati;
- **ESERCIZI COMMENTATI**: è un eserciziario contenente centinaia di quesiti suddivisi in base alle materie oggetto d'esame. Di ciascun quesito viene fornita la soluzione e il commento che illustra i metodi risolutivi più efficaci. Costituisce dunque uno strumento utile per **esercitarsi** e per **approfondire la propria preparazione**.

L'acquisto di ogni libro della collana *TestUniversitari* dà anche diritto a svolgere gratuitamente numerose simulazioni del test ufficiale sul sito **testonline.it** Per questo si rimanda alle istruzioni riportate nell'apposita pagina in fondo al volume.

Alpha Test Academy

Alpha Test Academy è il nuovo sistema on line di studio assistito personalizzato, che guida e aiuta lo studente nella preparazione ai test. Per ciascuna delle materie e degli argomenti previsti al test, il programma valuta il livello di preparazione dello studente, propone in modo adattivo una successione di batterie di domande con difficoltà differenziata e offre migliaia di spiegazioni e commenti multimediali (link, video, tutorial e rimandi a specifici richiami di teoria). Il materiale e l'assistenza offerti da Alpha Test Academy consentono di chiarire via via ogni quesito e dubbio individuale, anche attraverso un canale diretto con i docenti Alpha Test e di migliorare progressivamente le proprie conoscenze e capacità in vista del test ufficiale. Alpha Test Academy assiste in ogni momento lo studente in un lavoro di preparazione mirato e specifico e rappresenta quindi un'utile integrazione al manuale di preparazione o a un corso Alpha Test in aula. Alpha Test Academy è un ambiente interattivo, con gruppi di studio virtuali e forum di discussione per un confronto diretto. Inoltre, fornisce un costante aggiornamento sulle novità normative e sui test ufficiali.

Per l'acquisto di Alpha Test Academy è previsto uno sconto importante per chi già possiede questo volume o è iscritto a un corso Alpha Test. Per maggiori informazioni o per provare la demo gratuita: **alphatest.it**

Corsi

Per la preparazione alle prove di ammissione, oltre ai volumi della collana *TestUniversitari* e ad Alpha Test Academy, Alpha Test organizza per gli studenti più motivati numerosi **corsi,** di durata differenziata (da pochi giorni di corso ad alcuni mesi). Frequentare un corso Alpha Test consente di completare, perfezionare e consolidare la propria preparazione grazie ai seguenti punti di forza:

1. **la didattica interattiva.** Ciascun corso prevede cicli di lezioni e di esercitazioni dedicate al ripasso di tutti gli argomenti oggetto d'esame. Gli studenti possono beneficiare della professionalità di docenti con un'esperienza d'insegnamento unica in Italia, maturata in quasi 30 anni di attività di Alpha Test nel campo specifico della preparazione ai test universitari;

2. **il materiale supplementare consegnato ai corsi.** Durante le lezioni, a ciascun partecipante viene fornito materiale di studio e di esercitazione aggiuntivo rispetto ai volumi consegnati al momento dell'iscrizione. Si tratta di materiale aggiornato in tempo reale e specifico per la struttura e i contenuti del test che si deve affrontare;

3. **l'esperienza "sul campo".** In ciascun corso vengono svolte più simulazioni d'esame per mettersi alla prova e per confrontare la propria preparazione con quella di altri candidati. I docenti Alpha Test sono in grado inoltre di indicare a ogni candidato il punteggio orientativo che occorre conseguire per accedere al corso universitario prescelto.

Infine, chi desidera prepararsi al test di ammissione senza rinunciare a divertimento e nuove amicizie può partecipare a una delle **vacanze-studio Alpha Test** (per informazioni: **alphatest.it/Corsi**).

Test di autovalutazione online

Su **alphatest.it/Test-di-ammissione** è possibile misurare il proprio livello di preparazione; il test gratuito prevede 20 domande tratte dai test ufficiali degli ultimi anni da risolvere in 20 minuti; lo scopo è aiutare il candidato a impostare al meglio il percorso di studio.

Test ufficiali commentati e ultimi aggiornamenti disponibili su alphatest.it

Sul sito **alphatest.it** si possono scaricare gratuitamente i test ufficiali degli ultimi anni con tutte le soluzioni e i **commenti esplicativi dei singoli quesiti**. In particolare nella sezione "approfondimenti" all'indirizzo **alphatest.it/Test-di-ammissione** vengono costantemente pubblicati gli aggiornamenti normativi sui test, con le eventuali integrazioni agli argomenti e ai programmi d'esame.

App per iPhone e iPad

Per coloro che possiedono i dispositivi mobili iPhone e iPad sono disponibili le App di esercitazione del test d'ammissione per tutti i corsi a numero programmato. Ciascuna App contiene oltre 580 quesiti tratti dalle prove ufficiali, con soluzioni commentate dagli esperti Alpha Test. È possibile comporre un numero illimitato di prove simulate e analizzare i risultati anche in forma grafica.

Segui Alpha Test anche sui social network

Diventare fan della pagina Alpha Test su Facebook o seguire l'account @alpha_test su Twitter significa essere informati in tempo reale su tutto quello che riguarda i test, confrontarsi con migliaia di fan e ricevere aggiornamenti e consigli dai docenti. Alpha Test è anche su Google+, LinkedIn, Youtube.

Mailing list

Ti segnaliamo infine che, registrandoti su alphatest.it, puoi entrare a far parte della nostra mailing list: potrai così ricevere aggiornamenti in tempo reale sui test, suggerimenti su come prepararti al meglio e approfittare di sconti e promozioni esclusive.

Indicazioni per i partecipanti ai corsi alpha test

Alpha Test:

- è **la prima** società in Italia specializzata nel preparare gli studenti ai test di ammissione all'università;
- è **l'unica** organizzazione che può vantare un'esperienza di 30 anni e migliaia di corsi già organizzati su tutto il **territorio nazionale**;
- i risultati di chi sceglie Alpha Test sono gli unici attestati da una primaria società di indagini di mercato, da cui risulta che l'**84%** degli ammessi a medicina si è preparato con Alpha Test;
- dal 1987 a oggi ha **preparato con successo** ai test universitari **decine di migliaia di studenti** che si sono trovati in vantaggio rispetto alle altre aspiranti matricole;
- propone **corsi** con durata, programmi e costi differenziati a seconda della prova di selezione e delle esigenze dei singoli studenti, comprese **vacanze-studio** e **corsi residenziali**;
- vanta un corpo docente composto da oltre 160 esperti rigorosamente selezionati e costantemente formati: docenti e ricercatori universitari, professionisti e insegnanti con un'**esperienza didattica unica** e **specifica** nel campo della preparazione ai test universitari;
- ha sviluppato, per prima in Italia, una **metodologia didattica innovativa** e specifica per affrontare le prove a test;
- effettua l'analisi e la discussione in aula delle **prove ufficiali** utilizzate dalle università negli anni passati;
- sottopone ai partecipanti ai corsi numerose **prove simulate** che vengono corrette individualmente mediante l'uso di **lettori ottici** simili a quelli per le correzioni dei test ufficiali; ciò consente ai partecipanti di verificare in tempo reale il proprio livello di preparazione e di apprendimento;
- ha sviluppato una collana di volumi specifici per i diversi test di ammissione, già scelti da oltre due milioni di studenti e **forniti ai partecipanti ai corsi** all'atto dell'iscrizione;
- mette a disposizione degli studenti un servizio di esercitazione *on line* – all'indirizzo **testonline.it** – dove è possibile simulare i test di ammissione ai singoli corsi di studio.

Quanto premesso, unitamente ai risultati conseguiti dai partecipanti nelle scorse edizioni, ci consente di affermare che prepararsi a un test di ammissione frequentando lo specifico corso Alpha Test rappresenta la scelta migliore per chi è veramente motivato ad accedere al corso universitario desiderato e aumenta fino a sette volte la probabilità di ammissione rispetto a quella degli altri candidati.

Alpha Test e il suo corpo docente mettono a disposizione l'esperienza maturata e forniscono tutto l'aiuto necessario affinché i propri studenti possano prepararsi nel modo più rapido, completo ed efficace alla prova di selezione. Per accrescere ulteriormente la probabilità di successo **è essenziale anche l'impegno** degli studenti sotto forma di studio e di esercitazione **prima** e **durante** lo svolgimento del corso. Per facilitare lo studio preliminare, Alpha Test consegna, già all'atto dell'iscrizione, i volumi per la preparazione. Consigliamo di leggere questi libri (o almeno il manuale) prima dell'inizio del corso per garantirsi almeno una conoscenza di base degli argomenti che saranno trattati. Questa raccomandazione vale in particolar modo per chi sceglie di frequentare uno dei corsi Alpha Test di durata minore.

Sempre al momento dell''iscrizione al corso, Alpha Test fornisce una guida operativa con istruzioni e consigli utili per avviare la preparazione anche prima dell'inizio delle lezioni e con importanti informazioni sul test di ammissione di interesse dello studente.

Durante il corso l'attenzione viene focalizzata in modo specifico sulle tipologie di quesiti previsti nella prova di ammissione di interesse. Viene inoltre esaminato e discusso con i docenti un consistente numero di esercizi diversi da quelli presenti nei libri e contenuti in apposite dispense aggiornate ogni anno e distribuite durante il corso esclusivamente ai partecipanti.

Informazioni e modalità di iscrizione ai corsi Alpha Test

Le iscrizioni ai corsi Alpha Test per la preparazione ai test di ammissione universitari sono sempre aperte sino all'esaurimento dei posti disponibili (i corsi sono riservati a un numero limitato di partecipanti per garantire le migliori condizioni di apprendimento); le informazioni aggiornate relative al calendario e alla quota di partecipazione di ciascun corso sono disponibili su alphatest.it o chiamando il numero verde 800 017 326.

Per chi ha già acquistato **presso un centro Alpha Test** l'ultima edizione dei libri in dotazione al corso, è prevista una riduzione della quota di iscrizione al corso pari al 100% del prezzo di copertina dei libri; se i libri sono stati acquistati **in libreria** tale riduzione è invece pari al 50% del prezzo di copertina.

L'iscrizione ai corsi e l'acquisto dei libri Alpha Test possono essere effettuati:

- **su Internet** all'indirizzo **www.alphatest.it/Corsi**;
- **telefonicamente**, chiamando il numero verde 800 017 326;
- presso uno dei **centri Alpha Test** (per conoscere il più vicino visitare il sito www.alphatest.it/Corsi o chiamare il numero verde 800 017 326);
- **compilando l'apposito modulo** di iscrizione contenuto nella **brochure** di presentazione dei corsi, che è possibile ricevere gratuitamente anche a casa, chiamando il numero verde 800 017 326, scrivendo a servizi@alphatest.it o scaricandolo da alphatest.it.

I libri Alpha Test si possono acquistare anche presso le **migliori librerie** di tutta Italia.

Chi desidera ricevere, gratuitamente e senza impegno, materiale informativo relativo ai corsi e/o ai libri Alpha Test, può visitare il sito internet www.alphatest.it o richiedere il catalogo gratuito a:

Alpha Test S.r.l.
via Mercalli, 14 – 20122 Milano
tel. 02 58 45 981 – fax 02 58 45 98 96
servizi@alphatest.it

Natura del test e caratteristiche di questo libro

Natura del test

Nella maggior parte delle sedi universitarie il test di ammissione è progettato e strutturato in modo tale da valutare la preparazione e la motivazione dei candidati lungo alcune direttrici fondamentali:

1. cultura generale (storia, letteratura, geografia, storia dell'arte, ecc.);
2. capacità logiche di ragionamento e comprensione di testi;
3. conoscenza della lingua italiana e/o di lingue straniere.

Accanto a domande su argomenti imprescindibili, quali storia, letteratura e lingua italiana, il test risulta così composto da quesiti inerenti attitudini e capacità logico-matematiche di base e intesi a valutare la conoscenza del candidato delle lingue straniere.

A seconda delle sedi universitarie, tali componenti assumono importanza differente e sfumature diverse all'interno della prova.

In linea generale, i test dell'area di Lingue non sono tanto rivolti a valutare la preparazione astratta e nozionistica degli studenti su argomenti immediatamente riconducibili all'esame di Stato quanto piuttosto a far emergere quegli elementi dei candidati che possano costituire un segnale chiaro del loro interesse e della loro predisposizione allo studio delle lingue, in modo da divenire, una volta terminato il corso di laurea, una figura professionale in grado di svolgere una funzione interlinguistica con competenze ad ampio raggio.

Il test di ingresso, laddove previsto, consta solitamente di un numero differente di domande che va dalle 60 alle 90 domande tendenti a:

- accertare motivazioni e capacità logico-espressive specificamente attinenti agli studi;
- verificare una buona cultura generale con riferimento a materie storico-umanistiche e linguistiche.

Caratteristiche del libro

Il volume contiene centinaia di esercizi risolti e commentati relativi alle tipologie previste nei test di ammissione universitari dell'area di Lingue e Mediazione Linguistica. Le domande sono suddivise per argomenti, in modo da consentire una esercitazione mirata.

La **prima parte** del volume è dedicata ai quesiti di **ragionamento logico-deduttivo**, che possono essere raggruppati in due categorie:

- **ragionamento logico**: figurano in questa parte diverse tipologie di esercizi: sillogismi, condizioni sufficienti e necessarie, problemi di natura logica;
- **logica verbale**: oggetto di verifica sono principalmente la **proprietà di linguaggio** e l'individuazione delle **relazioni logiche tra più vocaboli**. Si tratta dunque di esercizi che valutano non solo la conoscenza della lingua italiana, ma anche capacità e attitudini.

La **seconda parte** è dedicata alla **comprensione dei brani**. Figurano in questa parte gli esercizi di analisi di testi il cui obiettivo è principalmente quello di valutare la capacità dei candidati di verificare la validità delle argomentazioni logiche proposte. Le domande richiedono la capacità di riconoscere il messaggio principale o la supposizione su cui si basa il brano, individuare l'alternativa che rafforza o indebolisce il ragionamento ecc.

La **terza parte** verte su argomenti di **cultura generale,** per la valutazione delle conoscenze basilari di ambito umanistico (storia, geografia, filosofia, letteratura italiana e straniera ecc.) e linguistico (grammatica), accanto alla conoscenza di base in ambito economico e informatico.

Il volume si conclude con la **quarta parte** dedicata ai quesiti relativi alle conoscenze linguistiche, suddivisi in quattro categorie:

- Inglese
- Francese
- Spagnolo
- Tedesco

Ogni parte del volume è composta da due sezioni: nella prima vengono presentati i quesiti senza soluzioni; la seconda, denominata "soluzioni e commenti", contiene invece il commento e la spiegazione di tutti gli esercizi, unitamente alle soluzioni.

Per utilizzare nel modo più proficuo questo eserciziario è utile affiancarlo al MANUALE DI PREPARAZIONE che, come già accennato, contiene la spiegazione teorica sistematica di tutte le nozioni e gli argomenti oggetto delle prove di ammissione e propone, per ciascuna tipologia di esercizi, i metodi più efficaci per risolvere correttamente e velocemente i quesiti dei test di ammissione.

Sebbene il volume ESERCIZI COMMENTATI tratti soltanto le tipologie di esercizi specifiche per i test a cui si rivolge, è opportuno precisare che **ogni università utilizza solo alcune delle categorie di esercizi esaminate nelle diverse sezioni**. In altre parole, nel test ufficiale che il lettore dovrà affrontare saranno probabilmente presenti soltanto alcune delle tipologie di quesiti esaminate in questo volume.

Ciò nonostante, dal momento che ogni anno i test di ammissione ai singoli corsi universitari presentano alcune novità rispetto a quelli degli anni precedenti, si consiglia, al fine di ottimizzare la propria preparazione e di minimizzare eventuali sorprese al momento della prova ufficiale, di studiare e di esercitarsi su tutte le tipologie di esercizi proposte, **concentrandosi maggiormente su quelle che trovano corrispondenza con la natura della prova così come descritta nel bando di concorso**.

Per avere informazioni certe e ufficiali circa il programma e le modalità di svolgimento del test di ammissione in una particolare sede universitaria, si suggerisce di partecipare al **corso Alpha Test** specifico per quella università: durante le lezioni vengono descritte in modo dettagliato le **caratteristiche peculiari** della prova di ammissione esaminata e vengono fornite **indicazioni precise** circa le tipologie di esercizi più frequenti e le modalità di svolgimento della prova.

Suggerimenti per affrontare al meglio il test

Per affrontare al meglio un test a risposta multipla è importante conoscere preventivamente le modalità di svolgimento e la natura delle diverse tipologie di esercizi, nonché le opportune "strategie" per valorizzare al massimo le proprie conoscenze e potenzialità.

I criteri adottati dalle università italiane per selezionare i candidati ai corsi universitari sono di tipo **comparativo**. Cioè per superare la selezione, **lo studente deve figurare tra i migliori** nella graduatoria dei candidati. In altre parole, per superare la selezione occorre svolgere il test di ammissione meglio di un certo numero di altri candidati.

Prima di addentrarsi nell'analisi dei contenuti dei test e degli esercizi che li compongono, è opportuno considerare alcuni suggerimenti apparentemente banali, ma utili al fine di ottimizzare il risultato nella prova di ammissione.

Bando di concorso e informazioni

Il primo suggerimento di carattere generale è quello di **prestare grande attenzione a tutte le informazioni fornite dall'università e contenute nel bando di concorso**: esse sono infatti, insieme alle disposizioni del Ministero, le uniche informazioni **ufficiali** relative alle norme, alle modalità di selezione, alla struttura e ai contenuti della prova che regola l'ammissione al corso di studi scelto.

Regolamento e istruzioni

In sede d'esame, prima ancora dell'inizio della prova, vengono consegnate ai candidati le **norme alle quali attenersi durante l'intero svolgimento del test**. Tali norme riguardano, per esempio, il tempo a disposizione per lo svolgimento della prova, le modalità con cui indicare le risposte sull'apposita scheda e altre indicazioni su come comportarsi in sede d'esame e al termine del test. È necessario attenersi a tali informazioni per evitare di commettere errori banali (quale, per esempio, la compilazione errata della scheda per le risposte), che potrebbero compromettere l'esito della prova e quindi l'ammissione all'università.

In alcuni casi, all'interno del test gli esercizi sono preceduti da **istruzioni circa le modalità di risoluzione** dei quesiti e a volte anche da un esempio risolto. È importante in questi casi non aver fretta di cominciare a risolvere i quesiti, ma dedicare la massima attenzione alla lettura di queste istruzioni, indispensabili per capire la logica degli esercizi e per rispondere correttamente alle domande.

Domande a risposta multipla

I test che vengono utilizzati per l'ammissione all'università sono costituiti da domande **chiuse**, le cui risposte sono cioè predefinite: il candidato deve individuare la sola risposta esatta tra le alternative proposte. Per rispondere a una domanda *aperta* (non corredata da risposte prefissate) come per esempio "Qual è la capitale della Colombia?", occorre conoscere le informazioni necessarie alla formulazione della risposta. Nel caso di *domande a scelta multipla* è invece possibile procedere anche in maniera diversa.

Si ipotizzi, per esempio, di dover rispondere al medesimo quesito, però a risposta multipla.

---

1 Qual è la capitale della Colombia?

- **A** Delhi
- **B** Buenos Aires
- **C** Bogotá
- **D** Brasilia

In questo caso è possibile determinare la risposta corretta procedendo in due modi distinti:

1. ragionando come se si trattasse di una domanda aperta: sapendo che la capitale della Colombia è Bogotá, si individua direttamente la risposta corretta (**C**) senza valutare le altre risposte proposte;
2. se, al contrario, non si conosce la risposta alla domanda, ma si ricordano gli altri accoppiamenti Paese/capitale, è possibile individuare la risposta corretta eliminando le alternative errate: sapendo che Delhi è la capitale dell'India, Buenos Aires dell'Argentina, Brasilia del Brasile, per esclusione si può concludere che la risposta esatta è la **C**.

In altre parole, per rispondere correttamente a una domanda a scelta multipla non è sempre strettamente necessario conoscere la risposta esatta: a volte la soluzione può essere individuata indirettamente, escludendo le alternative errate.

Nel caso in cui, procedendo per esclusione, il candidato non riesca a eliminare tutte le alternative errate, il metodo di risposta per eliminazione permette comunque di aumentare le probabilità di individuare la risposta corretta: l'esclusione di una o più risposte riduce il numero delle alternative tra cui si rimane incerti e quindi incrementa la probabilità di individuare l'alternativa corretta anche rispondendo in modo casuale.

Un altro aspetto che caratterizza le prove a test è il fatto che l'assegnazione dei punteggi si basa solo ed esclusivamente sulle risposte indicate sull'apposita scheda: non hanno quindi alcuna rilevanza eventuali spiegazioni o giustificazioni alle risposte date e questo rappresenta un'ulteriore differenza importante rispetto ad altri tipi di valutazione.

Nei test di ammissione il tempo a disposizione risulta spesso appena sufficiente per rispondere a tutti i quesiti. È dunque molto importante gestirlo nel modo più conveniente.

Valore dei quesiti e gestione del tempo

Nei test di ammissione ai quali questo libro si rivolge **tutti gli esercizi hanno lo stesso valore**: è dunque necessario evitare di dedicare eccessivi sforzi e tempo per risolvere un quesito particolarmente complesso.

Poiché ogni risposta giusta fa "guadagnare" lo stesso punteggio, a parità di tempo impiegato conviene risolvere due esercizi semplici piuttosto che uno complesso.

Come i partecipanti ai corsi Alpha Test hanno modo di sperimentare durante lo svolgimento delle prove simulate, il tempo rappresenta uno dei fattori critici per affrontare con successo un test di ammissione. Infatti, le prove sono spesso progettate e formulate in modo tale da permettere solo ai più preparati e ai più veloci di terminare nel tempo concesso la totalità dei quesiti.

È dunque fondamentale impiegarlo razionalmente, calcolando, prima di iniziare la prova, il tempo medio a disposizione per ogni quesito (dato ovviamente dal tempo complessivo diviso per il numero di esercizi), ed evitando di dedicare ai singoli quesiti un tempo eccessivamente superiore a quello medio. Il suggerimento generale è di non superare il tempo medio nello svolgimento di un singolo esercizio, per più del 20%. Questa dilazione per i quesiti complessi viene infatti facilmente compensata dalla presenza di numerosi quesiti di natura nozionistica di veloce risoluzione.

Se dunque il tempo complessivo per il test è di 100 minuti e il numero di esercizi da risolvere fosse pari a 60, il tempo medio per quesito sarebbe pari a 1 minuto e 40 secondi (100 secondi). Bisogna quindi cercare di non dedicare più di due minuti allo svolgimento del singolo quesito. Avvicinandosi a tale tempo limite, se non si è prossimi alla soluzione, è opportuno passare alla domanda successiva.

L'obiettivo da raggiungere è rispondere correttamente al maggior numero possibile di esercizi; si consiglia quindi, compatibilmente con i vincoli imposti dalle modalità di svolgimento della prova, di affrontare prima gli esercizi che si ritiene di saper risolvere più facilmente e velocemente, per passare poi a quelli più complessi che richiedono un dispendio di tempo maggiore.

Il consiglio, ove possibile, è di evidenziare con un opportuno segno di riconoscimento tali quesiti sul fascicolo contenente il test: sarà così possibile ritrovarli velocemente in un secondo momento. Lo stesso consiglio vale per le domande a cui si è data una risposta che, compatibilmente con il tempo a disposizione, si vorrebbe verificare prima del termine della prova.

Scheda per le risposte e correzioni

Una volta individuata la risposta corretta a un quesito, il candidato deve segnarla su un'apposita *scheda per le risposte* (si veda la figura 1), distinta dal fascicolo contenente gli esercizi. Si tratta cioè di segnare la risposta esatta in corrispondenza del numero dell'esercizio appena risolto.

Per la correzione delle schede vengono utilizzati *elaboratori elettronici* dotati di *lettori ottici*, il candidato deve quindi rispondere contrassegnando in modo opportuno lo spazio (un "cerchietto" o "quadratino") corrispondente all'alternativa ritenuta esatta.

Durante le prove è consentito effettuare correzioni sulla scheda delle risposte. È comunque consigliabile **limitare al minimo le correzioni**.

Si riporta di seguito un modello di tale scheda con l'indicazione di come effettuare le correzioni. Sia la scheda sia il metodo di correzione potrebbero cambiare in futuro ed è quindi importante leggere e seguire attentamente le istruzioni e le procedure di svolgimento della prova.

Sulle schede per le risposte sono solitamente presenti aree (con cerchi neri, codici a barre o altro) indispensabili al corretto funzionamento del sistema ottico di lettura e correzione. All'interno di tali aree è importante non apporre alcun segno di scrittura che potrebbe pregiudicare il corretto funzionamento del lettore.

Si raccomanda quindi di non apporre alcun segno al di fuori delle caselle previste e di non sgualcire o piegare la scheda.

Modulo risposte

ATTENZIONE: NON piegare o sgualcire questa scheda

N° domanda	Ragionamento logico A	B	C	D
1	☐	☐	☐	☐
2	☐	☐	☐	☐
3	☐	☐	☐	☐
4	☐	☐	☐	☐
5	☐	☐	☐	☐
6	☐	☐	☐	☐
7	☐	☐	☐	☐
8	☐	☐	☐	☐
9	☐	☐	☐	☐
10	☐	☐	☐	☐
11	☐	☐	☐	☐
12	☐	☐	☐	☐
13	☐	☐	☐	☐
14	☐	☐	☐	☐
15	☐	☐	☐	☐
16	☐	☐	☐	☐
17	☐	☐	☐	☐
18	☐	☐	☐	☐
19	☐	☐	☐	☐
20	☐	☐	☐	☐
21	☐	☐	☐	☐
22	☐	☐	☐	☐
23	☐	☐	☐	☐
24	☐	☐	☐	☐
25	☐	☐	☐	☐
26	☐	☐	☐	☐
27	☐	☐	☐	☐
28	☐	☐	☐	☐
29	☐	☐	☐	☐
30	☐	☐	☐	☐
31	☐	☐	☐	☐
32	☐	☐	☐	☐
33	☐	☐	☐	☐
N° domanda	A Ragionamento logico	B	C	D

N° domanda	Comprensione di testi A	B	C	D
34	☐	☐	☐	☐
35	☐	☐	☐	☐
36	☐	☐	☐	☐
37	☐	☐	☐	☐
38	☐	☐	☐	☐
39	☐	☐	☐	☐
40	☐	☐	☐	☐
41	☐	☐	☐	☐
42	☐	☐	☐	☐
43	☐	☐	☐	☐
44	☐	☐	☐	☐
45	☐	☐	☐	☐
46	☐	☐	☐	☐
47	☐	☐	☐	☐
48	☐	☐	☐	☐
49	☐	☐	☐	☐
50	☐	☐	☐	☐
51	☐	☐	☐	☐
52	☐	☐	☐	☐
53	☐	☐	☐	☐
54	☐	☐	☐	☐
N° domanda	A Comprensione di testi	B	C	D

N° domanda	Cultura generale A	B	C	D
55	☐	☐	☐	☐
56	☐	☐	☐	☐
57	☐	☐	☐	☐
58	☐	☐	☐	☐
59	☐	☐	☐	☐
60	☐	☐	☐	☐
61	☐	☐	☐	☐
62	☐	☐	☐	☐
63	☐	☐	☐	☐
64	☐	☐	☐	☐
65	☐	☐	☐	☐
66	☐	☐	☐	☐
67	☐	☐	☐	☐
N° domanda	A Cultura generale	B	C	D

N° domanda	Lingua straniera A	B	C	D
68	☐	☐	☐	☐
69	☐	☐	☐	☐
70	☐	☐	☐	☐
71	☐	☐	☐	☐
72	☐	☐	☐	☐
73	☐	☐	☐	☐
74	☐	☐	☐	☐
75	☐	☐	☐	☐
76	☐	☐	☐	☐
77	☐	☐	☐	☐
78	☐	☐	☐	☐
79	☐	☐	☐	☐
80	☐	☐	☐	☐
N° domanda	A Lingua straniera	B	C	D

1. Ogni domanda ammette **una e una sola** risposta esatta. Si risponde barrando la relativa casella, ad esempio con una crocetta ben marcata, avendo cura di rimanere entro i bordi della casella stessa.

   1 ☒ ☐ ☐ ☐

2. Per correggere una risposta errata è necessario **annerire completamente** la casella e barrare quella corretta. Per ogni domanda **è ammessa una sola** correzione.

   2 ■ ☐ ☐ ☒

3. Per annullare una risposta già data occorre annerire tutte le caselle della fila corrispondente. L'annerimento della singola casella non annulla la risposta.

   3 ■ ■ ■ ■

parte prima

RAGIONAMENTO LOGICO-DEDUTTIVO

Quesiti di ragionamento logico

1 **«Quando prende il treno, Carlo arriva sempre in ritardo a destinazione». Se l'affermazione precedente è vera, quale delle seguenti frasi è sicuramente corretta?**

A Carlo è arrivato in ritardo, quindi ha preso il treno
B Carlo è arrivato in orario, quindi ha preso il treno
C Carlo non ha preso il treno, quindi è arrivato in ritardo
D Carlo è arrivato in orario, quindi non ha preso il treno

2 **«Paolo è goloso; Chi è grasso è goloso; Federico è grasso».**

Se le tre affermazioni sono vere, quale delle seguenti è vera?

A Paolo è grasso
B Federico è goloso
C Chi è goloso è grasso
D Nessuna delle precedenti alternative è corretta

3 **«Recenti scoperte hanno respinto l'infondatezza della tesi secondo la quale non è vera l'impossibilità che lo stress sia alla base di alcune gravi malattie mentali».**

Il corretto significato della precedente affermazione è:

A lo stress fa diventare matti
B le malattie mentali sono causate dallo stress
C lo stress può essere la causa di alcune malattie mentali
D lo stress porta inevitabilmente alla malattia mentale

4 **«Gli irlandesi sono persone disponibili; Alessandra è una persona disponibile; gli irlandesi sono persone tranquille».**

Se le precedenti affermazioni sono vere, allora è sicuramente vero che:

A Alessandra è irlandese
B tutte le persone disponibili sono irlandesi
C tutte le persone tranquille sono anche disponibili
D non è certo che Alessandra sia una persona tranquilla

5 **«Quando il mio capo fa le parole crociate vuol dire che è rilassato».**

Sulla base di questa sola affermazione, quale delle seguenti proposizioni è corretta?

A Il mio capo non è rilassato, quindi non fa le parole crociate
B Il mio capo non sta facendo le parole crociate, quindi non è rilassato
C Il mio capo non sta facendo le parole crociate, quindi è rilassato
D Il mio capo è rilassato, quindi sta facendo le parole crociate

6 **Uno tra Guido, Enrica e Pietro è una spia. Interrogati dalla polizia rilasciano rispettivamente le seguenti dichiarazioni: «Non sono io»; «La spia è Pietro»; «La spia è Guido». Se due di essi mentono e uno solo dice il vero, cosa si può dedurre con certezza?**

A Enrica è la spia
B Guido è la spia
C Pietro non è la spia
D Enrica non è la spia

7 **Stefania sostiene che tutti i vini in vendita nei supermercati provengono da produttori italiani. Quale delle seguenti affermazioni equivale a quanto sostiene Stefania?**

A Tutti i vini provenienti da produttori italiani sono venduti nei supermercati
B Nessun vino che non provenga da produttori italiani viene venduto nei supermercati
C Tutti i vini venduti al di fuori dei supermercati non provengono da produttori italiani
D Esistono vini provenienti da produttori italiani che sono venduti fuori dai supermercati

8 **Laura dice a Danilo: «Se venerdì starò bene, giocherò la partita. Se starà bene anche Betty la porterò a giocare con me». È venerdì, Danilo va ad assistere alla partita e vede Laura in tribuna tra gli spettatori. Allora sicuramente:**

A Laura sta bene, ma Betty no
B né Laura né Betty stanno bene
C Laura sta bene, ma Betty non ha voluto giocare la partita con lei
D Laura non sta bene

9 **Ci sono due persone di sesso diverso, una francese e una inglese. La persona inglese dice: «Io sono un uomo», mentre la francese dice: «Io sono una donna». Se almeno una delle due mente, quale delle seguenti affermazioni risulta necessariamente vera?**

A La donna è francese e l'uomo è inglese
B La donna è inglese e l'uomo è francese
C Solo l'uomo mente
D Solo la donna mente

10 **Scrive Dario Di Vico: «La crisi ha cambiato molte carte sul tavolo ma non crediamo che abbia fermato la globalizzazione e lo sviluppo dei commerci, tutt'al più può averne rallentato l'impatto per un periodo più o meno lungo». (Corriere della Sera)**
Se ne ricava una sola delle seguenti deduzioni.

A La crisi praticamente è ininfluente
B La globalizzazione può avanzare nonostante la crisi
C La globalizzazione causa la crisi
D Lo sviluppo dei commerci è bloccato

11 «**Chi pratica sport vive bene**».
«**Vivere bene è una caratteristica di chi non fuma**».
Se le precedenti affermazioni sono vere, allora è necessariamente vero che:

A solo chi pratica sport vive bene
B chi vive bene pratica sport
C chi fuma pratica sport
D chi non fuma vive bene

12 **Delle tre figlie di Giacomo – Alma, Beatrice e Chiara – almeno una è bionda. Sapendo che se Alma è bionda anche Beatrice lo è, che se Chiara è bionda lo è anche Alma, e che tra Beatrice e Chiara una non è bionda, si può dedurre con certezza che:**

- A Alma, Beatrice e Chiara sono bionde
- B Beatrice non è bionda mentre Alma lo è
- C Beatrice è bionda
- D Chiara è bionda

13 **«Non si può affermare che chi non è stato condannato con sentenza passata in giudicato si debba considerare innocente».**
Se l'argomentazione precedente è corretta quale delle seguenti è certamente vera?

- A Finché una persona non è stata condannata con sentenza passata in giudicato è da considerarsi innocente
- B Anche se non ha subito una condanna con sentenza passata in giudicato una persona può non essere considerata innocente
- C Se si viene considerati colpevoli, significa che c'è stata sentenza di condanna passata in giudicato
- D Nessuna delle altre alternative è corretta

14 **«Se faccio il pieno di benzina, arriverò fino a Roma in auto». In base a tale affermazione, il fatto di fare il pieno di benzina è una condizione:**

- A sufficiente per arrivare fino a Roma in auto
- B necessaria per arrivare fino a Roma in auto
- C accessoria rispetto alla necessità di arrivare fino a Roma in auto
- D necessaria e sufficiente per arrivare fino a Roma in auto

15 **«Tutti i condottieri sono coraggiosi; nessuno che sia coraggioso è dissimulatore; dunque … è condottiero».**
S'individui il corretto completamento del sillogismo dato.

- A nessun dissimulatore
- B ogni dissimulatore
- C nessuno che sia coraggioso
- D qualche condottiero

16 **Date le seguenti affermazioni:**
I) Chi è alto è bello, dunque chi non è alto non è bello
II) Nessuno che sia alto è brutto, dunque nessun brutto è alto

- A è corretta solo I
- B è corretta solo II
- C sono corrette entrambe
- D sono errate entrambe

17 **Di un gruppo di persone si sa che «tutti i maschi sono minorenni». Se ne può dedurre che certamente nel gruppo:**

- A tutte le femmine sono maggiorenni
- B tutte le persone minorenni sono maschi
- C tutte le persone minorenni sono femmine
- D tutte le persone maggiorenni possono solo essere femmine

18 **«Solo se lavorerò di sabato, riuscirò a completare la relazione».**
In base alla precedente affermazione, è necessariamente vero che:

A nessuna delle altre alternative è corretta
B condizione sufficiente perché io riesca a completare la relazione è che io lavori di sabato
C se lavorerò di sabato, sicuramente riuscirò a completare la relazione
D se non lavorerò di sabato, non riuscirò a completare la relazione

19 **Negare la proposizione: «Nessun cane ha tre zampe» equivale a dire che:**

A almeno un cane ha tre zampe
B almeno un cane ha un numero di zampe diverso da tre
C tutti i cani hanno tre zampe
D tutti i cani hanno quattro zampe

20 **«Se Lorenzo va a ballare, Maria rimane a casa».**
Se la precedente affermazione è vera, allora è sicuramente vero che:

A se Maria non è rimasta a casa, Lorenzo non è andato a ballare
B se Maria è rimasta a casa, Lorenzo è andato a ballare
C Maria rimane a casa solo se Lorenzo va a ballare
D se Lorenzo non va a ballare, Maria non rimane a casa

21 **«Non vi è motivo di pensare che in quell'aereo non vi sia nessuno».**
La precedente affermazione è logicamente equivalente a:

A non vi è ragione di ritenere che in quell'aereo vi sia qualcuno
B si può pensare che in quell'aereo vi sia qualcuno
C è il caso di pensare che in quell'aereo non vi sia alcuna persona
D è ragionevole che in quell'aereo non vi sia nessuno

22 **La frase «Qualche dirigente non è corretto con i suoi dipendenti» equivale a dire che:**

A tutti i dirigenti sono scorretti con i loro dipendenti
B non tutti i dirigenti sono corretti con i loro dipendenti
C nessun dirigente è del tutto corretto con propri dipendenti
D qualche dipendente non è corretto con il suo dirigente

23 **Se voi siete una donna e se la figlia di Maria è la madre di vostra figlia, chi siete voi per Maria?**

A La mamma
B La zia
C Voi siete Maria
D La figlia

24 **«Chi dorme è riposato e tranquillo. Lavorare bene caratterizza tutte le persone che sono tranquille, mentre essere sereni è caratteristica di tutti coloro che sono riposati».**
Se le precedenti affermazioni sono vere, quale delle seguenti non è deducibile con certezza?

A Chi dorme lavora bene
B Chi dorme è sereno
C Chi è sereno lavora bene
D Non tutte le persone serene sono necessariamente riposate

25 **L'affermazione «Non tutti gli oggetti di vetro sono prodotti a Venezia» equivale a:**

- A tutti gli oggetti di vetro sono prodotti a Venezia
- B non tutti gli oggetti prodotti a Venezia sono oggetti di vetro
- C tutti gli oggetti di vetro vengono prodotti fuori Venezia
- D alcuni oggetti di vetro non sono prodotti a Venezia

26 **«Se gli studenti si applicano, conseguiranno la promozione».**
Se quanto affermato è vero, quale delle seguenti affermazioni è vera?

- A Se uno studente si applica, conseguirà il massimo risultato
- B Verranno promossi solo gli studenti che si sono applicati
- C Se uno studente non si applica, verrà bocciato
- D Se uno studente è stato promosso è possibile che si sia applicato

27 **«Non si può negare che quando la luna è piena non c'è sufficiente oscurità per vedere al meglio le stelle». La precedente affermazione significa che:**

- A la luminosità delle stelle è maggiore quando la luna non è piena
- B quando la luna è piena c'è sufficiente luminosità per osservare le stelle
- C le stelle si osservano al meglio quando la luna non è piena
- D le stelle si possono osservare soltanto al buio

28 **«Se lancio il sasso, il vetro si rompe».**
Se l'argomentazione precedente è corretta, quale delle seguenti è certamente vera?

- A Se il vetro è intatto, ciò vuol dire che non ho lanciato il sasso
- B Se non lancio il sasso, il vetro non si rompe
- C Se il vetro è rotto, questo indica che ho sicuramente lanciato il sasso
- D Se il vetro è intatto, non vuol dire che non ho lanciato il sasso

29 **Andrea afferma che tutte le città toscane sono affascinanti. Quale delle seguenti condizioni è necessario che si verifichi affinché l'affermazione di Andrea risulti falsa?**

- A Deve esistere almeno una città toscana non affascinante
- B Deve esistere almeno una città ligure affascinante
- C Nessuna città toscana deve essere affascinante
- D Deve esistere almeno una città affascinante non toscana

30 **«Se il rosso è spento, l'azzurro è acceso. Se il rosa è acceso, il verde brilla. Inoltre o il rosso è spento o il rosa è acceso».**
In base alle precedenti affermazioni è sicuramente vero che:

- A l'azzurro è acceso o il verde brilla
- B il verde brilla
- C l'azzurro e il rosa sono accesi
- D l'azzurro è acceso e il verde brilla

31 **«Non è possibile non ammettere che non si è nel giusto a non accettare che questa strada non sia sbagliata».**
In base alla frase precedente, si può concludere che:

- A non è possibile ammettere che la strada sia giusta
- B la strada è sbagliata
- C la strada è giusta
- D non si può sapere se la strada sia giusta o sbagliata

32 **«Giovanni è stato assunto da due anni in una casa editrice e lavora tutti i giorni al suo computer correggendo i testi degli autori in modo sempre più preciso e puntuale».**

Dalla precedente affermazione si deduce che:

A i testi che arrivano a Giovanni sono sempre pieni di errori

B Giovanni è un informatico

C a Giovanni piace il proprio lavoro

D Giovanni con il tempo ha affinato le sue competenze lavorative

33 **Indicare quale alternativa nega l'affermazione: «Chi ama la propria città la tiene pulita».**

A Chi pulisce la propria città la ama

B C'è almeno un cittadino che pulisce la propria città ma non la ama

C C'è almeno un cittadino che ama la propria città ma non la tiene pulita

D Ci sono cittadini che amano la loro città e la puliscono

34 **«Soltanto se la mia automobile ha benzina nel serbatoio può funzionare».**

Se quanto affermato sopra è vero, allora quale o quali delle seguenti affermazioni è vera o sono vere?

a) Se la mia automobile ha benzina nel serbatoio, allora funziona

b) Se la mia automobile non funziona, allora non ha benzina nel serbatoio

c) Se la mia automobile funziona, allora ha benzina nel serbatoio

A a)

B b)

C c)

D a) e b)

35 **Giovanni, Berto e Laura alloggiano in tre alberghi Beautiful, Majestic e Splendor. I numeri delle loro camere sono 204, 305 e 406. Noi sappiamo che il cliente dello Splendor lascia la sua camera 305 per fare una passeggiata e incontra Berto che alloggia al Beautiful. Nello stesso momento Laura guarda la televisione nella sua camera, la 406.**

Quale tra le seguenti conclusioni è corretta?

A Giovanni occupa la stanza 204

B Laura alloggia al Majestic

C Berto non occupa la stanza 204

D Giovanni non alloggia allo Splendor

36 **«Sandro è una persona atletica; le persone alte sono tutte atletiche; le persone alte sono magre».**

Se le precedenti affermazioni sono vere, quale delle seguenti è sicuramente vera?

A Sandro è una persona magra

B Sandro è una persona alta

C Tutte le persone atletiche sono alte

D Chi è alto è magro e atletico

37 **«Non si può non sapere che chi non paga le tasse non ha contribuito a non danneggiare la collettività». Questa affermazione equivale logicamente a:**

- **A** non si sa se chi non paga le tasse ha danneggiato la collettività
- **B** non si può sapere che chi paga le tasse non ha contribuito a danneggiare la collettività
- **C** si sa che chi paga le tasse contribuisce a non danneggiare la collettività
- **D** è noto che chi non paga le tasse è corresponsabile del danneggiamento alla collettività

38 **Delle tre società Alpha, Beta e Gamma almeno due sono lussemburghesi. Sapendo che se Alpha è lussemburghese anche Beta lo è, che se Gamma è lussemburghese lo è anche Alpha, e che tra Beta e Gamma almeno una non è lussemburghese, si può dedurre che:**

- **A** Alpha, Gamma e Beta sono lussemburghesi
- **B** Alpha non è lussemburghese e Beta è lussemburghese
- **C** Gamma non è lussemburghese e Beta è lussemburghese
- **D** Alpha e Gamma sono lussemburghesi

39 **«Tutti gli amici di Vincenzo bevono sia birra sia vino».**

Se la precedente affermazione è falsa, allora si può dedurre con certezza che:

- **A** almeno un amico di Vincenzo non beve birra
- **B** almeno un amico di Vincenzo non beve birra o vino
- **C** almeno un amico di Vincenzo non beve vino
- **D** almeno un amico di Vincenzo non beve né birra né vino

40 **«Non è impossibile che Stefano non sia il fratello di Alessandro».**

La precedente affermazione è logicamente equivalente a:

- **A** Stefano e Alessandro potrebbero non essere fratelli
- **B** è impossibile che Stefano sia il fratello di Alessandro
- **C** Stefano e Alessandro sono sicuramente fratelli
- **D** non è possibile che Stefano non sia il fratello di Alessandro

41 **«Tutte le amiche di Alessandra sono veliste, e tutte le veliste sono abbronzate». Determinare, sulla base di queste sole informazioni, quale delle seguenti affermazioni è corretta.**

- **A** Lisa è abbronzata quindi è un'amica di Alessandra
- **B** Lisa non è velista, quindi non è abbronzata
- **C** Lisa non è amica di Alessandra, quindi non è abbronzata
- **D** Lisa non è abbronzata, quindi non è un'amica di Alessandra

42 **Giacomo è convinto che, se partisse per la Francia, troverebbe un lavoro come ingegnere aerospaziale.**

In quale dei seguenti casi si sarebbe sicuri che Giacomo ha torto?

- **A** Giacomo rimane in Italia e trova lavoro come ingegnere aerospaziale
- **B** Giacomo rimane in Italia e non trova lavoro come ingegnere aerospaziale
- **C** Giacomo parte per la Francia e dopo diversi mesi trova un lavoro come ingegnere aerospaziale
- **D** Giacomo parte per la Francia ma non trova un lavoro come ingegnere aerospaziale

43 **«Nel liceo di Fausto ogni ragazzo gioca a calcio e a pallavolo».**
Se la precedente affermazione è falsa allora è sicuramente vero che:

- A esiste almeno un ragazzo del liceo di Fausto che non gioca né a calcio né a pallavolo
- B esiste almeno un ragazzo del liceo di Fausto che non gioca a calcio
- C esiste almeno un ragazzo del liceo di Fausto che non gioca a pallavolo
- D esiste almeno un ragazzo del liceo di Fausto che non gioca a calcio o a pallavolo

44 **«In base alle informazioni in suo possesso, l'investigatore non può non negare che è falso quanto affermato dal suo informatore, il quale dichiarò di non conoscere l'autore della rapina di ieri».**
Basandosi sulla precedente affermazione, individuare quale delle seguenti alternative è esatta.

- A L'informatore conosce l'autore della rapina di ieri
- B L'informatore non conosce l'autore della rapina di ieri
- C Non è possibile sapere se l'informatore conosce l'autore della rapina di ieri
- D Nessuna delle precedenti alternative è corretta

45 **Il giorno in cui domani sarà ieri, l'oggi disterà tanti giorni da sabato quanti ne distava l'oggi il giorno in cui ieri era domani. Che giorno è oggi?**

- A Domenica
- B Sabato
- C Lunedì
- D Mercoledì

46 **A una festa partecipano 8 studenti, i quali complessivamente possiedono 17 cellulari. Determinare quale delle seguenti affermazioni è sicuramente vera.**

- A C'è un unico ragazzo che possiede almeno 3 cellulari
- B Almeno un ragazzo possiede esattamente 3 cellulari
- C C'è un unico ragazzo che possiede esattamente 3 cellulari
- D Almeno un ragazzo possiede almeno 3 cellulari

47 **«Ilaria ama il giardinaggio. Agli amanti del giardinaggio piace la musica. Tutti i giornalisti amano il giardinaggio».**
Se le precedenti affermazioni sono vere, quale delle seguenti è necessariamente vera?

- A Ilaria è una giornalista
- B Ilaria non è una giornalista
- C Ad alcuni giornalisti non piace la musica
- D A Ilaria piace la musica

48 **Se è vero che tutti i fiori che ho comprato sono rose eccetto tre; tutti i fiori che ho comprato sono gladioli eccetto tre; tutti i fiori che ho comprato sono orchidee eccetto tre; tutti i fiori che ho comprato sono primule eccetto tre, quanti fiori ho?**

- A Uno
- B Due
- C Tre
- D Quattro

49 **Relativamente ai siti di interesse artistico in Italia, alcuni anni fa l'Associazione Amici dell'Arte (AAA) aveva censito circa 8400 punti di interesse e poco meno di 400 musei; oggi i punti di interesse censiti sono circa 8600 mentre i musei sono poco più di 200. Quale delle seguenti affermazioni è coerente con i dati citati?**

A Tra un censimento e l'altro i punti di interesse sono diminuiti
B Il turismo verso le città d'arte in Italia è diminuito negli ultimi anni
C Il numero di punti di interesse censiti dall'AAA ha registrato una contrazione negli ultimi anni
D Nell'intervallo di tempo considerato, al contrario dei punti di interesse, il numero di musei è diminuito

50 **Andrea è più alto di Donato, Fausto è più basso di Donato, Chiara è più bassa di Biagio ma è più alta di Andrea. Chi è la persona che occupa la posizione mediana in altezza?**

A Donato
B Andrea
C Chiara
D Biagio

51 **«I cibi salati sono acidi; i cibi grassi sono acidi e pesanti; i cibi acidi sono pieni di fermenti». Se le precedenti affermazioni sono vere, allora è sicuramente vero che:**

A tutti i cibi acidi sono anche pesanti
B i cibi salati sono pesanti
C i cibi acidi sono salati
D i cibi grassi sono pieni di fermenti

52 **«Tutti i calciatori sono sportivi; Marco è sportivo; tutti gli sportivi sono educati e gioviali; tutte le persone che amano gli scacchi sono gioviali».**
Se le precedenti affermazioni sono vere, quale delle seguenti non è possibile dedurre con certezza?

A Marco è educato
B I calciatori sono gioviali
C Marco è gioviale
D Marco ama gli scacchi

53 **Fausto è in moto ed è fermo a un incrocio. Se svolta a sinistra o a destra non raggiungerà il prossimo distributore e rimarrà senza benzina. Stessa cosa gli accadrebbe tornando indietro. Guardando dritto davanti a sé non vede alcun distributore. Data questa situazione, quale delle seguenti deduzioni è valida?**

A Deve svoltare a destra per non rimanere senza benzina
B Deve svoltare a sinistra per non rimanere senza benzina
C Potrebbe rimanere senza benzina
D Rimarrà certamente senza benzina

54 **«Tra tutti i giocatori del campionato regionale di basket chi riesce a saltare più in alto dopo due ore di allenamento è il più bravo saltatore. Giovanni, dopo due ore di allenamento, salta più in alto di Marco». Quale deduzione non è certamente falsa?**

A Marco è il più bravo saltatore
B Certamente Giovanni non è il più bravo saltatore
C Giovanni è il più bravo saltatore
D Di nessun'altra risposta si può dire se sia vera o falsa

55 **Per il compleanno di Paolo, sua moglie Elena decide di fare una cena con gli amici e invita Stefano con sua moglie Loredana, Alessandro con sua moglie Claudia e Michele con sua moglie Franca.**

Affinché possa essere rispettata la regola che ogni uomo deve essere seduto tra due donne e ogni donna tra due uomini, quale delle seguenti condizioni deve necessariamente verificarsi?

- A Ai due capotavola devono sedersi due donne o due uomini
- B Ai due capotavola devono sedersi un uomo e una donna
- C Paolo deve sedersi vicino a sua moglie
- D Michele deve sedersi vicino a Claudia

56 **Date le seguenti affermazioni:**

1) Se Mario è a Roma, allora Piero è a Milano;

2) Piero è a Milano.

Quale delle seguenti conclusioni è vera?

- A Mario è a Roma
- B Mario e Piero sono a Milano
- C Mario non è a Roma
- D Nessuna delle altre alternative proposte rappresenta una conclusione logicamente valida

57 **Nella città di Girotondo i 30 ragazzi che vanno a scuola studiano l'inglese, il francese o lo spagnolo. Di questi 30 ragazzi 18 studiano il francese, 12 lo spagnolo e 23 l'inglese. Sapendo che 5 ragazzi studiano sia l'inglese sia lo spagnolo e che nessuno studia sia il francese sia lo spagnolo, quale delle seguenti affermazioni è vera?**

- A Alcuni ragazzi studiano tutte e tre le lingue
- B Nessuno dei ragazzi che studia l'inglese studia anche il francese
- C Tutti i ragazzi che studiano l'inglese studiano anche il francese
- D Tutti i ragazzi che studiano il francese studiano anche l'inglese

Leggere il testo del seguente problema e rispondere alle relative domande.

Fausto, Paola, Ilaria, Monica e Giuseppe sono i redattori di una piccola casa editrice di Torino. Ieri sono giunti in redazione cinque manoscritti da leggere: si tratta di un romanzo storico, un libro di divulgazione scientifica, una raccolta di racconti, un giallo e un saggio (non necessariamente in quest'ordine); sono stati scritti da cinque autori esordienti: Mesali, Luisano, Caliciotti, Avolino e Nizzolo (non necessariamente in quest'ordine). Ognuno dei cinque redattori legge un solo libro.

Si sa, inoltre, che:

- Paola legge il giallo;
- Fausto legge il libro di Avolino;
- Monica legge il saggio che non è stato scritto da Luisano;
- Giuseppe legge il libro scritto da Mesali;
- Nizzolo ha scritto il libro di divulgazione scientifica.

58 **Luisano ha scritto:**

- A il giallo
- B non si può stabilire con certezza
- C il romanzo storico
- D la raccolta di racconti

59 Quale tra le seguenti affermazioni è sicuramente falsa?

- A Mesali ha scritto il romanzo storico
- B Fausto ha letto la raccolta di racconti
- C La raccolta di racconti non è stata scritta da Avolino
- D Paola ha letto il libro di Caliciotti

Leggere il testo del seguente problema e rispondere alle relative domande.

Marco ha quattro fratelli: Andrea, Cesare, Davide e Biagio. Ognuno è sposato con una delle quattro sorelle di Elena, la moglie di Marco, che sono: Nausica, Lucia, Alma e Maria. Si sa inoltre che:

- Marco è più grande di Biagio;
- Cesare è più piccolo solo di Andrea;
- Davide, il più piccolo dei cinque fratelli, ha sposato Nausica;
- Alma ha sposato il fratello immediatamente maggiore del più giovane dei cinque.

60 Quale delle seguenti affermazioni è falsa?

- A Biagio non è il più piccolo dei cinque fratelli
- B Cesare è sposato con Maria o con Lucia
- C Andrea ed Elena non sono marito e moglie
- D Biagio ha sposato Marisa o Lucia

Leggere il testo del seguente problema e rispondere alle relative domande.

Dodici scout (A, B, C, D, E, F, G, H, I, L, M, N) partono per un'escursione di più giorni in montagna. La prima sera i ragazzi devono sistemarsi in quattro tende. Ogni tenda è occupata da tre ragazzi e deve avere un capo tenda. I quattro ragazzi più anziani (A, B, C e F) sono i capi delle quattro tende e devono scegliere gli altri componenti della tenda. Per fare questo devono però tenere conto dei seguenti vincoli:

- H non vuole stare con A;
- B e N hanno litigato e non possono stare nella stessa tenda;
- E non vuole stare con F;
- G non vuole stare con C;
- N ha litigato con A e non può stare nella sua stessa tenda;
- G è il fratello di I e vuole stare in tenda con lui;
- H e N hanno litigato e non possono stare nella stessa tenda;
- E è amico inseparabile di D e vogliono stare nella stessa tenda;
- N e L non si parlano da giorni e non vogliono stare nella stessa tenda;
- G è diventato molto amico di F e vuole stare nella sua stessa tenda.

61 Quale delle seguenti coppie di persone è nella tenda con A?

- A B, M
- B G, I
- C L, M
- D E, D

62 Quale dei seguenti gruppi di persone è nella tenda con B?

- A L, M
- B E, F
- C H, L
- D D, E

63 **Quale dei seguenti gruppi di persone è nella tenda con I?**

- A F, G
- B H, B
- C A, D
- D C, M

64 **Se non fosse nota l'informazione fornita dall'ultima affermazione (G è diventato molto amico di F e vuole stare nella sua stessa tenda), cosa è possibile affermare con sicurezza?**

- A A si deve trovare in tenda con G o con E
- B B si deve trovare in tenda con L
- C F si deve trovare in tenda con N o con L
- D C si deve trovare in tenda con H o con L

Leggere il testo del seguente problema e rispondere alla relativa domanda.

Al convegno medico svoltosi a Milano lo scorso mese, sono intervenute cinque personalità della ricerca scientifica che hanno comunicato al pubblico presente i risultati dei loro esperimenti. Nella conferenza, che si è prolungata per tutta la giornata terminando in tarda serata, il dr. Caputi ha parlato prima della dr.ssa Alibrandi ma dopo il prof. Domini. Il dr. Epifani, arrivato da Genova, ha parlato dopo il dr. Caputi ma per un tempo più lungo di quest'ultimo, mentre il prof. Bassetti, parlando per primo, ha tenuto il discorso più breve di tutti. La dr.ssa Alibrandi, giunta in ritardo per un problema alla sua auto, ha parlato per ultima per un tempo inferiore a quello del prof. Domini, ma maggiore rispetto a quello del dr. Epifani.

65 **In base al testo, quale delle seguenti affermazioni è vera?**

- A Il dr. Caputi ha parlato prima e per un tempo maggiore della dr.ssa Alibrandi
- B Il dr. Epifani ha parlato dopo e per un tempo inferiore del prof. Bassetti
- C Il prof. Domini, pur parlando dopo il dr. Epifani, ha tenuto il discorso più lungo
- D La dr.ssa Alibrandi, pur essendo stata l'ultima a parlare, ha tenuto un discorso più corto solo del prof. Domini

Posto / Tempo + breve
1 Bassetti
2 Domini
3 Caputi
4 Epifani
5 Alibrandi

12/65

Soluzioni e commenti

1 Prendere il treno è una condizione sufficiente, ma non necessaria, affinché Carlo arrivi in ritardo a destinazione. Ogni volta che Carlo prende il treno, allora arriva in ritardo (alternativa B errata). L'unica cosa che si può dedurre in questo caso è che se Carlo non è arrivato in ritardo (quindi in orario), allora non ha preso il treno (l'alternativa D è la soluzione del quesito), perché era sufficiente prenderlo per arrivare in ritardo. Carlo potrebbe, però, arrivare in ritardo anche quando non prende il treno (infatti la condizione è sufficiente, ma non necessaria), quindi l'alternativa A è errata. Non è, infine, deducibile neanche l'alternativa C, in quanto, se Carlo non prende il treno, non si sa se arrivi in orario o meno.

2 La risposta esatta è la B. Infatti, per la proprietà transitiva, se *Federico* è *grasso* e *chi è grasso è goloso*, allora *Federico è goloso*. L'alternativa C è errata in quanto il fatto che i grassi siano golosi non implica necessariamente che i golosi siano grassi; vi possono anche essere golosi che non sono grassi. L'alternativa A è errata per lo stesso motivo.

3 La frase di partenza può essere "semplificata" sostituendo alle doppie negazioni una affermazione. Per esempio così: «Recenti scoperte hanno suffragato la tesi secondo cui è possibile che lo stress sia alla base di alcune gravi malattie mentali». Di conseguenza la risposta corretta è la C.

4 Per risolvere il quesito conviene schematizzare le affermazioni presentate in modo da avere chiare le relazioni presenti nel testo utilizzando delle frecce nel modo seguente.

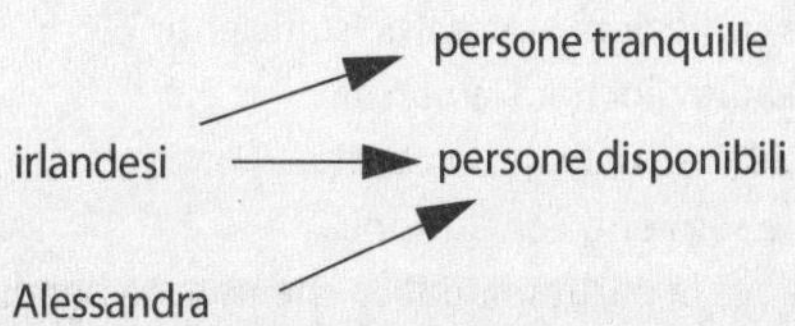

Si presti attenzione al verso delle frecce. Dire che gli irlandesi sono persone disponibili (freccia che parte dagli *irlandesi* e arriva alle *persone disponibili*) non significa dire il contrario. Non è, cioè, per forza vero che tutte le persone disponibili siano irlandesi (alternativa B errata). Da questo schema si ricava, anche, che non è detto che Alessandra sia irlandese (alternativa A errata) e che tutte le persone tranquille siano anche disponibili (alternativa C errata). Dalle relazioni dell'esercizio, l'unica cosa che può essere dedotta con certezza è che non è certo il fatto che Alessandra sia una persona tranquilla e dunque l'alternativa D è la soluzione del quesito.

5 Il testo dell'esercizio può essere parafrasato dicendo che *se* (=quando) il capo fa le parole crociate *allora* (=vuol dire) il capo è rilassato; ciò significa che per il capo fare le parole crociate è condizione *sufficiente* per essere rilassato. Si può dunque dedurre che se il capo non è rilassato certamente non fa le parole crociate (se facesse le parole crociate, infatti, dovrebbe essere rilassato). La risposta corretta è dunque la A. Attenzione alla B, che sarebbe corretta solo se fare le parole crociate fosse una condizione *necessaria* perché il capo sia rilassato. Nel nostro caso, invece, il capo potrebbe essere rilassato anche senza farle.

6 Il segreto per risolvere una domanda come questa è schematizzare! Si cominci dalle tre affermazioni date:
Guido ⇒ no Guido;
Enrica ⇒ Pietro;
Pietro ⇒ Guido.
Si sa che due persone mentono e una dice il vero: si deve capire chi mente e chi dice il vero.
Per farlo, bisogna analizzare ogni dichiarazione chiedendosi: se è vera, le altre due possono essere considerate false senza cadere in contraddizione tra loro?
Per esempio, se l'affermazione di Guido è vera, le altre due possono essere considerate false? Se la spia non è Guido (come affermato da Guido stesso), l'affermazione di Pietro è sicuramente falsa e quella di Enrica potrebbe essere falsa (potrebbe essere lei stessa la spia).
Se invece l'affermazione di Guido è falsa, sicuramente quella di Pietro è vera, così come falsa è quella di Enrica.
In entrambi i casi (che Guido dica il vero o il falso) si rispetterebbero le condizioni dell'esercizio (due affermazioni false e una vera) e dunque non possiamo stabilire con certezza se Guido è la spia o no.
Bisogna chiedersi ora: la dichiarazione di Enrica può essere vera? La risposta è no, perché se lo fosse sarebbe vera anche quella di Guido e si avrebbero due affermazioni vere (il che contrasta con le condizioni poste dall'esercizio).
L'affermazione di Enrica, quindi, deve sempre essere falsa: si può dunque essere certi che Pietro non è la spia.
L'alternativa C è la soluzione del quesito.

7 Affermare che «tutti i vini in vendita nei supermercati provengono da produttori italiani» equivale a dire che se un vino è in vendita in un supermercato allora proviene da un produttore italiano. Si può dunque concludere che se un vino non proviene da un produttore italiano certamente quel vino non viene venduto in un supermercato. La risposta corretta è pertanto la B. Si noti il trabocchetto nella A: che tutti i vini dei supermercati siano italiani non implica che tutti i vini italiani si trovino nei supermercati!

8 L'esercizio è basato su due condizioni, entrambe sufficienti:

- se venerdì starà bene, Laura giocherà la partita;
- se Betty starà bene, giocherà anche lei la partita.

È dunque possibile trarre le seguenti conclusioni:

- se venerdì Laura non gioca la partita, significa che non sta bene;
- se venerdì Betty non gioca la partita, significa che non sta bene.

Osservando la prima conclusione appare evidente che, poiché Laura non sta giocando la partita (dato che è in tribuna a guardarla), sicuramente non sta bene. Ciò consente di escludere le alternative A e C. Si osservi inoltre che le due condizioni iniziali (e dunque anche le due conclusioni) sono slegate fra loro. Ciò significa in particolare che Laura potrebbe non aver giocato perché non stava bene, senza che per questo si possa concludere alcunché circa la salute di Betty. L'unica cosa certa che si può affermare è che Laura non sta bene, mentre nulla si può dire su Betty. La risposta al quesito è dunque la D: poiché infatti Laura non gioca, l'unica certezza è che non sta bene.

9 L'aspetto a cui si deve prestare attenzione per risolvere il quesito è che le due persone affermano cose differenti, perciò se mente una deve mentire anche l'altra. Infatti, se si assumesse che la prima dice il vero e la seconda il falso, non sarebbe vero che la persona francese è donna ma – contemporaneamente – non potrebbe essere neanche vero che la persona inglese sia uomo come afferma (perché l'esercizio dice che le due persone sono di sesso diverso). Lo stesso ragionamento vale anche assumendo che menta la prima persona e dica la verità la seconda. Comunque la si giri, quindi, mentono tutti e due, per cui si può asserire con certezza che la donna è inglese e l'uomo francese (la B è la soluzione del quesito).

10 Secondo quanto scritto da Di Vico, la crisi può aver rallentato l'impatto della globalizzazione sui commerci (non è vero, quindi che è stata ininfluente: alternativa **A** errata), ma non sembra averla fermata. La globalizzazione, quindi, può avanzare nonostante la crisi (**B** soluzione del quesito). Si noti che l'alternativa **C** è un'opinione riportata nel testo proposto e quindi non può essere la soluzione cercata.

---

11 Si possono schematizzare le informazioni del testo nel modo seguente:

praticare sport ⟶ vivere bene ⟵ non fumare

L'unica alternativa che può fornire la soluzione del quesito è la **D**; infatti, tutti coloro che non fumano vivono bene (essendo, quella di vivere bene, una caratteristica dei non fumatori). Attenzione però: il senso della freccia indica che non si può considerare necessariamente vero che vivere bene implichi praticare sport (risposta **B** errata).

---

12 La **A** è palesemente errata perché l'esercizio afferma che una tra Beatrice e Chiara non è bionda. Tra le due a non essere certamente bionda è Chiara, perché se lo fosse lo sarebbe anche Alma e di conseguenza anche Beatrice e si avrebbero tutte e tre le figlie bionde, che si è già visto essere impossibile (alternativa **D** errata). A questo punto si può affermare con certezza che Beatrice è bionda e la soluzione è la **C**.

---

13 L'esercizio è ingannatore perché istintivamente si tende, nel rispondere, a far ricorso al proprio bagaglio di conoscenze: è noto infatti che, per l'ordinamento giuridico italiano, fino a sentenza di condanna passata in giudicato l'imputato si presume innocente. La nozione è giusta, ma nel nostro caso porta alla risposta sbagliata dal momento che qui si richiede di ragionare solo sulla frase data: il testo chiede di partire dalla premessa *assumendola per vera*, senza cioè verificare la sua corrispondenza alla realtà. La risposta **A** è errata perché deduce dalla frase data la *conseguenza* che una persona sia *necessariamente* considerata innocente se non è ancora stata giudicata con sentenza definitiva, il che non è vero, data la premessa di cui sopra. La risposta **C** è sbagliata perché, capovolgendo il discorso, deduce dalla premessa che se una persona viene giudicata colpevole *necessariamente* c'è stata sentenza di condanna passata in giudicato, il che non è vero, dal momento che (sempre secondo l'argomentazione iniziale) si può essere considerati colpevoli anche prima che la sentenza lo stabilisca definitivamente. La risposta corretta è dunque la **B**: la premessa indica che si può essere considerati colpevoli anche se non si è condannati con sentenza definitiva; quindi non è detto che si debba essere considerati innocenti finché non si è stati condannati.

---

14 La frase data corrisponde al modello formale *se A allora B*, in cui si stabilisce che A è una condizione in sé sufficiente perché si verifichi B. Nel caso in esame, il fatto di fare il pieno di benzina è condizione sufficiente per arrivare fino a Roma: ciò significa che se non arrivo in auto fino a Roma, vuol dire che non ho fatto il pieno di benzina. La risposta esatta è dunque la **A**.

---

15 Il sillogismo è un ragionamento deduttivo formale in cui, date due proposizioni (premesse), ne segue di necessità una terza (conclusione). Nel nostro caso abbiamo due premesse, dette *universali* perché riguardano tutti gli elementi di un insieme (rispettivamente i *condottieri* e i *coraggiosi*). La prima è positiva (attribuisce una qualità), la seconda negativa (esclude una qualità). La conclusione deve essere a sua volta universale (alternativa **D** da scartare). In termini insiemistici, se tutti i *condottieri* sono compresi nell'insieme *coraggiosi*, che è disgiunto dall'insieme dei *dissimulatori*, consegue che questo insieme è anche disgiunto dall'insieme dei *coraggiosi*. La risposta esatta è la **A**.

16 Per arrivare alla risposta è bene astrarre dal significato letterale degli aggettivi utilizzati e ragionare in termini simbolici e insiemistici (*Alto-A*, *Bello-B*, *Brutto-BR*). La prima affermazione dichiara che ogni elemento dell'insieme A è compreso nell'insieme B (cioè l'insieme A è sottoinsieme dell'insieme B); ma naturalmente non è vero il contrario perché l'insieme B può contenere elementi che non sono compresi nel suo sottoinsieme A. Pertanto le risposte A e C sono da escludere. La seconda affermazione significa che nessun elemento dell'insieme A è compreso nell'insieme BR: dunque i due insiemi sono distinti e non si intersecano mai. Pertanto è vero anche il contrario: nessun elemento di BR è elemento di A. La risposta D è da escludere e quella corretta è la B.

17 L'esercizio afferma che tutti i maschi sono minorenni, quindi l'insieme dei maschi è totalmente incluso in quello dei minorenni. Ciò non implica però che tutte le persone minorenni siano maschi (alternativa B errata), perché si potrebbero avere anche delle femmine che lo sono (il che rende errate anche le alternative A e C). Sicuramente se tutti i maschi sono minorenni, ammesso che nel gruppo ci siano delle persone maggiorenni, queste ultime possono solo essere femmine. La soluzione al quesito è fornita, quindi, dall'alternativa D.

18 L'espressione *solo se* introduce una condizione necessaria ma non sufficiente (l'alternativa B è errata). Una frase del tipo *solo se A, allora B*, prevede due possibili conseguenze logiche e cioè: *se non A, allora non B* (se non lavorerò di sabato allora non riuscirò a completare la relazione) e *se B, allora A* (se ho completato la relazione è perché ho lavorato di sabato). La soluzione al quesito è fornita, quindi, dall'alternativa D. Si presti attenzione all'alternativa C, che rimanda a una condizione sufficiente ed è quindi errata. La condizione dell'esercizio è, infatti, necessaria (anche se si verifica, cioè, non è detto – non è sufficiente – che lavorando di sabato, poi si riesca a finire la relazione).

19 Per risolvere questo esercizio bisogna evitare di lasciarsi trascinare dal senso comune, che indurrebbe a scegliere l'alternativa D. Negare la proposizione di partenza invece significa dire «È falso che nessun cane ha tre zampe» ovvero «È falso che non esistono cani con tre zampe», che equivale a «Esiste almeno un cane con tre zampe». La risposta corretta è la A.

20 Nell'esercizio proposto, il fatto che Lorenzo vada a ballare è condizione *sufficiente* affinché Maria rimanga a casa. L'unica considerazione tra quelle proposte che si può dedurre con certezza è che «se Maria non è rimasta a casa, allora Lorenzo non è andato a ballare». Possiamo infatti escludere l'alternativa B: è possibile infatti che Maria sia rimasta a casa nonostante Lorenzo non sia andato a ballare. La risposta corretta è, dunque, fornita dall'alternativa A.

21 Il testo contiene una doppia negazione: «*Non* vi è motivo di pensare che … *non* vi sia nessuno». La doppia negazione equivale a un'affermazione, per cui la frase può essere svolta sotto forma di affermazione: «Si può ritenere che … ci sia qualcuno». Le due negazioni si annullano dando luogo a una frase positiva equivalente. La risposta esatta è quindi la B, perché esprime il medesimo concetto contenuto nel testo.

22 La risposta esatta è la B. Il fatto che qualche dirigente sia scorretto non implica che tutti lo siano (alternativa A), né che nessuno sia corretto (alternativa C). Viceversa, poiché qualcuno dei dirigenti non è corretto, è certamente vero che non tutti sono corretti (alternativa B). L'alternativa D, infine, propone una sorta di reciproco dell'affermazione di partenza che, tuttavia, non può essere considerata equivalente.

23 La madre di vostra figlia non potete essere che voi, per cui se la figlia di Maria è la madre di vostra figlia, significa che la figlia di Maria siete proprio voi. La soluzione al quesito è l'alternativa D.

24 Lo schema che si può utilizzare per avere chiare tutte le relazioni presentate dal testo dell'esercizio è il seguente:

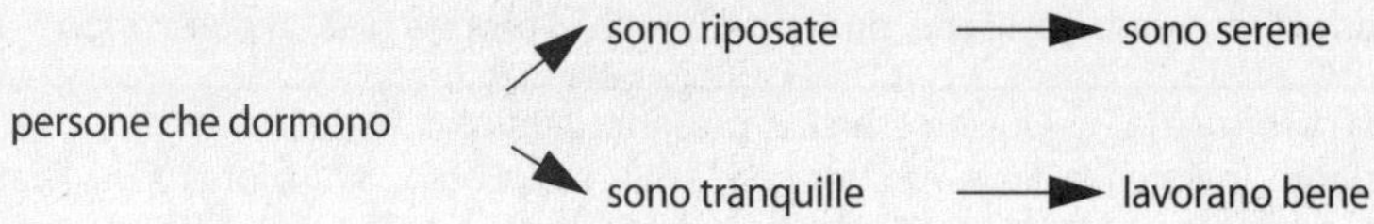

Da tale schema si osserva come l'unica affermazione che non è deducibile con certezza tra le alternative proposte è quella riportata dalla C, che rappresenta la soluzione del quesito.

---

25 Affermare che non tutti gli oggetti di vetro sono prodotti a Venezia significa dire che esistono alcuni oggetti di vetro che non sono prodotti a Venezia (l'alternativa D è la soluzione del quesito). Si faccia attenzione all'alternativa B, errata in quanto non si sa quali oggetti siano prodotti a Venezia; non si può, cioè, affermare con sicurezza che si producano oggetti diversi da quelli di vetro. In teoria, cioè, a Venezia si potrebbero produrre solo oggetti di vetro, anche se non tutti quelli che esistono.

---

26 Il fatto che uno studente si applichi è condizione *sufficiente* per la promozione: possono tuttavia configurarsi anche altre condizioni sufficienti per essere promossi. È quindi solo possibile, ma *non necessario*, che uno studente promosso si sia applicato. Ciò dimostra che la risposta corretta è la D e che l'alternativa C è errata. L'alternativa A è sbagliata perché la promozione non corrisponde con il massimo risultato, mentre l'alternativa B è sbagliata perché pone l'impegno degli studenti quale condizione *necessaria* affinché essi siano promossi.

---

27 Due negazioni si possono tradurre in un'affermazione, perciò il significato della frase data viene rispettato dall'alternativa C.

---

28 Questo esercizio si fonda sulla relazione causa-effetto che lega due eventi: l'atto di lanciare il sasso risulta essere una condizione *sufficiente* affinché il vetro si rompa, ma non *necessaria*. Infatti, il vetro potrebbe anche rompersi per altre cause. La risposta esatta è pertanto la A. Le risposte B, C e D sarebbero corrette se l'affermazione iniziale fosse: «il vetro potrebbe rompersi solo se lanciassi il sasso»; in questo caso, infatti, il rapporto tra i due eventi sarebbe di *necessità* e non più di *sufficienza*.

---

29 Per rendere falsa l'affermazione di Andrea occorre negare che tutte le città toscane siano affascinanti, ossia affermare che esiste almeno una città toscana non affascinante. La risposta corretta è quindi la A.

---

30 L'esercizio afferma che si verifica sempre o l'una o l'altra condizione: «o il rosso è spento o il rosa è acceso». Nel primo caso l'azzurro è acceso (infatti il *se* indica una condizione sufficiente: è sufficiente che il rosso sia spento, affinché l'azzurro sia acceso), mentre nel secondo il verde brilla. Si può dunque affermare che o l'azzurro è acceso o il verde brilla (l'alternativa A è la soluzione del quesito).

---

31 Per risolvere il quesito si devono "tradurre" le negazioni fino a lasciar emergere il senso della frase. La doppia negazione iniziale *Non è possibile non ammettere* equivale a "Bisogna ammettere"; *non si è nel giusto* corrisponde a "si sbaglia"; *non accettare che non sia sbagliata* significa "rifiutare che sia giusta". Se quindi bisogna ammettere che si sbaglia a rifiutare che la strada sia giusta, allora significa che la strada è giusta e la risposta esatta è la C.

---

32 L'espressione su cui si deve porre maggiore attenzione per risolvere l'esercizio è «in modo sempre più preciso e puntuale» che sta a significare che Giovanni ha affinato le sue competenze lavorative. La soluzione al quesito è, quindi, fornita dall'alternativa D.

33 L'affermazione data, assume che tutti coloro che amano la propria città la tengono pulita. Per negarla, basta dire che esiste almeno una persona che ama la propria città ma non la tiene pulita (la risposta corretta è la C). Si noti che la B non nega l'affermazione di partenza ma introduce un'altra categoria di cittadini: quelli che, pur non amando la propria città, la puliscono.

34 La risposta corretta è la C. Questo esercizio presenta il tipico caso della condizione *necessaria* ma non sufficiente. In altre parole, senza benzina la mia auto non può funzionare, ma il fatto di avere la benzina potrebbe non bastare affinché funzioni. Dunque, le affermazioni a) e b) sono entrambe errate: la a) in quanto l'automobile (anche se fornita di benzina) potrebbe non funzionare per altri motivi; la b) in quanto l'automobile potrebbe non funzionare per motivi diversi dall'assenza di benzina. È possibile osservare che l'affermazione alla base di questo esercizio è del tipo: soltanto se è vera X, allora è vera Y (cioè: soltanto se nel serbatoio c'è benzina, allora l'auto può funzionare). Ne segue anche che se è vera Y, allora è vera X (cioè: se l'automobile funziona, allora ha benzina).

35 Se Berto alloggia al Beautiful non può occupare la camera 305 (dato che questa è occupata dal cliente dello Splendor) e nemmeno la 406, dove sappiamo che si trova Laura. Quindi la sua camera deve essere la 204 e si può escludere la risposta C. Per forza di cose, allora, Giovanni occupa la camera 305 (risposta A da escludere) e questo comporta che alloggi allo Splendor (risposta D errata). Resta che la camera 406 di Laura è al Majestic: la risposta B è corretta.

36 Per risolvere correttamente l'esercizio conviene schematizzare le relazioni presentate dal testo utilizzando il sistema delle frecce nel seguente modo:

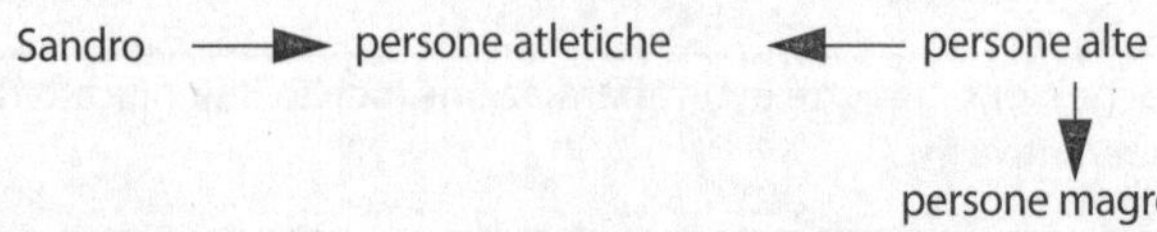

In base allo schema, non è affatto certo che Sandro sia una persona alta o magra (potrebbe esserlo essendo una persona atletica, ma non tutte le persone atletiche sono necessariamente alte – alternativa C errata – e quindi magre), pertanto le alternative A e B sono errate. È, invece, corretto quanto affermato dall'alternativa D (soluzione del quesito) in quanto tutte le persone alte sono insieme magre e atletiche.

37 Una doppia negazione si può semplificare in una affermazione: *non si può non sapere = si sa, è noto.* Si possono pertanto già escludere le alternative A e B. Un'altra doppia negazione da semplificare è *non ha contribuito a non danneggiare* che equivale a *ha contribuito a danneggiare*. Si può così escludere la C, dato che l'affermazione in esame non riguarda chi paga le tasse ma piuttosto chi non le paga. Resta dunque la D, che equivale alla frase proposta.

38 Per risolvere il quesito conviene schematizzare le relazioni proposte:

- se $A \Rightarrow B$;
- se $G \Rightarrow A$;
- $B \nLeftrightarrow G$;

dove la freccia indica che se una società è lussemburghese lo è anche l'altra, mentre la freccia barrata indica che se una lo è, l'altra non può esserlo.

Si possono scartare subito la A (Gamma e Beta non possono essere entrambe lussemburghesi) e la D (se Alpha è lussemburghese deve esserlo anche Beta). Infine è errata anche la B: se Alpha non è lussemburghese, dovrebbero esserlo Beta e Gamma, ma ciò contraddice il fatto che tra Beta e Gamma una non deve essere lussemburghese e il fatto che se Gamma lo è lo è anche Alpha. La soluzione al quesito è fornita pertanto dall'alternativa C: Alpha e Beta sono lussemburghesi, mentre Gamma non lo è.

39 Se è falso che tutti gli amici di Vincenzo bevono sia birra sia vino, la condizione minima che si verifica necessariamente è che almeno uno di loro non beve o l'una o l'altro (non è necessario che non beva né l'una né l'altro: la risposta D è da scartare). Quindi l'alternativa B è la soluzione del quesito. Le altre alternative sono errate in quanto riportano fatti possibili ma non certi: se l'affermazione di partenza è falsa, può ugualmente darsi che tutti gli amici di Vincenzo bevano birra, basta infatti che uno non beva vino (C da escludere); o che tutti bevano vino, basta infatti che uno non beva birra (A da escludere).

40 Il testo dell'esercizio presenta una doppia negazione: «non è impossibile» dunque si può trasformare nell'affermazione «è possibile». La frase può allora essere intesa nel seguente modo: «È possibile che Stefano non sia il fratello di Alessandro», cioè «Stefano e Alessandro potrebbero non essere fratelli» (l'alternativa A è la soluzione del quesito).

Tutte le altre alternative danno per certo ciò che è solo possibile.

41 Se tutte le veliste sono abbronzate e tutte le amiche di Alessandra sono veliste, si può concludere che tutte le amiche di Alessandra sono abbronzate. Ciò consente di individuare come corretta la risposta D: se Lisa non è abbronzata certamente non è un'amica di Alessandra poiché, come appena dedotto, tutte le sue amiche sono abbronzate. Per escludere le altre risposte bisogna ricordare che le amiche di Alessandra sono un sottoinsieme delle *veliste,* a loro volta sottoinsieme di *abbronzate*.

42 Per essere sicuri che Giacomo abbia torto è necessario che si verifichi, innanzitutto, la prima condizione e cioè che Giacomo parta per la Francia. Infatti, nulla si potrebbe dire sul fatto che abbia ragione o torto se rimanesse in Italia. Le alternative A e B devono, quindi, essere scartate. Partito per la Francia, Giacomo ha torto qualora non trovi lavoro come ingegnere aerospaziale. La soluzione al quesito è, dunque, fornita dall'alternativa D.

43 Se è falso che tutti i ragazzi del liceo di Fausto giocano a calcio e a pallavolo, allora è sicuramente vero che almeno un ragazzo non gioca o a pallavolo o a calcio. Per negare l'affermazione principale, infatti, basta trovare una persona che non pratica uno dei due sport (l'affermazione principale dice che tutti i ragazzi praticano entrambi gli sport). La soluzione è fornita dall'alternativa D. Si presti attenzione alle alternative B e C che risultano errate poiché quanto affermato può essere vero, ma non lo si può stabilire con certezza.

44 L'espressione «l'investigatore non può non negare» equivale a «l'investigatore non può affermare». Analogamente, non poter affermare che una cosa è falsa equivale a dire che è vera. Ne segue che quanto dichiarato dall'informatore è vero. La risposta esatta è dunque la B.

45 Il giorno in cui domani sarà ieri corrisponde a dopodomani, mentre quello in cui ieri era domani corrisponde all'altro ieri: in entrambi i casi ci sono due giorni di distanza da oggi, cioè la stessa distanza. Quindi sabato è proprio oggi. La soluzione al quesito è fornita dall'alternativa B.

46 Alla festa partecipano 8 studenti, che in totale possiedono 17 cellulari. Partiamo dal caso limite di un solo ragazzo che possieda tutti e 17 i cellulari mentre gli altri 7 non ne hanno nemmeno uno: risultano vere le risposte A e D, infatti *un unico ragazzo/almeno un ragazzo possiede almeno 3 cellulari*. Distribuendo mano a mano i cellulari anche agli altri ragazzi, la risposta D resta sempre sicuramente vera (c'è sempre almeno un ragazzo che ha almeno 3 cellulari), mentre la A non lo è più necessariamente, dato che possono esserci più ragazzi con esattamente più di 3 cellulari. La D è vera anche quando si arriva al caso limite opposto, quando tutti e 8 i ragazzi possiedono lo stesso numero di cellulari, cioè 2 a testa per un totale di 16 telefoni, tranne 1 ragazzo che ne ha 3, per arrivare a 17. In questo caso estremo, risultano vere anche le altre alternative A, B e C: esse però non sono la risposta corretta perché descrivono una situazione che si può verificare ma che non è sempre verificata, come invece abbiamo dimostrato essere la D, che è pertanto la risposta esatta.

47 Le tre affermazioni date, tra loro indipendenti, sono "collegate" dal termine medio *amore per il giardinaggio*. In quanto amanti del giardinaggio, sia Ilaria sia tutti i membri dell'insieme *giornalisti* sono anche membri dell'insieme delle persone a cui piace la musica (la risposta **D** è necessariamente vera e dunque è la soluzione). Attenzione infatti a tutte le deduzioni indebite: all'interno dell'insieme *amanti del giardinaggio*, Ilaria non necessariamente è membro del sottoinsieme *giornalisti*. Potrebbe esserlo o no, non abbiamo elementi per dirlo: per questo né la risposta **A** né la **B** possono essere necessariamente vere. La **C** è certamente falsa: poiché i giornalisti sono, per definizione, tutti amanti del giardinaggio, a loro volta interamente compresi nell'insieme di coloro che amano la musica, non può esistere alcun giornalista a cui non piaccia la musica.

48 L'unica alternativa che rispetta tutte le condizioni dell'esercizio è la **D** (soluzione del quesito) che prevede quattro fiori. Solo in questo caso, infatti, e solo se i quattro fiori sono una rosa, un gladiolo, un'orchidea e una primula, viene, infatti, rispettato quanto affermato dall'esercizio.

49 Nell'intervallo di tempo considerato, il numero di punti di interesse è passato da circa 8400 a 8600, con un incremento di circa 200 unità; quindi le alternative **A** e **C** sono evidentemente errate. Anche l'alternativa **B** non è corretta in quanto dal testo dell'esercizio non è possibile dedurre nulla riguardo il turismo verso le città d'arte. La risposta esatta è dunque la **D**: oggi, il numero di musei censiti dall'AAA è diminuito, mentre quello dei punti di interesse è aumentato.

50 Per risolvere l'esercizio, si possono schematizzare le informazioni contenute nel seguente modo (le lettere corrispondono all'iniziale del nome):
B > C > A > D > F,
infatti Chiara è più bassa di Biagio ma più alta di Andrea che è più alto di Donato, a sua volta più alto di Fausto.
Poiché l'esercizio richiede chi, in termini di altezza, occupa la posizione mediana (Andrea) la soluzione al quesito è fornita dall'alternativa **B**.

51 Rappresentando graficamente le relazioni presentate nel testo si perviene al seguente schema:

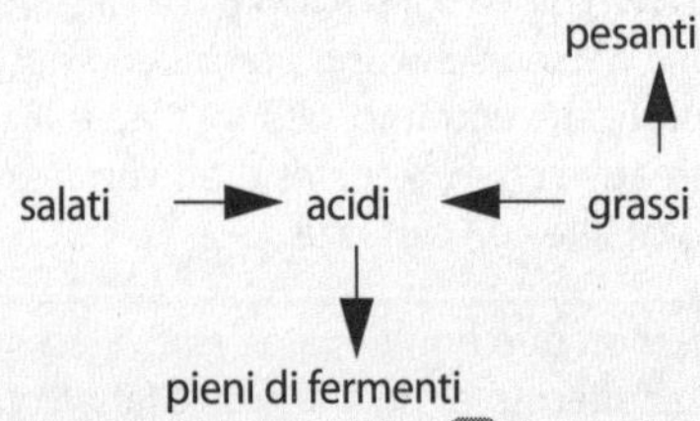

La soluzione al quesito è fornita dall'alternativa **D**. Infatti i cibi grassi sono acidi e quindi, come tutti i cibi acidi, sono pieni di fermenti.

52 Per risolvere rapidamente l'esercizio è utile rappresentare le informazioni contenute nel testo del quesito in modo schematico:

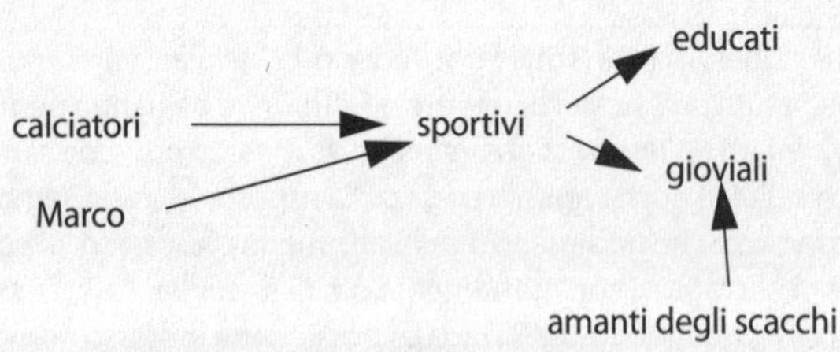

Da questo schema si può facilmente dedurre che Marco, in quanto sportivo, è educato e gioviale (**A** e **C** vere) e che i calciatori, anche loro in quanto sportivi, sono gioviali (**B** vera). Ciò che non è possibile affermare con certezza è che Marco ami gli scacchi (non è infatti detto che tutte le persone gioviali amino gli scacchi). La soluzione al quesito è quindi fornita dall'alternativa **D**.

53 Condizione sufficiente affinché Fausto rimanga senza benzina è che svolti a destra o a sinistra, gli basterà cioè fare o l'una o l'altra svolta e sicuramente rimarrà senza carburante (alternative A e B errate). Cosa accade se va dritto? L'esercizio non prevede alcun legame logico tra l'andare dritto e il rimanere o meno senza benzina: potrebbe cioè accadere che egli rimanga senza carburante, ma anche che trovi una stazione di servizio dove rifornirsi. Si può dedurre, quindi, che Fausto potrebbe rimanere senza benzina, pertanto la soluzione è fornita dall'alternativa C.

54 Per trovare la soluzione al quesito, bisogna distinguere tra le deduzioni certamente false (che sono le risposte da scartare) e l'unica che sia certamente o potenzialmente vera.In particolare: dal momento che almeno Giovanni salta più in alto di lui, Marco non può essere il più bravo saltatore e quindi la A è certamente falsa. Ne consegue che è certamente falsa anche la D, perché abbiamo potuto stabilire con certezza che la A è falsa. Verifichiamo ora quanto affermano le restanti alternative a proposito di Giovanni, ricordando che salta più in alto di Marco. Se, tolto Giovanni, Marco saltasse più in alto di tutti gli altri giocatori, Giovanni sarebbe allora il più bravo saltatore e dunque è certamente falso dire che Giovanni certamente non è il più bravo saltatore. La risposta B è pertanto da scartare. Per quanto affermato dall'alternativa C, invece, non siamo in grado di stabilire con certezza se sia vera o falsa: se Marco saltasse più in alto di tutti i restanti giocatori, allora Giovanni che salta più in alto di lui sarebbe il più bravo saltatore; in caso contrario no. La risposta non è certamente falsa, quindi la C è la soluzione del quesito.

55 La soluzione al quesito è fornita dall'alternativa A. Infatti, indipendentemente da chi nello specifico si ha accanto o di fronte, per poter rispettare la regola che ogni uomo deve essere seduto tra due donne e viceversa, è necessario che persone dello stesso sesso siano sempre sedute le une di fronte alle altre.

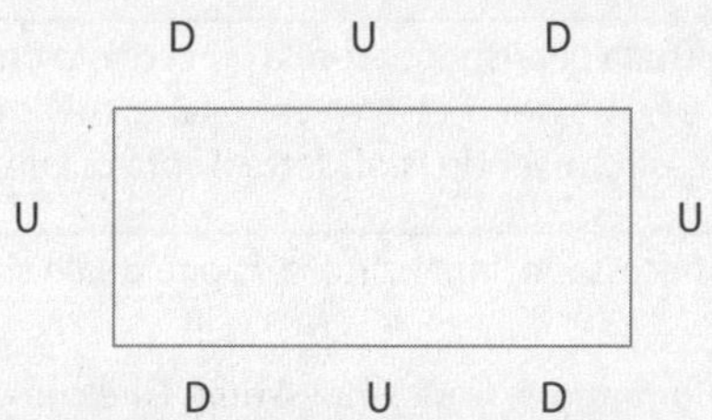

Comunque si giri questa configurazione, infatti, due donne o due uomini si troveranno a capotavola. Le alternative C e D esprimono condizioni che possono portare a una distribuzione come quella richiesta, ma non necessariamente, e risultano, quindi, errate.

56 Il fatto che Mario sia a Roma è condizione sufficiente (ma non necessaria) affinché Piero sia a Milano. In una frase del tipo *se A, allora B*, l'unica conseguenza logica che si può trarre è che *se non B, allora non A*. Se Piero è a Milano (cioè *se B*) non è detto che Mario sia a Roma (potrebbe esserci, ma anche non esserci). La soluzione al quesito è, quindi, quella proposta dall'alternativa D, non essendo alcuna delle altre tre conclusioni logicamente valida.

57 Per risolvere l'esercizio si ragioni nel seguente modo: se ognuno dei ragazzi studiasse una sola lingua, allora si avrebbero 18 + 12 + 23 = 53 studenti in totale. Ciò contrasterebbe con l'informazione che 30 è il numero totale di ragazzi. In realtà 23 di loro (la differenza tra 53 e 30) sono stati conteggiati due volte (studiano cioè più lingue) e vanno, quindi, sottratti nel computo totale. In particolare, sapendo che 5 ragazzi studiano l'inglese e lo spagnolo e che nessuno studia lo spagnolo e il francese (quindi nessuno studia le tre lingue – alternativa A errata), si può dedurre che a studiare l'inglese e il francese sono 18 ragazzi (53 – 5 – 18 = 30). Ciò significa che i 18 ragazzi che studiano il francese (quindi tutti) studiano anche l'inglese. La soluzione al quesito è fornita, dunque, dall'alternativa D.

58 Per risolvere l'esercizio conviene inserire le informazioni già presenti nell'esercizio in una tabella a tre colonne:

Redattore	**Tipo di volume**	**Autore**
Paola	Giallo	
Fausto		Avolino
Monica	Saggio	
Giuseppe		Mesali
	Div. scientifica	Nizzolo

A questo punto si osserva facilmente che Ilaria (la redattrice mancante) ha letto il libro di divulgazione scientifica di Nizzolo e che Luisano, non avendo scritto il saggio, per esclusione deve avere scritto il giallo (ne consegue che il saggio deve per forza essere stato scritto da Caliciotti).

Si può, quindi, completare la tabella nel seguente modo:

Redattore	**Tipo di volume**	**Autore**
Paola	Giallo	Luisano
Fausto		Avolino
Monica	Saggio	Caliciotti
Giuseppe		Mesali
Ilaria	Div. scientifica	Nizzolo

individuando la soluzione al quesito nell'alternativa A.

59 Osservando la tabella costruita per rispondere alla precedente domanda, ci si accorge facilmente che le alternative A, B e C possono essere vere o false, mentre la D è certamente falsa (ed è quindi la soluzione del quesito), avendo Paola letto il libro di Luisano.

60 Per risolvere il quesito è necessario, innanzitutto, capire quale sia l'ordine (dal più grande al più piccolo) dei fratelli.

In tal senso la seconda informazione risulta molto utile. Dire che Cesare è più piccolo del solo Andrea, significa dire che Andrea è il più grande dei cinque fratelli e Cesare è il secondo. Si sa, inoltre, che Davide è l'ultimo e che Marco è più grande di Biagio.

L'ordine sarà, allora, il seguente:

Andrea ⇒ Cesare ⇒ Marco ⇒ Biagio ⇒ Davide.

Si possono mettere queste informazioni in una tabella a due colonne, inserendo nella seconda le informazioni relative alle mogli: Alma, sposando il penultimo dei fratelli, è la moglie di Biagio, Marco è sposato con Elena e Davide con Nausica.

Marito	**Moglie**
Andrea	
Cesare	
Marco	Elena
Biagio	Alma
Davide	Nausica

Avendo presente questa tabella si osserva che la soluzione all'esercizio è fornita dall'alternativa D, l'unica falsa tra quelle proposte. Avendo infatti ricostruito che Biagio è il penultimo fratello, si sa con certezza che ha sposato Alma.

61 Per risolvere l'esercizio è opportuno riportare in uno schema tutte le informazioni fornite dal testo che vincolano la distribuzione dei ragazzi nelle quattro tende. Si sa innanzitutto che i quattro capotenda sono A, B, C e F, ognuno dei quali deve scegliere altri due compagni.

Si può inoltre affermare che:

1) $A \not\Rightarrow H$
2) $B \not\Rightarrow N$
3) $F \not\Rightarrow E$
4) $C \not\Rightarrow G$
5) $N \not\Rightarrow A$
6) $G \Rightarrow I$
7) $H \not\Rightarrow N$
8) $E \Rightarrow D$
9) $N \not\Rightarrow L$
10) $G \Rightarrow F$

Dalle relazioni sopra illustrate si possono formare le diverse coppie da affiancare a ciascun capotenda. Infatti, la relazione 8 specifica che E sta con D mentre la 6 specifica che G sta con I. A questo punto, devono essere formate le coppie tra i quattro scout restanti: H, L, N e M. Le relazioni 7 e 9 specificano che N non può stare né con H né con L; le coppie rimanenti sono dunque H, L e N, M.

Le quattro coppie da associare ai capitenda sono quindi:

- H, L
- N, M
- G, I
- E, D

Si sa inoltre che A non può stare né con la prima né con la seconda coppia di questo elenco (non può infatti stare con H né con N, come indicato dalle relazioni 1 e 5), B non può stare con la seconda coppia (incompatibile con N per la relazione 2), C con la terza (incompatibile con G per la relazione 4) mentre F, dovendo stare con G in base alla relazione 10, è il capotenda della terza coppia. Ne segue che A è il capo della tenda della quarta coppia, B della prima e C della seconda.

Le tende hanno dunque i seguenti componenti:

- B, H, L
- C, N, M
- F, G, I
- A, E, D

Risulta ora facile rispondere al quesito e individuare la soluzione nell'alternativa **D**.

62 B ha come compagni di tenda H e L, quindi la soluzione corretta è la **C**.

63 Nella stessa tenda di I vi sono F e G, e dunque la risposta corretta è la **A**.

64 Se viene meno l'informazione che obbliga a mettere nella stessa tenda F e G, l'esercizio deve essere nuovamente impostato. I capitenda sono A, B, C e F, mentre le coppie da associare ai capitenda sono:

- H, L
- N, M
- G, I
- E, D

Ancora si può dire che: A non può stare né con la prima né con la seconda coppia di questo elenco; B non può stare con la seconda coppia; C non può stare con la terza e F con la quarta. L'unica cosa che si può affermare con certezza è, quindi, che A si deve trovare nella tenda o con G (terza coppia) o con E (quarta coppia). La soluzione al quesito è dunque fornita dall'alternativa **A**.

65 Il testo dell'esercizio, per confondere le idee, fornisce un certo numero di informazioni inutili alla risoluzione del quesito: il lettore deve focalizzare l'attenzione solo sui dati relativi all'ordine degli interventi dei relatori e alla loro durata.

Per semplificare, è utile schematizzare i dati noti rappresentando graficamente ciò che si sa su ordine e durata degli interventi.

In base al testo, il prof. Bassetti ha parlato per primo e la dr.ssa Alibrandi per ultima. Inoltre il dr. Epifani ha parlato dopo il dr. Caputi che a sua volta ha parlato dopo il dr. Domini. La sequenza degli interventi risulta, quindi:

$B \Rightarrow D \Rightarrow C \Rightarrow E \Rightarrow A$.

Dall'esercizio si ricava anche che il prof. Domini ha parlato più a lungo della dr.ssa Alibrandi che, a sua volta, ha parlato più a lungo del dr. Epifani. Quest'ultimo ha parlato più di Caputi, mentre il prof. Bassetti ha tenuto il discorso più corto di tutti.

La durata degli interventi, quindi, dal più lungo al più breve è:

$D > A > E > C > B$.

L'unica alternativa coerente con queste due sequenze è la **D**, che rappresenta dunque la soluzione al quesito.

Quesiti di logica verbale

1 **Trovare l'alternativa che completa correttamente la seguente proporzione tra parole: quatto : appariscente = x : y**

A x = attesa; y = treno
B x = errato; y = giusto
C x = lento; y = velocemente
D x = disguido; y = equivoco

2 **Trovare l'alternativa che completa correttamente la seguente proporzione tra parole: x : approdare = aeroplano : y**

A x = nave; y = decollare
B x = approdo; y = pilota
C x = approdo; y = aereo
D x = nave; y = atterrare

3 **Trovare l'alternativa che completa correttamente la seguente proporzione tra parole: artigiano : pialla = x : y**

A x = avvocato; y = studio legale
B x = martello; y = cacciavite
C x = meccanico; y = chiave inglese
D x = bibliotecario; y = biblioteca

4 **Trovare l'alternativa che completa correttamente la seguente proporzione tra parole: secondo : tempo = x : y**

A x = cronometro; y = minuti
B x = ora; y = lunghezza
C x = spazio; y = chilometro
D x = metro; y = spazio

5 **Trovare l'alternativa che completa correttamente la seguente proporzione tra parole. pediatra : bambini = x : y**

A x = gerarca; y = anziani
B x = casa di riposo; y = nonni
C x = geriatra; y = anziani
D x = ortopedico; y = bambini

6 **Trovare l'alternativa che completa correttamente la seguente proporzione tra parole: vino : x = y : latte**

A x = rosso; y = bianco
B x = uva; y = formaggio
C x = bianco; y = bianco
D x = aceto; y = olio

7 **Trovare l'alternativa che completa correttamente la seguente proporzione tra parole:**
x : birra = grano : y

A x = bevanda; y = cibo
B x = pub; y = granaio
C x = luppolo; y = pasta
D x = luppolo; y = riso

8 **Trovare l'alternativa che completa correttamente la seguente proporzione tra parole:**
petalo : fiore = x : y

A x = equipaggio; y = marinaio
B x = radice; y = terra
C x = pagina; y = libro
D x = tram; y = tramviere

9 **Trovare l'alternativa che completa correttamente la seguente proporzione tra parole:**
ottundere : acuire = x : y

A x = arrotondare; y = smussare
B x = omettere; y = effettuare
C x = adempiere; y = eseguire
D x = correre; y = giocare

10 **Trovare l'alternativa che completa correttamente la seguente proporzione tra parole:**
vocabolario sta a traduttore come x sta a y.

A x = elefanti; y = Annibale
B x = appetito; y = ristorante
C x = francobollo; y = lettera
D x = cartina; y = guida

11 **Trovare l'alternativa che completa correttamente la seguente proporzione tra parole:**
cronometro : tempo = x : y

A x = calendario; y = giorni
B x = termometro; y = gradi
C x = cardiografo; y = cuore
D x = termometro; y = temperatura

12 **Trovare l'alternativa che completa correttamente la seguente proporzione tra parole:**
tiepido : caldo = x : y

A x = estasi; y = gioia
B x = bello; y = stupendo
C x = bollente; y = freddo
D x = estate; y = sole

13 **Trovare l'alternativa che completa correttamente la seguente proporzione tra parole:**
pipistrello : x = quercia : y

A x = scoiattolo; y = olmo
B x = stridere; y = crescere
C x = mammifero; y = albero
D x = uccello; y = vegetale

14 **Trovare l'alternativa che completa correttamente la seguente proporzione tra parole:**
Varsavia : x = Sofia : y

- A x = Lettonia; y = Romania
- B x = Polonia; y = Bulgaria
- C x = Polonia; y = Romania
- D x = Polonia; y = Ungheria

15 **Individuare il termine mancante.**

epigono	epilogo
precursore	?

- A chiusura
- B prologo
- C discendente
- D erede

16 **Individuare il termine mancante.**

ascrivibile	rintracciabile
?	reperibile

- A affermato
- B incompatibile
- C imputabile
- D socievole

17 **Indicare la parola da scartare.**

- A Balena
- B Vipera
- C Pipistrello
- D Gnu

18 **Indicare la parola da scartare.**

- A Ecuador
- B Perù
- C Cile
- D Guatemala

19 **Indicare la parola da scartare.**

- A Autocarro
- B Automobile
- C Motocicletta
- D Bicicletta

20 **Indicare la parola da scartare.**

- A Mandarino
- B Limone
- C Pompelmo
- D Ciliegia

21 **Indicare la parola da scartare.**

- A Feroce
- B Labile
- C Divertito
- D Incastro

22 **Quale delle parole sotto elencate è etimologicamente anomala rispetto alle altre?**

- A Pediatra
- B Pedicello
- C Podologo
- D Peduncolo

23 **Il *petalo* sta al *fiore* come:**

- A i sandali stanno alle scarpe
- B i cuccioli stanno al cane
- C il deragliatore sta alla bicicletta
- D il sale sta al pepe

24 **Il *bisturi* sta al *chirurgo* come il *sarangi* sta:**

- A al pittore
- B al cuoco
- C al musicista
- D al meccanico

25 **Individuare l'abbinamento improprio.**

- A Precisione – approssimazione
- B Sostanza – accidente
- C Reazionario – conservatore
- D Innato – acquisito

26 **Quale delle seguenti coppie non contiene sinonimi?**

- A Rivangare – rimestare
- B Insinuare – inscenare
- C Scorticare – spellare
- D Svellere – sradicare

27 **Indicare la parola da scartare.**

- A Sebbene
- B Sobrio
- C Sottile
- D Saccente

28 **Quale dei seguenti termini ha derivazione diversa da tutti gli altri?**

- A Acuminato
- B Acuto
- C Acume
- D Acustico

29 **Completare correttamente la frase seguente scegliendo l'aggettivo adeguato.**

«Un libero pensatore lui? È soltanto un giornalista ...».

A prezzolato

B piazzato

C prezzato

D pezzato

30 **Completare la proposizione seguente con uno degli aggettivi proposti.**

«Nonostante avesse a disposizione tutti i dati sufficienti per prendere qualche decisione, Ruggero era ancora ...».

A risoluto

B rilassato

C titubante

D deciso

31 **Completare la seguente frase:**

«Ti direi di andare se ...».

A non avresti la febbre

B non avessi avuto la gamba rotta

C sapessi guidare la macchina

D saprei come spiegarti la strada

32 **Completare la seguente frase:**

«... ha determinato il tremendo problema ... di centinaia di lavoratori, rimpiazzati dalle macchine».

A La specialità – della riallocazione

B L'automazione – del riaddestramento

C La disoccupazione – dell'istruzione

D La malattia – del recupero

33 **Completare correttamente la frase seguente.**

«Oggigiorno la carta ... non riporta altro che pettegolezzi».

A platinata

B patinata

C pettinata

D pattinata

34 **Completare la seguente frase.**

«La poesia di Edgar Allan Poe, per quanto lodata per la sua musicalità e originalità metrica, è spesso criticata per la sua ... tematica; è infatti, secondo numerosi critici, troppo spesso una collezione di impressioni ...».

A banalità – ritmiche

B dolcezza – poco chiare

C leggerezza – noiose

D trascendenza – ineffabili

35 **Indicare la parola da scartare.**

A Quadrati
B Rettangoli
C Triangoli
D Poligoni

36 **Indicare la parola da scartare.**

A Ma
B Tuttavia
C Mentre
D Invece

37 **Indicare la parola da scartare.**

A Politeismo
B Politecnico
C Politico
D Polimorfo

38 **Quale tra i seguenti è un contrario di *stizzoso*?**

A Irritabile
B Iracondo
C Indispettito
D Tranquillo

39 **Quale dei seguenti è un sinonimo di *commettere*?**

A Comminare
B Pacificare
C Mettere insieme
D Commissionare

40 **Un sinonimo di *esentare* è:**

A esimere
B estorcere
C esigere
D esiliare

41 **Individuare, tra le alternative proposte, un sinonimo del termine *ponderato*.**

A Pesante
B Improvvisato
C Meditato
D Poderoso

42 **Quale tra i seguenti è un contrario di *lugubre*?**

A Noioso
B Umido
C Allegro
D Pulito

43 **Quale tra i seguenti è un sinonimo di *flebile*?**
A Febbricitante
B Fioco
C Flessibile
D Forte

44 **Quale tra i seguenti è un sinonimo di *protervo*?**
A Docile
B Sprezzante
C Chiuso
D Umile

45 **Un contrario di *irrorare* è:**
A annaffiare
B calmare
C aspergere
D disseccare

46 **Quale tra i seguenti è un contrario di *solerte*?**
A Pigro
B Superficiale
C Pignolo
D Coscienzioso

47 **Un contrario di *inusitato* è:**
A insolito
B inconsueto
C ordinario
D non frequente

48 **Un sinonimo di *demandare* è:**
A assumersi
B delegare
C insistere
D tracciare

49 **Quale tra i seguenti è un contrario di *insigne*?**
A Noto
B Degno
C Insignificante
D Malfamato

50 **Scegliere il termine che, per significato, è collegato a entrambi i termini dati:**
stanza – … – inutile
A locale
B sterile
C sala
D vano

Soluzioni e commenti

1 La relazione che lega i due termini dati è di *opposizione/contrarietà*. Si ricorda infatti che il significato letterale dell'aggettivo *quatto* è "nascosto", "rannicchiato", dal latino *coactus*. L'alternativa corretta è la B: *errato* è infatti l'opposto di *giusto*. Si presti attenzione all'alternativa C, che può risultare a prima vista accettabile, ma che in realtà è da scartare: *lento* è infatti un aggettivo, mentre *velocemente* è un avverbio. L'alternativa D è da escludere perché formata da vocaboli (*disguido/equivoco*) fra loro sinonimi, anziché contrari.

2 Per risolvere la proporzione è necessario sostituire le alternative proposte alle due incognite e verificare quando si crea la stessa logica a sinistra e a destra dell'uguale. L'alternativa A è da scartare in quanto la nave *approda* al termine di un viaggio, mentre per l'aereo il verbo *decollare* indica l'inizio del viaggio. Le alternative B e C, se sostituite, non creano alcuna proporzione logica coerente. La risposta esatta è la D, infatti il verbo che indica l'arrivo di una nave è *approdare*, così come il verbo che indica l'arrivo di un aeroplano è *atterrare*.

3 La risposta esatta è la C. Il legame logico dei termini della relazione è quello di lavoratore e strumento di lavoro. Come la *pialla* è uno degli strumenti utilizzati dall'*artigiano*, così la *chiave inglese* è uno strumento utilizzato dal *meccanico*.

4 La relazione logica che lega i due termini del primo membro (*secondo* e *tempo*) è in questo caso quella tra unità di misura e grandezza misurata: il *secondo* è, infatti, un'unità di misura del *tempo*. L'alternativa che rispetta tale relazione è la D: il *metro* misura lo *spazio*. L'alternativa C risulta errata perché i due termini sono invertiti.

5 Il *pediatra* è il medico specializzato nello studio, nella cura e nella prevenzione delle malattie dell'infanzia e ha quindi come pazienti i *bambini*. Il rapporto tra i termini noti della proporzione è pertanto una relazione del tipo *professione medica-oggetto delle cure*. La stessa relazione è presente nell'alternativa C (il *geriatra* si occupa dei processi fisiologici dell'età senile e ha quindi come pazienti gli *anziani*) che è dunque la risposta corretta.

6 Il *vino* è prodotto dalla lavorazione dell'*uva*, mentre dal *latte* si ricava il *formaggio*. La risposta corretta è dunque la B. Si presti attenzione all'alternativa A, che è errata poiché, nonostante presenti una relazione possibile tra le bevande e il loro colore, ha almeno due termini della proporzione invertiti.

7 Per risolvere l'esercizio, bisogna provare a sostituire alle incognite della proporzione le diverse coppie proposte dalle alternative. Così facendo, si osserva che l'unica alternativa in grado di costruire una proporzione logica coerente è la C: infatti, come il *luppolo* è l'elemento base della *birra*, così il *grano* lo è della *pasta*.

8 Il *petalo* è un elemento costitutivo del *fiore*, come la *pagina* lo è del *libro* e il *marinaio* dell'*equipaggio*, anche se in questo caso i termini proposti sono collocati in ordine inverso. È quindi solo l'alternativa C a presentare i termini della proporzione nell'ordine giusto, e questa è perciò la risposta esatta.

9 La relazione tra *ottundere* e *acuire* è di *opposizione/contrarietà*. L'alternativa corretta è la B: *omettere* è infatti un opposto, un contrario, di *effettuare*. Le alternative A e C propongono termini tra loro sinonimi e sono dunque errate.

10 In questo caso, la proporzione non viene proposta in forma simbolica ma espressa con una frase. La relazione che lega le prime due parole è che il *traduttore* si serve del *vocabolario* per lavorare. Allo stesso modo, la *guida* usa la *cartina*. La risposta esatta è dunque la D.

11 Si tratta di trovare l'alternativa che riproduce correttamente la relazione logica tra i primi due termini (*cronometro* e *tempo*). La relazione in questo caso è di *misurazione*: il cronometro misura infatti il tempo. L'alternativa che rispetta tale relazione è la D: *il termometro misura la temperatura*. L'alternativa B è errata perché i *gradi* rappresentano l'unità di misura della grandezza da misurare e non la grandezza stessa.

12 La relazione tra i due termini dati è il possesso della stessa qualità con un *grado di intensità differente*. *Tiepido* e *caldo* sono due aggettivi che esprimono il possesso di temperatura elevata, ma *caldo* è più intenso di *tiepido*. Si osservi che, tra le alternative proposte, ne esistono tre che rispettano la relazione di *diverso grado di intensità*: la A e la B. La A, tuttavia, presenta i due termini in ordine inverso, ossia prima il più intenso e poi il meno intenso. L'alternativa corretta è dunque la B.

13 La risposta corretta è la C: il *pipistrello* è un *mammifero* così come la *quercia* è un *albero*; tra i primi e i secondi termini della proposizione esiste, pertanto, una relazione tra individuo e classe di appartenenza.

14 *Varsavia* è la capitale della *Polonia*, mentre *Sofia* è la capitale della *Bulgaria*. La risposta corretta è dunque la B.

15 Non ci sono rapporti tra le parole *epigono* ed *epilogo*, mentre si trova una relazione tra *epigono* e *precursore*, essendo i due termini contrari l'uno dell'altro (*epigono* è un *seguace*, un *imitatore*). Si deve, quindi, individuare tra le alternative proposte il contrario di *epilogo* (*chiusura*, *finale*) che è *prologo* (*preludio*, *introduzione*, *esordio*). L'alternativa B è la soluzione del quesito.

16 Benché la disposizione degli elementi sia graficamente diversa, l'esercizio funziona come una normale proporzione tra parole. Osservando la seconda colonna ci si accorge che *rintracciabile* e *reperibile* sono due sinonimi. Tra le alternative proposte è la C (soluzione del quesito) a proporre un sinonimo di *ascrivibile* e cioè *imputabile*.

17 La risposta esatta è la B: la serie presenta animali mammiferi, a eccezione della *vipera*, che è un rettile.

18 La risposta esatta è la D: si tratta infatti di nazioni dell'America meridionale, a eccezione del *Guatemala* che si trova nell'America centrale.

19 Si tratta di mezzi di locomozione a motore a eccezione della *bicicletta*. La risposta corretta è dunque la D.

20 La logica dell'esercizio fa riferimento alla famiglia di appartenenza dei frutti: mandarino, limone, pompelmo sono tutti agrumi. La parola da scartare è quindi *ciliegia* (D), che non appartiene a questa famiglia.

21 La risposta esatta è la D: i termini dati sono tutti aggettivi a eccezione di *incastro*.

22 Le parole proposte hanno tutte una radice etimologica riconducibile al significato di "piede" (dal greco *pous-podòs*): *podologo* è il medico specializzato nel piede, *peduncolo* è una formazione di varia natura con funzione di sostegno o di collegamento, *pedicello* è in botanica il gambo di sostegno di un fiore. Fa eccezione il termine *pediatria*, che si rifà invece etimologicamente al termine bambino (dal greco *pais-paidòs* = fanciullo). La risposta esatta è dunque la A.

23 In questo caso l'esercizio richiede di riconoscere l'analogia che lega i primi e i secondi termini della proporzione. Il *petalo* è una parte costituente del *fiore*, così come il *deragliatore* lo è della *bicicletta* (risposta esatta **C**). Lo stesso rapporto non esiste tra gli elementi delle alternative **A**, **B** e **D**: tra *sandali* e *scarpe* c'è una relazione "insiemistica" (i *sandali* sono un sottoinsieme dell'insieme *scarpe*), così come tra *cuccioli* e *cane*, mentre *sale* e *pepe* sono due elementi che rientrano nella stessa categoria (o insieme) dei condimenti.

24 Per risolvere questo quesito è necessario conoscere il significato del termine *sarangi*. Sapendo infatti che è uno strumento musicale a corde del nord dell'India, si può con facilità abbinarlo al *musicista*. Lo stesso rapporto tra strumento tipico e professionista lega infatti la prima coppia di termini *bisturi* e *chirurgo*. La risposta esatta è dunque la **C**.

25 In questo caso l'abbinamento improprio è rappresentato dall'alternativa **C**, l'unica che non indica due termini di significato tra loro contrario. *Reazionario* è vocabolo con una accezione segnatamente politica, che indica cose o persone che intendono *reagire* a processi o fenomeni di innovazione per restaurare la condizione precedente; in quanto difende strutture e valori tradizionali, *reazionario* è semmai un sinonimo e non un contrario di *conservatore*. In merito alle altre soluzioni proposte, è utile forse un chiarimento sulla **B**, laddove il termine *accidente* va inteso nell'accezione filosofica, come caratteristica di un ente che è però estranea alla sua natura fondamentale (*sostanza*), tanto che la presenza o meno di tale proprietà non modifica in nulla l'ente stesso (per esempio, l'accidente "capelli castani" rispetto alla sostanza "essere umano"). In tal senso, dunque, *accidente* si contrappone come significato al termine *sostanza*.

26 Tre coppie sono formate da verbi che hanno lo stesso prefisso: *ri-* che indica ripetizione; *in-* che indica ingresso; *s-* che rovescia il significato. Per capire quali verbi non sono tra loro sinonimi, bisogna però guardare alla radice del verbo semplice. La risposta esatta è la **B**: *insinuare* (da *seno*, nel senso di "curva, piega") significa infatti "far penetrare, introdurre" mentre *inscenare* (da *scena*) significa "allestire, rappresentare". Nella **D** la *s-* è prefisso solo di *radicare* mentre in *svellere* è parte integrante del verbo (dal latino *ex-vello*).

27 *Sobrio*, *sottile* e *saccente* sono tutti aggettivi mentre *sebbene* è una congiunzione concessiva ed è la parola da scartare. La risposta corretta è quindi fornita dall'alternativa **A**.

28 Tra i termini proposti dall'esercizio, *acuminato*, *acuto e acume* sono tutti derivati (più o meno direttamente) dal latino *acuere* (appuntire). Il termine a sé stante è dunque *acustico* (risposta **D**), che risulta invece derivato dal greco *akoúo*, "io sento".

29 Per rispondere al quesito bisogna tenere conto del contesto: è evidente che la frase intende istituire un'opposizione tra chi esprime con indipendenza la propria opinione e il suo contrario. Ne risulta che la risposta corretta è la **A**, in quanto *prezzolato* indica "chi si è lasciato comprare", con valore spregiativo. *Prezzato* può trarre in inganno ma nel contesto non ha senso.

30 *Nonostante* e *ancora* indicano che deve verificarsi una contrapposizione tra le due situazioni nelle quali si trova Ruggero. *Risoluto*, *rilassato* e *deciso* non possono esprimere questa contrapposizione, a differenza di *titubante*. La **C** è quindi la risposta esatta.

31 La risposta corretta è la **C**. Tutte le altre alternative contengono errori grammaticali relativi al modo e al tempo del verbo.

32 L'alternativa corretta è la **B**. Il ricollocamento dei lavoratori sostituiti dalle macchine necessita infatti del loro riaddestramento.

33 La risposta esatta è la **B**. Con l'espressione *carta patinata* si intende infatti l'insieme dei *rotocalchi* che vengono appunto stampati su carta lucida. La locuzione è una *sineddoche*: si indica la materia di cui è fatto un oggetto in luogo dell'oggetto.

34 La risposta corretta è la D. Infatti la frase lascia intendere che i due vocaboli, quello relativo alla tematica della poesia e quello relativo alle impressioni di cui essa è composta, debbano essere coerenti fra loro. Provando a verificare, è coerente sostenere che una tematica *trascendente* sia fatta di impressioni *ineffabili*.

35 La risposta esatta è la D: si tratta infatti di elementi appartenenti all'insieme dei poligoni, a eccezione di *poligoni* che rappresenta l'insieme stesso.

36 Le alternative riportano tutte congiunzioni avversative a eccezione della D, che è dunque la risposta corretta: *invece* è infatti l'unico avverbio.

37 L'esclusione va fatta sulla base dell'etimologia. Mentre nelle alternative A, B e D il prefisso *poli-* (dal greco polús, "molto") si unisce a un altro termine a indicare un significato di pluralità, nell'alternativa C il vocabolo deriva dal sostantivo, sempre greco, *pólis* (città). La parola da scartare è dunque *politico* e la risposta corretta è la C.

38 *Stizzoso* deriva da *stizza* (a sua volta da *stizzo* > *tizzo* cioè un pezzo di legno che prende fuoco). Indica quindi ira momentanea ma acuta. Tra le alternative, *irritabile*, *iracondo* e *indispettito* sono tutti pressoché sinonimi. L'unico aggettivo del campo semantico opposto è *tranquillo* e la soluzione è fornita dall'alternativa D.

39 La risposta esatta è la D. *Commettere* infatti non significa soltanto "compiere" ma anche "ordinare", "commissionare" (per esempio: «Lo Stato ha commesso l'opera alla Fiat»); dal verbo deriva anche il sostantivo *commessa* (per esempio: «L'industria italiana ottiene molte commesse all'estero»).

40 Il quesito è giocato sulla ripetizione dello stesso prefisso *es-* (da *ex-* latino) in verbi che non hanno nulla a che vedere con quello dato. Salvo *esimere* che, come *esentare*, significa "rendere o dichiarare libero da un obbligo". La risposta corretta è pertanto la A. Si osservi che le alternative B e C presentano termini che esprimono il contrario (e non il sinonimo) di *esentare*.

41 Il termine è il participio passato del verbo *ponderare* (dal latino *pondus*, "peso"), e significa "soppesato, considerato con rigore, vagliato". Tra le alternative, dunque, l'unico sinonimo è quello proposto in C. Qualche dubbio poteva derivare da *pesante* (che rimanda in modo ingannevole all'etimologia).

42 *Lugubre* significa "che suscita oppressione, angoscia, tristezza", per cui il suo contrario non può essere né *noioso*, né *umido*, né *pulito*. La risposta esatta è infatti la C.

43 *Flebile* significa *fievole*, *fioco*, *sommesso*. La risposta esatta è quindi la B. *Forte* è un termine con significato ben lontano da quello di *flebile*.

44 *Protervo* significa *superbo*, *arrogante*, *insolente*. La soluzione al quesito è rappresentata dall'alternativa B. *Docile* (alternativa A) è invece un contrario.

45 Il verbo *irrorare* significa "bagnare, spruzzare" e ha come sinonimi *annaffiare* e *aspergere* (alternative A e C errate). *Calmare* è, invece, il contrario di *irritare* (alternativa B errata). Un contrario di *irrorare* è, piuttosto, *disseccare*. La soluzione al quesito è quindi fornita dall'alternativa D.

46 Il quesito chiede di individuare un contrario dell'aggettivo *solerte* di cui sono sinonimi i termini *alacre*, *attivo*, *vigile*; un contrario tra le alternative proposte è *pigro*. La risposta esatta è quindi la A.

47 La risposta corretta è la C: l'aggettivo *inusitato* significa "inconsueto, insolito, nuovo, straordinario". Il suo contrario è dunque espresso da termini come "abituale, consueto, frequente", cioè *ordinario*.

48 Il verbo *demandare* significa *affidare*, *rimettere*, *delegare* (l'alternativa B è la soluzione al quesito). Si presti attenzione alle alternative A e D, errate in quanto *assumere* è un contrario di *demandare*, mentre *tracciare* è un sinonimo di *demarcare*.

49 Secondo la sua etimologia, l'aggettivo *insigne* (dal latino *in* + *signum*, "segno") indica propriamente chi si distingue per un segno particolare; rimanda a una qualità intrinseca della persona (o cosa) indipendente dalla celebrità o notorietà che potrebbe derivarne ma che può anche mancare. Il valore dell'aggettivo, perciò, si discosta dagli affini *noto, famoso, celebre* che alludono invece alla buona fama. Nell'indicare l'aggettivo contrario bisogna tenere conto di questo, escludendo perciò – oltre alle risposte che propongono il sinonimo *degno* e l'affine *noto* (B e A) – la proposta *malfamato* (che sarebbe il contrario di *illustre, celebre, famoso* ecc.). La risposta esatta è la C: *insignificante* equivale infatti a "privo di caratteristiche e pregi degni di rilievo" ed esprime quindi il concetto opposto a quello dato.

50 La parola cercata è *vano* che, come sostantivo, ha analogo significato di *stanza*, mentre, come aggettivo, è sinonimo di *inutile*. La soluzione al quesito è fornita, quindi, dall'alternativa D.

parte seconda

COMPRENSIONE VERBALE DEL TESTO

Quesiti

Brano 1 **In base alle informazioni contenute nel brano seguente, rispondere alle successive domande.**

La piena comprensione di Piero della Francesca non poteva che essere in età moderna, e non tanto nelle interpretazioni della critica quanto nelle intuizioni dei pittori. Lo vediamo, ad esempio, in un'opera di Georges Seurat, la *Grande-Jatte*. Seurat è il primo che intuisce l'ordine matematico della composizione geometrica delle opere di Piero, ne intende la ricerca prospettica e l'incidenza della luce. In Seurat, per un atto critico, Piero sembra rivivere. Parimenti, Piero è essenziale per la visione di Cézanne, che si applica a trovare nella realtà le forme geometriche elementari del cono, della sfera, del cilindro, del cubo. Inevitabile, in seguito a questa esperienza, ritrovarne le proporzioni nei cubisti e, poco dopo, nella visione metafisica di Giorgio de Chirico e, ancora, nel nuovo ordine di Valori Plastici. La lezione di Piero è determinante anche nella formazione di Balthus; e non mancherà di incidere, in diverso modo, sulla pittura di Giovanni Colacicchi e di Giorgio Morandi. Con una così eloquente efficacia sull'arte tra Otto e Novecento, Piero della Francesca, intrinsecamente metafisico, non poteva non essere il pittore più moderno dell'intera storia dell'arte, determinando l'attenzione critica dei più straordinari studiosi del Novecento: di Bernard Berenson, che ne avrebbe ammirato la pittura non eloquente, e di Roberto Longhi, che ne individuò la sintesi prospettica di forma e colore. Con queste considerazioni, sembrerà evidente come osservare un affresco di Piero sia un'esperienza filosofica del tutto estranea a qualunque residuo narrativo o illustrativo. È un'esperienza così radicale, che Francesco Arcangeli poteva illustrarcene l'opera ponendo a confronto gli affreschi con le *Storie della Vera Croce* ad Arezzo – in particolare l'Incontro tra Salomone e la regina di Saba – con alcuni dei dipinti astratti di Piet Mondrian. Un confronto illuminante se si osserva lo spirito con cui Piero espone i personaggi nell'aulico spazio delle architetture, rendendo corpi geometrici le ancelle al seguito della Regina di Saba e i dignitari che accompagnano Salomone. Una formidabile potenza d'astrazione governa tutti gli episodi delle Storie – dal *Sogno di Costantino* al *Miracolo della Vera Croce* – in uno straordinario equilibrio. Lo stesso che troviamo in uno dei capolavori della maturità: la *Flagellazione di Cristo*, con il gruppo in primo piano e il soggetto religioso in secondo piano entro uno spazio prospettico di matematica precisione. Piero è mentale, astratto. Lo conferma nella *Pala di San Bernardino a Urbino*, ora a Brera: pura architettura dipinta, con evidenti richiami al mondo classico studiato a Roma. Piero è atarattico, lontano da ogni mozione degli affetti, da ogni declinazione sentimentale. Il suo Dio è immanente, calato nell'ordine delle cose.

1 **Secondo l'autore del brano, la comprensione dell'opera di Piero della Francesca:**

- A avviene nel Medioevo ma è perfezionata nel Novecento
- B è contemporanea al pittore, che quindi vede riconosciuti i suoi meriti artistici
- C non è ancora avvenuta pienamente
- D non poteva che avvenire in tempi moderni, attraverso l'opera di autori che intuiscono l'ordine matematico che sottende alle sue creazioni

2 **Osservare un'opera di Piero della Francesca, secondo l'autore del brano, può rivelarsi un'esperienza di tipo:**

- A linguistico
- B scientifico
- C filosofico e metafisico
- D illuminante

COMPRENSIONE DEL TESTO

3 **Quale delle seguenti affermazioni è contenuta nel brano?**

A Con una così eloquente efficacia sull'arte tra Otto e Novecento, Piero della Francesca non poteva non essere il pittore più controverso dell'intera storia dell'arte, insospettendo così i più straordinari studiosi del Novecento

B La lezione di Piero della Francesca è determinante anche nella formazione di Seurat e non mancherà di incidere sulla pittura di Courbet

C L'efficacia sull'arte tra Otto e Novecento dell'opera di Piero della Francesca, intrinsecamente metafisico, ha risvegliato l'attenzione critica dei più straordinari studiosi del Novecento

D La lezione di Piero della Francesca è stato fondamentale soprattutto per i pittori francesi a cavallo tra Otto e Novecento

4 **Il termine *atarattico*, riferito a Piero della Francesca:**

A descrive uno stato d'animo imperturbabile perché estraneo alla dimensione emotiva degli affetti

B si riferisce all'approccio mentale del pittore verso la sua opera

C è un termine tecnico che si riferisce all'abilità manuale del pittore

D significa eloquente

5 **Il carattere del brano è:**

A descrittivo

B scientifico

C critico

D narrativo

Brano 2 **In base alle informazioni contenute nel brano seguente, rispondere alle relative domande.**

La crisi del debito che ha colpito numerosi Paesi in via di sviluppo ha tre cause principali: una cattiva politica macroeconomica da parte dei Paesi debitori; una politica poco prudente di finanziamento da parte delle banche; e l'incremento dei tassi di interesse reali. L'aumento dei tassi di interesse reali fino a circa il 6% nel 1982 ha sestuplicato l'onere reale degli interessi per i Paesi indebitati, modificando completamente la natura del problema del debito. Un simile incremento per un periodo così protratto non si era mai visto in precedenza. Durante le crisi passate, quando i prestiti venivano concessi a un tasso di interesse fisso, i tassi di interesse reali diminuivano a causa della deflazione. Ma quando il livello dei prezzi si stabilizzava, l'onere reale degli interessi rimaneva più elevato solo in proporzione alla diminuzione dei prezzi. Ed era comunque possibile che l'inflazione riducesse tale onere. In questa crisi, invece, il tasso di interesse reale è aumentato in modo significativo ed è rimasto elevato per molti anni, mostrando scarsi segni di diminuzione. L'inflazione, ormai, non porta alcun sollievo ai Paesi debitori.

Il timore di un collasso finanziario negli Stati Uniti era una delle principali motivazioni alla base dell'approccio iniziale alla crisi del debito. I pagamenti di interessi dai Paesi debitori eccedettero i nuovi prestiti negli anni 1984, 1985, e 1986. Le banche statunitensi ridussero la propria esposizione nei confronti dell'America Latina nel 1985. Nel 1982, le nove principali banche commerciali statunitensi avevano un ammontare di prestiti nei confronti dei Paesi in via di sviluppo pari al 250% del proprio capitale; alla metà del 1986, le stesse banche avevano un grado di capitalizzazione sufficiente a sopportare anche la completa perdita dei prestiti nei confronti dell'America Latina. Anche se le banche hanno aumentato gli accantonamenti a riserva, esse continuano a riportare in bilancio i prestiti ai Paesi in via di sviluppo al valore nominale. Il mercato secondario attribuisce invece a tali prestiti un valore decisamente inferiore.

L'attuale strategia di approccio al problema del debito dei Paesi in via di sviluppo è basata sull'allungamento della scadenza effettiva del debito. Ogni metodo che consente di ridurre il flusso di fondi in uscita dai Paesi debitori aiuterà gli stessi Paesi a crescere economicamente nel breve periodo. Ma un ulteriore finanziamento non rappresenta la soluzione al problema del debito. Fino a quando i tassi di interesse reali resteranno intorno al 6%, i Paesi debitori avranno grandi difficoltà a uscire dal problema del debito. Vi sono due possibilità. O si continua con l'approccio corrente, o si ricorre a una qualche forma di cancellazione del debito. Per quattro anni i Paesi in via di sviluppo hanno pagato il prezzo del debito nella forma di un basso tasso di crescita del PIL e di diminuzioni sostanziali dei salari reali. Milioni di persone residenti in questi Paesi rimangono a livelli di reddito ridotti semplicemente per gli interessi degli azionisti delle banche creditrici. Mediante una cancellazione del debito, i singoli Paesi e le istituzioni multilaterali potrebbero cominciare a pensare alle necessarie politiche di sviluppo orientate alla crescita. Ciò sarebbe possibile senza aumentare l'onere fiscale per i residenti dei Paesi sviluppati.

6 Sulla base di quanto affermato nel testo, si può ricavare che per l'autore l'effetto più dannoso della crisi del debito:

A è il livello artificialmente basso dei salari reali percepiti dai residenti dei Paesi debitori
B sono i problemi connessi al rimborso del debito causati dall'elevato livello dei tassi di interesse e la scarsa attenzione posta dalle banche creditrici
C è la drastica diminuzione delle prospettive di crescita, nel lungo periodo, dei Paesi debitori
D sono le perdite subite dalle banche internazionali

7 Il brano fornisce informazioni che consentono di rispondere a una o più delle seguenti domande. A quali?

I) Vi sono stati errori di politica economica da parte dei Paesi debitori che hanno contribuito a determinare il problema del debito?
II) Vi sono attualmente provvedimenti volti a estendere la scadenza effettiva del debito?
III) Il mercato secondario del debito dei Paesi in via di sviluppo attribuisce al debito lo stesso valore di quello attribuito dalle banche che lo detengono?

A Solo alla II)
B Alla I) e alla III)
C Alla II) e alla III)
D Alla I), alla II) e alla III)

8 Quale delle seguenti definizioni rappresenta meglio «l'approccio iniziale» alla crisi del debito?

A Un decremento dei nuovi prestiti e un aumento della capitalizzazione delle banche creditrici
B Una pressione crescente verso i Paesi debitori perché paghino gli interessi sul debito
C Un aumento dei tassi di interesse per favorire le banche creditrici
D Una diminuzione dell'assicurazione contro le perdite per le nove principali banche statunitensi

9 Se il brano dovesse continuare, quale sarebbe probabilmente l'argomento affrontato dall'autore?

A Le varie forme possibili di cancellazione del debito
B Le alternative alla cancellazione del debito per la soluzione del problema
C La reazione delle banche creditrici all'idea della cancellazione del debito
D Le prospettive realistiche per i Paesi debitori se le attuali politiche continuassero

10 Il brano suggerisce che l'attuale crisi debitoria dei Paesi in via di sviluppo differisce da altre precedenti crisi debitorie in quanto l'aumento dei tassi di interesse:

I) è stato parzialmente cancellato da un aumento dei prezzi;
II) è relativamente limitato se confrontato con la variazione dei prezzi;
III) è più significativo e più duraturo.

A È vera solo la I)
B È vera solo la III)
C Sono vere la I) e la II)
D Sono vere la I) e la III)

COMPRENSIONE DEL TESTO

Brano 3	**In base alle informazioni contenute nel brano seguente, rispondere alle successive domande.**

In fondo ci sono due grandi categorie di scrittori. Ci sono quelli che hanno bisogno di una preparazione molto forte e che, prima di cominciare a scrivere seriamente, devono dedicarsi a un lungo periodo di riflessione e di ricerche preliminari per informarsi, per documentarsi, elaborando al termine di questo periodo uno schema di programmazione della loro redazione: schema che servirà loro da guida durante tutto il lavoro di scrittura. Ci sono poi quelli che lavorano in modo più istintivo e meno programmato – con un minimo di schizzi e di abbozzi preparatori – ma che hanno bisogno soprattutto di una sorta di scatto iniziale, non nella forma di una programmazione nella quale sentirebbero una restrizione alla loro libertà, ma piuttosto nella forma di un nucleo embrionale. Uno scrittore come Jean Giono dichiara di non poter cominciare a scrivere un libro se non dopo aver trovato il titolo, che è spesso una formula enigmatica: per esempio *Deux cavaliers de l'orage*; il titolo deriverebbe direttamente dall'«ispirazione», come, per il poeta, quel primo verso «donato dagli dèi» di cui parlava Paul Valéry. Una volta trovato il titolo, tutto il lavoro consiste nel tentativo di giustificarlo restando allo stesso livello di qualità. Giono ha una bella immagine per evocare questo fenomeno: «*Se scrivo una storia prima di averne trovato il titolo, in generale essa mi abortisce. Mi occorre assolutamente un titolo, perché il titolo è quella sorta di bandiera verso cui ci si dirige; spiegare il titolo è la meta che si deve raggiungere*». Tutta la redazione dell'opera consisterà nel rendere significante questo titolo, nel risolverne l'enigma, nel conferire una necessità a questo dono del caso. Nello stesso spirito, ci sono altri scrittori, come Aragon, che non riescono a scrivere un'opera finché non hanno trovato l'*incipit*, la prima pagina. Una volta trovata la prima pagina, però – cosa che può richiedere un numero considerevole di stesure preliminari – è come se avesse cominciato a costruirsi una sorta di prima necessità: l'embrione è ormai formato, e si svilupperà spontaneamente. In effetti, a ben riflettervi, questi modi di procedere non sono affatto interpretabili in termini di padronanza, e complicano singolarmente questa famosa dialettica fra il caso e la necessità. Nel ritrovamento dell'*incipit* o del titolo c'è, beninteso, una parte di aleatorietà; nello stesso tempo, però, questo primo scatto dipende verosimilmente da una necessità interna, inconscia, fantasmatica; e, infine, tutto il resto del lavoro – la redazione propriamente detta – consisterà nel trasformare questa falsa alea del dono iniziale (che d'altronde non sempre viene donato) in una vera logica che sarà quella dell'opera, ma che perverrà a svilupparsi solo a partire da un principio in origine oscuro. Gli scrittori più numerosi sono comunque quelli che lavorano con documenti di programmazione. In questo caso si ha un vero lavoro da geometra, consistente nel definire il progetto di un senso che si deve costruire dal nulla: una sorta di scommessa, e di lotta formidabile dello spirito per costruire, contro il non-senso ambiente, una forma significante avente la sua logica e la sua necessità. Ma, una volta inventato lo schema e posta una sorta di assiomatica di partenza, il lavoro dello scrittore consisterà non solo nello sviluppare il modello (passando dal progetto alla sceneggiatura, dalla sceneggiatura a una prima stesura ecc.) ma anche nel problematizzarlo, reiniettando nel testo quel minimo di non-senso e di aleatorio senza il quale la struttura, logica e necessaria, resterebbe inerte. Si vede allora, paradossalmente, che la scrittura si sforza di conseguire un nuovo tipo di rapporto col caso: quel coefficiente d'incertezza senza il quale il certo diventa artificioso.

11 Il genere testuale del brano è:

- A polemico
- B divulgativo
- C apologetico
- D poetico

12 Quale potrebbe essere il titolo del brano?

- A Correnti letterarie al tempo di Giono e Valéry
- B La scrittura di un libro: importanza del titolo e della prima pagina
- C Diversi approcci e percorsi di scrittura
- D Aleatorietà letteraria

13 **Dal brano si deduce che lo scrittore Jean Giono:**

A ha bisogno di una programmazione iniziale prima di cominciare a scrivere
B appartiene a una categoria di scrittori diversa da quella di Aragon
C non crede nell'ispirazione poetica di Valéry
D lavora meglio quando sviluppa le sue storie a partire da un titolo

14 **Dal brano si deduce che:**

A Aragon e Giono sono contemporanei
B l'autore è francese
C l'autore è amante dell'embriologia
D nessuna delle precedenti alternative è corretta

15 **Secondo l'autore:**

A c'è una componente di aleatorietà nei lavori delle due categorie di scrittori descritte
B *Deux cavaliers de l'orage* è un verso di Valéry
C scrittori come Aragon hanno bisogno di programmare interamente l'opera prima di iniziare a scrivere
D i documenti di programmazione sono inutili

Brano 4 **In base alle informazioni contenute nel brano seguente, rispondere alle successive domande.**

Cari amici, vi voglio svelare un segreto: non esistono mobili moderni! Oppure, per esser più precisi: sono moderni soltanto quei mobili che si possono spostare. Tutti i mobili che sono fissati al muro, che quindi non si possono muovere e che, come già appare chiaro dal loro nome, non sono quindi veri e propri mobili: cassapanche e armadi, cristalliere e credenze, oggi praticamente non esistono più. Ma nessuno lo sapeva. E da ciò sono derivati gli errori. Ci si diceva che in ogni epoca gli armadi e le credenze erano stati concepiti in modo moderno, ideati secondo lo spirito del loro tempo e che perciò si aveva il compito di creare anche oggi queste cose secondo lo spirito del nostro tempo. Questo era un ragionamento sbagliato. Perché, dato che oggi gli armadi non esistono più, è impossibile che ve ne siano di moderni. Questi mobili inamovibili sono destinati a custodire. Nelle credenze si conservavano le porcellane, negli armadi i vestiti. Questo genere di mobili adibiti alla custodia erano un simbolo del grado di agiatezza raggiunto. La ricchezza della famiglia veniva gettata in faccia al visitatore per mezzo delle cassepanche e dei cassettoni. Così la credenza custodiva tutti i servizi di cristalleria, le porcellane e l'argenteria del padrone di casa. Era magnifico! Un altar maggiore faceva bella mostra di sé nel posto migliore della stanza da pranzo, e nel *Sancta Sanctorum*, nel tabernacolo, si trovavano i bicchieri da liquore. Io ho sempre ripetuto ai miei allievi: quanto più una famiglia è ordinaria tanto più ricca e grande è la sua credenza. Gli imperatori non ne possiedono affatto! La massaia antimoderna si chiede con angoscia dove deve riporre tutte queste cose. Ma lungo il percorso che unisce la stanza da pranzo alla cucina si trovano una quantità di spazi liberi sulle pareti, di vani sotto le finestre e di nicchie che, se chiusi da ante di legno dolce, consentono una sistemazione di cristallerie e porcellane molto più pratica di quella offerta da una profonda credenza. Piatti e bicchieri non hanno nessun bisogno di essere riposti gli uni dietro agli altri. Ancor più antimoderno è l'uso di custodire i vestiti negli armadi, i quali vengono sistemati nella camera come oggetti di lusso e segno di ricchezza. Si rifletta: un armadio può essere considerato un po' come un astuccio che contiene un gioiello prezioso. Ora si tenga presente la dissonanza che c'è fra il luogo di custodia – l'armadio – e i nostri vestiti moderni. L'armadio è intagliato e intarsiato, gli abiti sono semplici. Tra l'armadio del cortigiano francese e i suoi capi di abbigliamento muniti di bottoni di brillanti esisteva certamente una parentela; era proprio dello spirito di quell'epoca far sfoggio di sé con armadi e cassettoni e far intuire dalla ricchezza dell'armadio il prezioso contenuto. Ma, amici miei, mettetevi una mano sul cuore, non vi sembra che un simile atteggiamento nell'uomo d'oggi sia l'espressione di una gran volgarità?!

Anche gli architetti, intendo dire gli architetti moderni, dovrebbero essere uomini di oggi, quindi uomini moderni. La produzione di mobili spostabili la si lasci al tappezziere e al mobiliere. Costoro fanno mobili stupendi. Mobili che sono moderni come le nostre scarpe e i nostri vestiti, come le nostre valigie di cuoio e le nostre automobili. Ah, non è certamente possibile gloriarsi dei propri pantaloni e dire: sono del Bauhaus di Weimar! Le persone antimoderne oggi sono una minoranza in via di estinzione. Si tratta per la maggior parte di architetti. Nelle scuole di arte applicata essi vengono allevati artificialmente. È un'impresa ben comica quella di pretendere, ai nostri giorni, di riportare delle persone al livello di epoche passate. Ma c'è poco da riderci sopra; questa impresa ha avuto delle conseguenze disastrose. Che cosa deve fare l'architetto veramente moderno? Deve costruire delle case nelle quali tutti quei mobili che non si possono muovere scompaiano nelle pareti. Sia che egli costruisca un edificio nuovo, sia che ne curi soltanto l'arredamento. Se tutti gli architetti fossero sempre stati delle persone moderne, tutte le case sarebbero già provviste di armadi a muro. L'armadio a muro inglese è vecchio di secoli. La Francia costruiva le sue case borghesi fino agli anni settanta del diciannovesimo secolo con armadi a muro. Ma la falsa resurrezione dell'architettura degli armadi ha guastato questa conquista moderna, e oggi persino a Parigi si costruiscono soltanto case prive di armadi a muro. I letti di ottone, i letti di ferro, i tavoli e le sedie, le poltrone e i sedili in genere, le scrivanie e i tavolini – tutte cose che vengono realizzate in modo moderno dai nostri artigiani (mai dagli architetti!) ognuno se le procuri da sé secondo il suo desiderio, il suo gusto e la sua inclinazione. Ogni cosa va d'accordo col resto perché è moderna (così come le mie scarpe vanno d'accordo con il mio vestito, con il mio cappello, con la mia cravatta e con il mio ombrello, sebbene gli artigiani che li hanno prodotti non si conoscano affatto fra di loro). All'architetto appartengono i muri della casa. Qui egli può fare ciò che vuole. E come i muri gli appartengono i mobili che non si possono spostare. Essi non possono fungere da mobili: fanno parte del muro e non hanno una vita propria come gli antimoderni armadi di lusso.

---

16 In base al testo, un tempo l'agiatezza di una casa veniva messa in risalto:

A solo con i mobili che ostentavano il contenuto
B anche con i mobili che ostentavano il contenuto
C solo attraverso il lavoro dell'architetto
D con l'accordo tra mobilio e vestiario

---

17 Mobili moderni sono soltanto:

A gli armadi attrezzati
B le credenze che custodiscono la cristalleria
C quelli fortemente decorati
D quelli diversamente collocabili nello spazio

---

18 La dissimulazione dell'arredo nell'architettura:

A è compito del mobiliere
B è compito del tappezziere
C è compito dell'architetto
D è compito del muratore

---

19 L'uso diffuso dell'armadio a muro:

A permette di esibire la ricchezza del contenuto
B è una conquista moderna
C è una usanza tipicamente francese
D non riscontra il favore degli inglesi

20 **Gli architetti oggi:**

A non devono progettare mobili nelle pareti

B devono coordinare i mobili con i vestiti

C devono progettare mobili spostabili

D costituiscono la maggior parte degli antimoderni

Brano 5 **In base alle informazioni contenute nel brano seguente, rispondere alle successive domande.**

Voglio ora tentare di rispondere al secondo quesito che vi ho posto: quale fondamentale differenza biologica esiste fra gli esseri umani e gli altri animali? Una risposta possibile, che cercherò di giustificare è la seguente: l'uomo è unico fra gli animali per il valore altissimo che la tradizione ha finito con l'assumere nella sua vita, procurandogli di generazione in generazione la continuità di quelle proprietà a cui deve il proprio equilibrio di efficienza biologica. Tutti sanno che l'uomo è un animale che usa utensili o strumenti. Gli strumenti usati dall'uomo sono di due specie principali: chiamerò gli uni strumenti motori o d'azione – per esempio, martelli, strumenti da taglio, automobili, megafoni, cannoni e altri utensili che aumentano spesso in modo prodigioso il repertorio delle nostre attività motorie. Chiamerò accessori sensoriali il secondo gruppo di strumenti: occhiali, apparecchi acustici, apparecchi radio, termometri, apparecchi che portano al di là di limiti mai prima raggiunti le comuni capacità sensoriali. (Ma non tutti gli strumenti rientrano in queste due categorie: gli abiti per esempio, ne restano esclusi.) L'uomo non è proprio l'unico animale che faccia uso di strumenti: ma gli esempi di animali inferiori che usino strumenti sono così rari che fan spettacolo a sé e se ne parla e discute in lungo e in largo: il picchio Galápagos, una specie di fringuello, usa, per esempio, tenere nel becco una spina per grattar via gli insetti dalla corteccia degli alberi. Inoltre molti animali si fabbricano case e tane, ma questo tipo di strumento non rientra nella nostra storia. Propongo di usare i termini coniati da A. J. Lotka, celebre studioso di statistica attuariale, per distinguere gli organi con cui si nasce da quelli che vengono fabbricati: strumenti *endosomatici* sono gli occhi, le zampe, le ali, i denti, i reni ecc. e strumenti *esosomatici* sono i telescopi, gli stuzzicadenti, gli scalpelli, le bilance, i vestiti ecc. Per quanto la distinzione fra gli strumenti di questi due tipi sembri molto ovvia, lo è assai meno da un punto di vista biologico che secondo l'istintivo buon senso. I due tipi di strumenti, infatti, servono alle stesse funzioni biologiche e, fino a un certo punto, l'uno può dare la sua delega all'altro. L'uomo è un animale che vola anche in senso biologico molto stretto: può volare più velocemente, più in alto e più lontano degli uccelli anche se non ancora proprio con la stessa grazia. È anche importante ricordare che gli strumenti esosomatici *funzionalmente* fanno parte del corpo anche se sono separati e distinti anatomicamente. Tutti gli apparecchi sensori, come occhiali, contatori Geiger e spettrofotometri si riallacciano a un certo punto e attraverso un certo percorso ai comuni sensi endosomatici, e gli strumenti motori hanno una funzione e sono funzionalmente intellegibili solo al momento in cui vengono usati. Di per sé, gli occhiali non sono strumenti della vista: lo diventano solo quando sono portati e ci si vede attraverso; e il martello è un utensile solo quando la mano lo adopera. (Se ricordo bene, fu Wilfred Trotter a dire che un chirurgo, quando usa uno strumento semplice tipo sonda o altro per esplorare le parti interne del corpo, ossia un qualcosa che possa definirsi un prolungamento delle dita come i trampoli sono il prolungamento delle gambe, non fa che trasmettere il senso del tatto all'estremità dello strumento). Il rapporto fra lo strumento e chi lo usa può essere molto remoto, come nel caso di missili telecomandati o di macchinari atti a funzionare senza sorveglianza; tuttavia essi si comportano secondo uno schema che l'uomo vi ha costruito dentro, e l'integrazione funzionale dello strumento con colui che l'adopera è in linea di principio, dello stesso genere. Proprio per questa ragione deploro l'abitudine di descrivere il cervello come una specie di macchina calcolatrice; in realtà è la macchina calcolatrice che è una specie di cervello esosomatico: esegue funzioni analoghe a quelle del cervello, proprio come le macchine fotografiche ne eseguono di simili all'occhio, e gli abiti di simili alla pelle, e le automobili svolgono funzioni che endosomaticamente vengono eseguite dalle gambe. È vero che possiamo imparare qualcosa sul funzionamento del cervello studiando le macchine calcolatrici, proprio come abbiamo imparato qualcosa sull'occhio studiando le lenti; tuttavia non è detto che questo si verifichi sempre: il motore a scoppio non ha nulla da insegnarci sul funzionamento dei muscoli.

COMPRENSIONE DEL TESTO

21 **Secondo l'autore, gli strumenti usati dall'uomo rientrano nelle due seguenti categorie:**

A percettivi e sensoriali
B motori e visivi
C motori e sensoriali
D materiali e spirituali

22 **Secondo Lotka:**

A le zampe sono strumenti esosomatici
B gli strumenti motori non sono funzionalmente intellegibili mentre se ne fa uso
C i vestiti sono strumenti con cui si nasce
D nessuna delle altre risposte è corretta

23 **Secondo l'autore:**

A si può imparare qualcosa sugli strumenti endosomatici studiando quelli esosomatici
B vi è sempre un rapporto anatomico stretto tra uomo e strumento esosomatico
C il cervello è una specie di macchina calcolatrice
D l'uomo è l'unico animale che faccia uso di strumenti

24 **L'argomento del brano è:**

A scientifico-filosofico
B storico
C medico
D biologico-sperimentale

25 **Dal brano si deduce che il picchio Galápagos:**

A è in via di estinzione
B è in grado di fabbricarsi da solo la casa
C ha una caratteristica in comune con l'uomo
D risente degli schemi di comportamento indotti in lui dall'uomo

Brano 6 **In base alle informazioni contenute nel brano seguente, rispondere alle successive domande.**

Nessuno negherebbe che in questa *epoca della scienza* in cui la società vive dipendendo dalla propria tecnologia (e perciò in definitiva dalla scienza stessa) tanto, o forse di più, di quanto un *junkie* dipende dalla sua droga preferita, lo scienziato non debba sostenere una pesante responsabilità. Prima anche di cercare di chiarire la natura e l'entità di questa responsabilità e delle obbligazioni che ne scaturiscono, forse è bene considerare brevemente alcuni aspetti preliminari relativi allo "stato" della scienza, cioè della *conoscenza oggettiva* in relazione all'etica. Responsabilità, doveri, obbligazioni possono essere razionalmente definiti e discussi solo in rapporto a un dato sistema di valori. È abbastanza vero che ci sono molti problemi, o alternative, che permettono una scelta o la formulazione di un giudizio senza chiamare in causa i fondamenti del nostro sistema di valori. Siamo tutti d'accordo che l'inquinamento è un male e pertanto le tecniche, gli sforzi, le petizioni, le proteste, i moniti contro di esso sono una buona cosa. Così pure siamo tutti d'accordo che i difetti genetici sono un male. Ma come sappiamo fin troppo bene vi sono larghe divergenze di opinione su quali siano i metodi tecnicamente validi che possono essere moralmente accettabili in vista di uno sforzo per prevenire il graduale deterioramento genetico della specie umana. Molti ancora sono contrari all'aborto terapeutico. Altri che sono favorevoli all'aborto terapeutico, si oppongono tenacemente a ogni specie di legislazione eugenetica. Il novanta per cento della comunità scientifica internazionale è d'accordo che la guerra è indiscutibilmente un male. Perciò una larga percentuale di questo novanta per cento rifiuterà sistematicamente di adoperarsi, in quanto scienziati, allo sviluppo di nuove armi e ordigni nel proprio Paese. Ma ci si può domandare: che cosa farebbero essi se si trovassero oggi di fronte allo stesso dilemma che fu affrontato e risolto da Szilard, Fermi e Einstein, nel 1940, con l'assumersi l'impegno di persuadere Roosevelt a dare avvio a quello che più tardi fu noto come il *Progetto Manhattan*? Io credo, tuttavia, che la maggior parte di questi scienziati bene intenzionati (compreso lo stesso Linus Pauling), in circostanze analoghe, agirebbero esattamente come Einstein. Ovviamente scegliere l'uno o l'altro atteggiamento di fronte a tali alternative implica non un atto conoscitivo, ma un giudizio di valore. La conoscenza oggettiva definisce le alternative; di per sé non aiuta in alcun modo a risolvere gli angosciosi problemi che la scienza soltanto propone. È appena necessario sottolineare che la decisione di astenersi e di non intervenire in tali problemi, è già operare una scelta. Certamente non la più onorevole. La scienza si basa su un approccio strettamente *obiettivo* all'analisi e all'interpretazione dell'Universo, compreso l'uomo e le società umane. La scienza ignora e deve ignorare i giudizi di valore, la conoscenza continua ad aprire e inevitabilmente a suggerire nuove possibilità di azione. Ma decidere di un atteggiamento è sconfinare dal terreno dell'oggettività per addentrarsi in quello dei valori, che per loro natura sono non-oggettivi e perciò non possono derivare da una conoscenza oggettiva. Non c'è nessun modo rigoroso di provare oggettivamente che è male fare la guerra, o uccidere un uomo, o derubarlo, o giacere con la propria madre. Può sembrare pertanto che uno scienziato, il quale per definizione è professionalmente dedicato all'esclusivo perseguimento della conoscenza oggettiva, non debba assumere alcuna responsabilità speciale verso la società o il benessere degli uomini. In verità non è evidente come egli in virtù della sua preparazione dovrebbe essere più idoneo di un teologo, di un giurista, di un poliziotto o di un politico, a raccomandare o suggerire la scelta di una particolare presa di posizione. Si potrebbe suggerire che il solo obbligo inerente alla sua posizione sia almeno quello di informare la società dello stato effettivo delle ricerche in cui è impegnato e delle probabili conseguenze delle varie decisioni che si possono prendere. Anche tale obbligo tuttavia è dubbio. Supponete, come scienziati, di aver scoperto un semplice, efficace, ed economico modo di uccidere una qualsiasi frazione dell'umanità in grado di nuocere alle altre. È vostro dovere rivelare al Mondo intero le vostre scoperte? O soltanto al vostro governo? O al segretario generale del vostro partito? O come probabilmente vorrebbe la maggior parte degli scienziati soltanto alla comunità scientifica, in termini così tecnici che solo gli scienziati possano comprendere le implicazioni delle vostre scoperte? Quest'ultimo atteggiamento garantirebbe la vostra fama nella comunità scientifica, ma anche la certezza che la vostra scoperta diventerà un domani inevitabilmente, prima o poi, di dominio pubblico e con ciò una minaccia per l'umanità.

---

26 **Nella prima parte del brano si afferma che:**

A un *junkie* dipende dalla sua droga almeno quanto la società dalla propria tecnologia

B lo scienziato non ha alcuna responsabilità nei confronti della società

C etica e scienza sono due ambiti nettamente separati

D nessuna delle altre risposte è corretta

---

27 **Il brano è di argomento:**

A storico-filosofico

B psicologico

C filosofico

D etico-scientifico

---

28 **Scopo dell'autore è:**

A chiarire il ruolo e le responsabilità dello scienziato nella società

B chiarire la responsabilità degli scienziati in relazione al progetto Manhattan

C analizzare il pensiero di alcuni scienziati della seconda guerra mondiale

D spiegare la differenza tra conoscenza oggettiva e conoscenza soggettiva

29 **Secondo l'autore:**

- A uccidere un uomo è oggettivamente un male
- B le scoperte andrebbero comunicate esclusivamente alla comunità scientifica
- C la comunità scientifica è unanime nell'affermare che la guerra è un male
- D nessuna delle altre risposte è corretta

30 **Che giudizio esprime l'autore rispetto a Fermi e Einstein?**

- A Li condanna con fermezza
- B Ritiene che la loro scelta non sia stata la più onorevole
- C Ritiene che la loro scelta sia sconfinata dal terreno della scienza
- D Critica la loro scelta astensionista

PARTE SECONDA

Brano 7 **In base alle informazioni contenute nel brano seguente, rispondere alle successive domande.**

Si può quanto meno tentare di descrivere vari atteggiamenti possibili. Il primo e il più diffuso sarebbe quello di attenersi alla descrizione che ho appena dato, e dire che la teoria quantistica consiste in questo, e che non c'è nient'altro da cercare. Essa fa descrizioni probabilistiche, le quali d'altronde corrispondono meravigliosamente alle misure sperimentali: è una teoria che raggiunge, oserei dire anche nel caso, una precisione considerevole; e il caso è in essa un elemento costitutivo, essendoci previsioni che possono essere formulate solo in termini di probabilità. La teoria quantistica sarebbe quindi probabilistica per il fatto che il Mondo alla scala microscopica sarebbe aleatorio per natura. Questa è la visione più diffusa: essa è perfettamente coerente se la teoria non si imbatte in ostacoli o in contraddizioni, e non ne ha incontrati da più di tre quarti di secolo, ossia da quando esiste. Altri fisici – un gruppo minoritario – non sono soddisfatti di questa situazione, a cominciare del resto da uno dei fondatori della teoria quantistica stessa, Louis de Broglie. Essi hanno sempre obiettato che è contrario alle ambizioni stesse di una teoria scientifica degna di questo nome accontentarsi di una situazione del genere, e che non esiste scienza in assenza di un determinismo assoluto. Per queste persone l'obiettivo era quello di trovare un modo per eliminare il caso e per tornare a una sottostante teoria deterministica. È la cosiddetta "teoria delle variabili nascoste": questa espressione significa che l'elettrone – per riprendere questo esempio – avrebbe, nella sua costituzione interna, un certo numero di proprietà che ignoriamo, ma che sarebbero governate da leggi assolutamente deterministiche. Sarebbe semplicemente la nostra ignoranza di queste proprietà e del loro comportamento a condurci a descrivere in modo statistico e aleatorio il comportamento dell'elettrone. In altri termini, quando alcuni elettroni vanno a colpire punti diversi dello schermo, è perché fra loro c'erano differenze iniziali. Al loro interno ci sarebbero alcune rotelline, piccoli meccanismi o chissà che altro che, se ne fossimo stati a conoscenza, ci avrebbero permesso di constatare che essi non erano nello stesso stato. Non sarebbe quindi sorprendente che essi abbiano un'evoluzione diversa e che vadano a colpire punti diversi dello schermo. Se conoscessimo meglio la struttura sottostante della materia, potremmo eliminare il caso, e ci ritroveremmo immediatamente in una situazione molto prossima a quella della fisica statistica classica, la quale utilizza le probabilità per descrivere il comportamento delle molecole solo perché non può interessarsi ai loro comportamenti individuali, alle loro singole traiettorie (cosa che, del resto, per lo più neanche vuole). Una tale visione è possibile per il fatto che, come ho detto all'inizio, il nucleo duro di una teoria, il suo formalismo, le sue equazioni non impongono un modo unico di concettualizzazione, di comprensione. È possibile costruire teorie con variabili nascoste. Ma perché esse abbiano un senso e un interesse occorre che permettano di recuperare integralmente tutte le predizioni verificate della teoria quantistica. Ci si rende conto allora – questo è stato in fondo il grande progresso degli ultimi vent'anni – che, se si vuol recuperare il determinismo, si è costretti a rinunciare a qualcos'altro, che è almeno altrettanto importante fisicamente, come il carattere locale di una teoria, ossia l'idea che le interazioni fra i sistemi non possano trasmettersi in modo istantaneo a qualsiasi distanza. Ciò significa che effettivamente è possibile costruire alla base della teoria quantistica delle teorie deterministiche, e persino in modi multipli, proprio perché nell'esperienza non c'è nulla che ci imponga una scelta precisa (in un certo senso, ci sono troppe possibilità). Queste teorie presenteranno però aspetti forse ancora più bizzarri di quelli della teoria quantistica convenzionale, non al livello della questione del determinismo e del caso, ma al livello di altri aspetti fondamentali. Si dovranno accettare allora comportamenti molto più strani di quelli che si sono voluti eliminare. Ecco perché, attualmente, queste teorie deterministiche che dovrebbero spiegare e sottendere la teoria quantistica hanno perso gran parte del favore di cui godevano, ivi compreso anche quello della minoranza che le difendeva.

31 Il brano tratta un argomento di tipo:

A scientifico
B filosofico
C giornalistico
D statistico

32 Il titolo del brano potrebbe essere:

A statistica e probabilità nella teoria quantistica
B caso e determinismo nella teoria quantistica
C i punti oscuri della teoria quantistica
D la teoria delle variabili nascoste nell'interpretazione della teoria quantistica

33 In base a quanto affermato nel testo, la teoria quantistica probabilistica:

A è accettata da un gruppo minoritario di fisici
B esiste da più di cinquant'anni
C è estranea al concetto di caso
D è stata superata dalla teoria deterministica

34 Secondo l'autore, negli ultimi venti anni:

A la teoria quantistica probabilistica ha visto calare il numero dei suoi sostenitori
B facendo rinunce, si riuscirebbe a recuperare la teoria probabilistica
C si è capita la struttura intima della materia
D nessuna delle altre risposte è corretta

35 Dal testo si ricava che Louis de Broglie:

A ritiene insoddisfacente la stessa teoria quantistica che ha contribuito a fondare
B è un matematico belga
C ritiene che se si conoscessero meglio le proprietà dell'elettrone non sarebbe necessario ricorrere alle teorie deterministiche
D è estraneo alla teoria delle variabili nascoste

Brano 8 In base alle informazioni contenute nel brano seguente, rispondere alle successive domande.

La prima finalità dell'insegnamento è stata formulata da Montaigne: è meglio una testa ben fatta che una testa ben piena.

Cosa significa «una testa ben piena» è chiaro: è una testa nella quale il sapere è accumulato, ammucchiato, e non dispone di un principio di selezione e di organizzazione che gli dia senso. Una «testa ben fatta» significa che invece di accumulare il sapere è molto più importante disporre allo stesso tempo di:

– un'attitudine generale a porre e a trattare i problemi;

– principi organizzatori che permettano di collegare i saperi e di dare loro senso.

L'attitudine generale

Ricordiamo che la mente umana è, come diceva Herbert Simon, *general problem setting and solving*. Contrariamente all'opinione oggi diffusa, lo sviluppo delle attitudini generali della mente permette ancor meglio lo sviluppo di competenze particolari o specializzate. Più potente è l'intelligenza generale, più grande è la sua facoltà di trattare problemi speciali. L'educazione deve favorire l'attitudine generale della mente a porre e a risolvere i problemi e correlativamente deve stimolare il pieno impiego dell'intelligenza generale.

Questo pieno impiego richiede il libero esercizio della facoltà più diffusa e più viva dell'infanzia e dell'adolescenza, la curiosità, che troppo spesso l'insegnamento spegne e che, al contrario, si tratta di stimolare o di risvegliare, se sopita. Si tratta subito di incoraggiare, di spronare l'attitudine indagatrice, e di orientarla sui problemi fondamentali della nostra stessa condizione e del nostro tempo. Ciò evidentemente non può essere iscritto in un programma, ciò può essere animato solo da un entusiasmo educativo.

Lo sviluppo dell'intelligenza generale richiede di legare il suo esercizio al dubbio, lievito di ogni attività critica, che, come indica Juan de Mairena, permette di «ripensare al passato» ma comporta anche «il dubbio del suo stesso dubbio». Deve fare appello all'*ars cogitandi* (la quale include il buon uso della logica, della deduzione, dell'induzione), l'arte dell'argomentazione e della discussione. Comporta anche quell'intelligenza che i Greci chiamavano *métis*, «insieme di attitudini mentali [...] che combinano l'intuizione, la sagacia, la previsione, l'elasticità mentale, la capacità di cavarsela, l'attenzione vigile, il senso dell'opportunità».

Infine si dovrebbe partire da Voltaire e da Conan Doyle, poi esaminare l'arte del paleontologo o dello studioso della preistoria, per educare alla serendipità, arte di trasformare dettagli apparentemente insignificanti in indizi che consentono di ricostruire tutta una storia.

Poiché il buon uso dell'intelligenza generale è necessario in tutti i domini della cultura umanistica e della cultura scientifica, e naturalmente nella vita, è proprio in questi domini che si dovrà mettere in rilievo il «ben pensare, che non conduce per nulla a diventare benpensanti [...]».

L'organizzazione delle conoscenze

Una testa ben fatta è una testa atta a organizzare le conoscenze così da evitare la loro sterile accumulazione.

Ogni conoscenza è una traduzione e nello stesso tempo una ricostruzione (a partire da segnali, segni, simboli), sotto forma di rappresentazioni, idee, teorie e discorsi. L'organizzazione delle conoscenze, che si effettua in funzione di principi e regole che non è il caso di esaminare qui, comporta operazioni di interconnessione (congiunzione, inclusione, implicazione) e di separazione (differenziazione, opposizione, selezione, esclusione). Il processo è circolare, passa dalla separazione al collegamento, dal collegamento alla separazione, e poi, dall'analisi alla sintesi, dalla sintesi all'analisi. In altri termini, la conoscenza comporta nello stesso tempo separazione e interconnessione, analisi e sintesi.

La nostra civiltà e di conseguenza il nostro insegnamento hanno privilegiato la separazione a scapito dell'interconnessione, l'analisi a scapito della sintesi. Interconnessione e sintesi rimangono sottosviluppate. È per questo che sia la separazione che l'accumulo, senza l'interconnessione delle conoscenze, vengono privilegiati a scapito dell'organizzazione che interconnette le conoscenze.

Proprio in quanto il nostro modo di conoscenza disgiunge gli oggetti tra loro, ci è necessario ciò che li interconnette. E in quanto isola gli oggetti dal loro contesto naturale e dell'insieme di cui fanno parte, è necessità cognitiva porre una conoscenza specifica nel suo contesto e situarla in un insieme. In effetti, la psicologia cognitiva dimostra che la conoscenza progredisce principalmente per sofisticazione, formalizzazione e astrazione delle conoscenze particolari, in misura minore per attitudine a integrare queste conoscenze nel loro contesto e nel loro insieme globale.

Di conseguenza, lo sviluppo dell'attitudine a contestualizzare e globalizzare i saperi diviene un imperativo dell'educazione.

Lo sviluppo dell'attitudine a contestualizzare tende a produrre l'emergenza di un pensiero «ecologizzante», nel senso che esso situa ogni evento, informazione o conoscenza in una relazione di inseparabilità con il suo ambiente culturale, sociale, economico, politico e, beninteso, naturale.

Esso non si limita a situare un evento nel suo contesto, ma incita anche a vedere come modifichi questo contesto, o come lo chiarisca altrimenti. Tale pensiero diventa con ciò anche inevitabilmente pensiero del complesso, poiché non basta inscrivere ogni cosa ed evento in un «quadro» o «orizzonte». Si tratta di ricercare sempre le relazioni e le inter-retroazioni tra ogni fenomeno e il suo contesto, le relazioni reciproche tutto-parti: come una modifica locale si ripercuote sul tutto e come una modifica del tutto si ripercuote sulle parti. Si tratta nello stesso tempo di riconoscere l'unità in seno alla diversità, la diversità in seno all'unità; di riconoscere, per esempio, l'unità umana attraverso le diversità individuali e culturali, le diversità individuali e culturali attraverso l'unità umana.

36 **Secondo l'autore «un pensiero ecologizzante» è quello che:**

- A è in grado di rispondere alle richieste di maggiore sensibilità ecologica
- B considera ogni conoscenza in una relazione di inseparabilità con il suo ambiente
- C situa alcuni eventi in una relazione di distacco con il loro ambiente
- D è in grado di rispondere alle richieste di accumulazione di idee

37 **Secondo l'autore il compito principale dell'educazione è:**

- A trasmettere conoscenze verificate e consolidate
- B conformare la mente degli allievi a quella dei docenti
- C stimolare l'utilizzo efficace dell'intelligenza generale
- D alimentare certezze e fugare qualsiasi dubbio

38 **Secondo il brano l'esercizio della conoscenza è sintetizzabile come capacità di:**

- A accostare informazioni e trovare i nessi tra loro
- B separare gli argomenti complessi e interconnetterne le componenti
- C dividere ogni argomento in concetti semplici e trattarli separatamente
- D distinguere le informazioni per settore di appartenenza

39 **L'utilizzo della serendipità consente di:**

- A essere affascinati dai dettagli trascurando il contesto generale
- B trovare una spiegazione a ogni evento
- C creare una giustificazione per qualsiasi evento
- D estrarre dai dettagli le tracce per comprendere il contesto generale

40 **Il brano tratta:**

- A delle esperienze educative dell'autore
- B di come si insegnava nel passato
- C dell'importanza di apprendere dai libri
- D dell'importanza di una riforma dell'organizzazione dei saperi

Brano 9 **In base alle informazioni contenute nel brano seguente, rispondere alle successive domande.**

L'architettura romana, nata durante la fase dei più intensi contatti con il mondo greco, porta il segno della attiva penetrazione e del rinnovamento impressole da quella grande cultura artistica. Gli Etruschi, destinati a fondere la loro civiltà in quella della nuova patria italica, non potevano, infatti, offrire grandi invenzioni architettoniche, e i Romani presto si distaccarono dai loro modi costruttivi massicci ed elementari. Se si tolgono le mura dalle città, le porte di Perugia e di Volterra e forse i primi tratti della Cloaca Massima, poche sono le opere romane che mostrino un rapporto più che casuale con i precursori dell'Italia centrale. Al contrario, le prime costruzioni architettate si riallacciano alla suggestiva visione greca.

Nel campo delle strutture murarie, i Romani mutarono però quasi totalmente i mezzi dalla tradizione greca, e sarà quindi necessario elencare i vari aspetti della tecnica edilizia romana, dai primi secoli fino all'epoca matura.

Dagli Etruschi, i Romani ereditarono la struttura muraria a blocchi poligonali, che fu detta «ciclopica», per la sua immane pesantezza. Il materiale fu dapprima selce, da cui il nome di *opus siliceum* e poi il tufo o il travertino. In tale tecnica si fecero le mura della città, i primi archi, le prime porte urbiche, e ne rimangono pochi esempi (secoli VI-V a.C.).

In seguito, dalle forme più irregolari dei blocchi di pietra posti in opera senza malta, si giunse via via a una squadratura simmetrica, tutta di eguale misura. Abbiamo allora l'*opus quadratum* (V-IV secolo), che caratterizza, a Roma, la cinta delle mura repubblicane, impropriamente attribuite al re Servio Tullio.

La grande invenzione tecnica dei Romani è però l'*opus caementicium*, che si ottiene mescolando pietre di piccole dimensioni irregolari o frammenti laterizi, con una malta formata di calce e sabbia. Ne risulta qualcosa di simile al moderno calcestruzzo, che permette una completa indipendenza di soluzioni tecniche e formali. Quando, al posto della sabbia inerte, si usò sabbia finissima di origine eruttiva, scavata principalmente a Pozzuoli, (detta appunto «pozzolana»), la durezza e la compattezza del getto divennero eccezionali.

Si sentì in seguito la necessità di abbellire le facce esterne con paramenti, ottenuti collocando dei filari sovrapposti di blocchi di tufo, o travertino mentre il getto faceva presa, o addirittura in precedenza, creando le pareti di contenimento.

Nel secolo III tali paramenti hanno la forma a *opus incertum*, cioè irregolare. Poi, tra il secolo II e il secolo I, assumono forme più regolari, con l'*opus reticulatum* (fatto di blocchetti a cuneo, disposti a rete), e con l'*opus testaceum*, dove il paramento è ottenuto con una cortina di mattoni triangolari equilateri, collocati di punta nelle malte.

PARTE SECONDA

41 Secondo l'autore del brano, l'influenza della cultura etrusca nell'architettura romana è:

A irrintracciabile
B significativa
C casuale
D rara

42 Secondo quanto affermato dal brano, la tecnica dell'*opus incertum* è:

A precedente a quella dell'*opus quadratum*
B precedente al 300 avanti Cristo
C caratterizzata da forme esagonali molto nette e precise
D successiva a quella dell'*opus caementicium*

43 In che cosa, secondo il testo, i Romani si distaccarono dai Greci?

A Nelle colonne
B Nei templi
C Nelle strutture murarie
D Nell'oggettistica

44 Il registro testuale del brano è:

A narrativo
B regolativo
C divulgativo
D argomentativo

45 L'autore menziona la Cloaca Massima come esempio di opera:

A romana che risente chiaramente dell'influenza greca
B romana che risente, seppure in misura limitata, dell'influenza etrusca
C che l'autore giudica un pessimo caso di architettura romana
D romana dove è più evidente l'utilizzo dell'*opus siliceum*

Brano 10 In base alle informazioni contenute nel brano seguente, rispondere alle successive domande.

Questa antichissima fonte, le cui origini si possono far risalire all'epoca di Agrippa (19 a.C.) rischiò di essere soppressa quando papa Innocenzo fece deviare l'Acqua Vergine nella nuova fontana dei Fiumi di Piazza Navona.

Essa aveva costituito per secoli, comunque, la "mostra" terminale dell'Acqua che le aveva dato anche il nome, provenendo da Trebium, località a 13 chilometri da Roma. Nel Quattrocento era stata restaurata dall'Al-

berti e dal Rossellino, in forma di semplice fonte a tre sorgenti, con una liscia e breve facciata. Molti progetti si erano poi fatti per mutarne aspetto e posizione nella piazza, fino a che il Bernini, sotto Urbano VIII, cominciò a demolirla per riedificarla a fianco, ma fu interrotto per sopravvenute difficoltà economiche. Furono fatti allora vari progetti e uno di questi, certamente ispirato dal Bernini, mostra una monumentale facciata a cinque fornici, in bugnato, con fastigio decorato di statue. La fontana vera e propria è costituita da gruppi scultorei addossati alla facciata, con una vasca antistante: l'idea dell'attuale fontana era quindi già nata.
A questo primo progetto, ne seguì un altro sotto Innocenzo X, nel 1647 (documentato da un disegno recentemente ritrovato), in cui si vede come il Bernini avesse inserito l'idea della fontana entro la monumentale facciata del palazzo, che era stato proprio allora acquistato dalla potentissima donna Olimpia Pamphili. Le sculture si venivano raggruppando, dietro la grande vasca, su una specie di montagnola rocciosa, assai simile a quella che sosteneva i Fiumi in Piazza Navona. Il suo antecedente sembra vada cercato nel Parnaso di una fontana di Villa Aldobrandini a Frascati, del Della Porta. Neppure questo secondo progetto del Bernini trovò esecuzione e il problema della fontana di Trevi si trascinò in tentativi falliti e concorsi inutili fino a papa Clemente XII, che nel primo Settecento riprese l'opera. Scartato un progetto del Vanvitelli, l'incarico di edificare la nuova fontana passò a un architetto romano, Nicola Salvi, nel 1732. Ed ecco che costui, evidentemente conoscendo il secondo progetto berniniano, lo rielaborò abbastanza fedelmente, sostituendo al Parnaso l'Oceano e mantenendo la quinta architettonica. Morendo nel 1751, il Salvi fu sostituito da Giuseppe Pannini che, nel 1762, terminò l'opera, riavvicinandosi ancor più al modello berniniano, nella sostituzione delle due statue nelle nicchie laterali (un Agrippa e una Vergine) con le due figure profane della Abbondanza e Salubrità, scolpite dal Della Valle. L'Oceano al centro è invece opera del Bracci.

---

46 Quale potrebbe essere il titolo del brano?

A Il progetto di Bernini della fontana di Trevi
B Storia della fontana di Trevi dal XVIII secolo a oggi
C Le statue della fontana di Trevi
D La fontana di Trevi

---

47 Il registro espressivo del brano è:

A didascalico
B poetico
C polemico
D ironico

---

48 Sotto Innocenzo X:

A Bernini realizzò il primo progetto della fontana di Trevi
B Della Porta progettò una fontana di Villa Aldobrandini
C nasceva l'idea dell'attuale fontana di Trevi
D fu realizzato da Bernini un secondo progetto della fontana di Trevi

---

49 Nel raccontare la storia della fontana di Trevi, l'autore sottolinea in particolare:

A la spesa economica per la realizzazione della fontana
B l'alternarsi di numerosi progetti
C l'influenza della figura del papa sui progetti architettonici
D le sorgenti d'acqua della fontana

---

50 In base al brano, quale tra i seguenti artisti non ha mai realizzato alcun intervento sulla fontana di Trevi?

A Pannini
B Alberti
C Rossellino
D Vanvitelli

Soluzioni e commenti

Brano 1

1 L'autore esprime chiaramente la sua opinione in apertura del brano: crede infatti che la vera interpretazione dell'opera di Piero della Francesca – per le sue implicazioni matematiche e geometriche e per il rigore prospettico che sta alla base di ogni suo dipinto, dove niente è spazialmente lasciato al caso – potesse avvenire sono in epoca moderna. La risposta D è quindi quella corretta. Il primo vero interprete dell'opera di Piero della Francesca sarà infatti Georges Seurat, seguito da Paul Cézanne, dai cubisti, da Piet Mondrian e da Giorgio Morandi in Italia.

2 Nel brano l'autore invita espressamente a una visione filosofica, metafisica, quasi mentale dell'opera di Piero della Francesca, riferendosi in particolare al ciclo di affreschi delle *Storie della Vera Croce* ad Arezzo e suggerendo con esso un confronto con la pittura astratta di Piet Mondrian. La risposta esatta è dunque la C.

3 La risposta esatta è la C. In questo caso è facile individuare la risposta procedendo per esclusione. La A è facilmente scartabile perché in nessun punto del brano si dice – ma neanche vagamente si può leggere tra le righe – che Piero della Francesca sia un pittore controverso, né che insospettisca con la sua opera la critica recente. La B non è corretta per due ragioni: l'influenza dell'opera di Piero della Francesca su quella di Seurat non ha riguardato la sua formazione (e comunque ciò non è affermato nel brano); Courbet è un pittore che nel brano non viene citato affatto. La D potrebbe essere oggetto di una deduzione, ma non è assolutamente un'affermazione contenuta nel brano (quindi da scartare).

4 Come si può verificare attraverso una ricerca del significato del termine, *atarattico* (come *atarassico*), significa «immune da affetti, passioni, emozioni» (risposta A).

5 Il brano non ha evidentemente carattere scientifico o narrativo. Più difficile è scartare "descrittivo" (alternativa A). In realtà però qui non si descrive l'opera di un autore o una particolare corrente artistica, ma si esamina con approccio critico l'influenza della figura di un artista del Quattrocento sull'opera di artisti moderni. L'alternativa corretta è dunque la C.

Brano 2

6 Occorre prestare particolare attenzione a non confondere le *cause* con gli *effetti*. La domanda chiede infatti di individuare quale effetto l'autore ritenga essere più dannoso. Ne segue inevitabilmente che l'alternativa B deve essere considerata errata in quanto menziona le cause del problema del debito dei Paesi in via di sviluppo e non gli effetti.

La D è anch'essa da scartare in quanto l'autore mostra più volte, specie nell'ultima parte del brano, di considerare i gravi effetti dell'indebitamento dei Paesi dell'America latina con riferimento alla situazione degli stessi Paesi e non a quella delle banche creditrici.

Rimangono solo le alternative A e C: entrambe le alternative sono accettabili, ma la seconda è la più completa (risposta corretta C): l'autore infatti attribuisce maggiore rilevanza, in termini di effetto negativo, al problema delle prospettive di crescita a lungo termine dei Paesi debitori e considera invece la riduzione dei salari semplicemente uno degli effetti che aggravano il problema della crescita. La rilevanza del problema delle prospettive di crescita è d'altronde chiaramente evidenziata nell'ultima parte del brano, dove si sostiene la necessità di una politica orientata alla crescita.

7 La risposta esatta è la D. Infatti il brano fornisce le informazioni necessarie per rispondere a tutti e tre i quesiti. Per ciò che concerne la domanda I), proprio all'inizio del brano si sostiene che una delle cause sia stata una cattiva politica macroeconomica dei Paesi debitori. Per ciò che concerne invece la domanda II), il terzo paragone del brano inizia proprio sostenendo che «l'attuale strategia di approccio al problema del debito dei Paesi in via di sviluppo è basata sull'allungamento della scadenza effettiva del debito».

Infine, alla domanda III) è possibile rispondere sulla base di quanto affermato alla fine del secondo paragrafo del brano, dove si sostiene che «il mercato secondario attribuisce ai prestiti un valore decisamente inferiore» a quello al quale le banche li registrano.

8 La risposta esatta è la A. L'approccio iniziale alla crisi del debito viene illustrato all'inizio del secondo paragrafo, quando si afferma che «il timore di un collasso finanziario negli Stati Uniti era una delle principali motivazioni alla base dell'approccio iniziale alla crisi del debito» e si illustrano le modalità con cui le principali banche sono riuscite a ridurre la propria esposizione diminuendo i nuovi prestiti e aumentando il proprio grado di capitalizzazione.

Le altre risposte sono palesemente errate, in quanto nel brano non si menziona la manovra dei tassi di interesse come strumento utilizzato nella gestione del problema del debito; né viene esaminato il problema dell'assicurazione delle banche creditrici. Il brano parla effettivamente di «pagamenti di interessi che eccedettero i nuovi prestiti» nei tre anni dal 1984 al 1986, ma non parla di alcuna pressione nei confronti dei Paesi debitori.

9 La domanda richiede di dedurre quale potrebbe essere il proseguimento del brano. L'unico modo di rispondere a questo tipo di quesiti è considerare le argomentazioni contenute nel brano. Fino a questo punto l'autore ha:

- spiegato le cause della crisi del debito;
- illustrato la reazione delle banche creditrici alla crisi;
- spiegato perché l'attuale approccio al problema non può funzionare;
- sostenuto che l'unica soluzione possibile è la cancellazione del debito.

Sarebbe dunque ragionevole passare a illustrare quali forme può concretamente assumere la soluzione prospettata. La risposta corretta è dunque la A. La B è errata in quanto l'autore ha già escluso le altre possibili alternative. La discussione sulle possibili reazioni delle banche creditrici potrebbe invece venire in un secondo momento, dopo aver illustrato concretamente come la cancellazione possa essere effettuata. L'alternativa C è dunque errata. I problemi che le attuali politiche causano ai Paesi in via di sviluppo sono già stati analizzati dall'autore nel corso della terza parte del brano e dunque l'alternativa D è errata.

10 La risposta corretta è la B. L'autore afferma infatti, nella prima parte del brano, che in questa crisi, a differenza delle precedenti, «il tasso di interesse reale è aumentato in modo significativo ed è rimasto elevato per molti anni, mostrando scarsi segni di diminuzione».

Brano 3

11 Si giunge alla soluzione del quesito procedendo per esclusione: le alternative A, C e D non sono certo adatte a descrivere il genere del brano in esame. La soluzione è la B.

12 La soluzione a questa domanda è la C. L'alternativa A è scorretta perché il brano non parla di correnti letterarie e non si riferisce solo al periodo di Giono e Valéry. L'alternativa B è errata perché l'autore non considera solo l'importanza del titolo e della prima pagina. La D, infine, non inquadra affatto l'argomento centrale, diversamente dall'alternativa C, che individua esattamente il tema del brano.

13 Parlando di Giono, l'autore afferma che aveva lo stesso spirito di Aragon e che per iniziare a scrivere un libro doveva aver predefinito il titolo. Tali informazioni consentono di escludere le alternative A e B e, allo stesso modo, la C va scartata perché dal brano non è possibile dedurre che Giono amasse o meno Paul Valéry. La risposta esatta è quindi la D.

14 Dal brano non è possibile ricavare elementi sufficienti a conferma di quanto affermato dalle alternative A, B e C. L'alternativa corretta è la D.

15 L'alternativa A è concorde con quanto affermato nell'ultima parte del brano ed è dunque la soluzione del quesito. L'alternativa B è errata in quanto dal brano emerge che *Deux cavaliers de l'orage* è il titolo di un libro di Giono. Analogamente, l'alternativa C può essere esclusa in quanto il brano afferma che scrittori come Aragon non riescono a scrivere un'opera finché non hanno trovato l'*incipit*, l'inizio dell'opera; mentre la D propone una tesi contraria rispetto a quella sostenuta dal brano.

Brano 4

16 I mobili destinati a custodire argenteria, porcellane o vestiti erano, secondo l'autore, «un simbolo del grado raggiunto». «La ricchezza della famiglia veniva gettatta in faccia al visitatore per mezzo delle cassepanche [...]». Vi è dunque una correlazione tra l'ostentazione dei mobili e del loro contenuto con l'agiatezza della casa (risposta corretta B). Si noti che, secondo il brano, i mobili sono un *simbolo,* ma certo non l'unico parametro per valutare l'agiatezza della casa e ciò rende errata l'alternativa A.

17 Già dall'inizio del brano l'autore esplicita il suo pensiero: «sono moderni soltanto quei mobili che si possono spostare», cioè quelli, come riportato nell'alternativa D, che sono diversamente collocabili nello spazio domestico.

18 Per rispondere al quesito, prima ancora di scendere nel merito della domanda, si potrebbe fare questa osservazione: l'autore pone su due piani distinti l'architetto e tutti gli altri artigiani (mobilieri, tappezzieri ecc.), che vengono citati nelle alternative del quesito; tra tutti questi colui che ha il compito di dissimulare l'arredo è proprio l'architetto. La risposta corretta è dunque la C. E infatti l'autore scrive: «Che cosa deve fare l'architetto veramente moderno? Deve costruire delle case nelle quali tutti quei mobili che non si possono muovere scompaiano nelle pareti».

19 Per quanto «l'armadio a muro inglese sia vecchio di secoli», la sua diffusione sarebbe stata una «conquista moderna» (risposta corretta B). E se ciò non è avvenuto, secondo l'autore, è per via della «resurrezione dell'architettura degli armadi tradizionali».

20 Malgrado il ruolo fondamentale che gli architetti dovrebbero rivestire come alfieri della modernità (e degli armadi a muro), sono proprio loro in realtà a rappresentare la maggioranza delle persone antimoderne. Scrive infatti l'autore che «le persone antimoderne oggi sono una minoranza in via di estinzione. Si tratta per la maggior parte di architetti»; l'alternativa D è dunque la soluzione del quesito.

Brano 5

21 Nella prima parte del brano è contenuta la risposta al quesito (alternativa C). L'alternativa B è errata in quanto parziale (quelli visivi sono solo una parte degli strumenti sensoriali).

22 In base a quanto affermato nel brano, Lotka distingue tra strumenti endosomatici ed esosomatici. Tra i primi vengono esplicitamente menzionate le zampe e altre parti del corpo (occhi, denti, reni ecc.). Si possono dunque escludere le alternative A e C. L'alternativa B è anch'essa errata in quanto esattamente opposta al pensiero di Lotka (gli strumenti esosomatici diventano funzionalmente intellegibili *solo* durante il loro uso). La risposta esatta è dunque la D.

23 L'alternativa A corrisponde a quanto affermato nelle ultime righe del brano ed è dunque la risposta corretta del quesito in esame. Per ciò che riguarda l'alternativa B, l'autore afferma, poco oltre la metà del brano, che il rapporto stretto che esiste tra uomo e strumento esosomatico è di tipo funzionale e non anatomico. Le alternative C e D, infine, si escludono facilmente in base alle seguenti frasi contenute nel brano: «deploro l'abitudine di descrivere il cervello come una specie di macchina calcolatrice» e «l'uomo non è proprio l'unico animale che faccia uso di strumenti».

24 Tra le alternative proposte, l'unica che descrive correttamente il contenuto del brano è la A, in quanto le questioni scientifiche vengono lette in chiave filosofica.

25 L'autore afferma che il picchio Galápagos è uno dei rari esempi di animali che usino strumenti. Peraltro, il fatto di usare strumenti è una caratteristica che il picchio Galápagos ha in comune all'uomo e dunque l'alternativa C è esatta.

Brano 6

26 La risposta esatta è la D. Infatti, l'alternativa A è errata in quanto all'inizio del brano si afferma che la società attuale dipende dalla tecnologia forse anche più di quanto un *junkie* dipende dalla sua droga preferita. Analogamente, la B è errata in quanto, nella parte finale del brano, l'autore afferma che solo apparentemente lo scienziato è privo di responsabilità. Infine la C è da scartare perché tutto il brano (si veda il quesito seguente) indaga proprio il rapporto fra la ricerca scientifica e le sue conseguenze da un punto di vista morale.

27 Pur occupandosi di scoperte scientifiche, il brano si concentra sul ruolo dello scienziato in ambito sociale e sul comportamento che egli dovrebbe adottare. Vi è dunque anche un contenuto etico. Pertanto la soluzione al quesito è rappresentata dall'alternativa D.

28 Tra le alternative proposte, si scartano facilmente la B, in quanto eccessivamente restrittiva, e la C, perché nel brano viene fatto solo un cenno al pensiero di scienziati della seconda guerra mondiale. Tale cenno serve come spunto per sottolineare il vero scopo dell'autore, che è quello di chiarire il ruolo e la responsabilità dello scienziato rispetto alla società in cui vive (alternativa A).

29 Uccidere un uomo è, secondo l'autore, un male non oggettivamente ma moralmente. L'alternativa A è dunque scorretta. L'alternativa B contraddice il fatto che per l'autore è irrilevante che lo scienziato comunichi le proprie scoperte alla sola comunità scientifica o alla società perché prima o poi gli effetti di tali scoperte raggiungono tutti. Anche la C è da scartare perché l'autore afferma, poco prima della metà del brano, che il 90% e non l'unanimità della comunità scientifica considera la guerra un male. La soluzione corretta è pertanto la D.

30 Come si evince da quanto affermato nella parte centrale del brano, la posizione dell'autore rispetto a Fermi e Einstein è quella espressa dall'alternativa C.

Brano 7

31 La soluzione esatta è in questo caso facilmente individuabile nell'alternativa A. Si tratta infatti di un brano centrato su argomenti di teoria quantistica, ossia di ambito scientifico. La D potrebbe sembrare plausibile perché nel brano si parla di calcolo delle probabilità, ma si tratta comunque di un argomento funzionale agli argomenti introdotti a proposito della teoria quantistica.

32 Il titolo che meglio inquadra l'argomento del brano è quello espresso dall'alternativa B. La A è da scartare perché non considera l'aspetto del determinismo di cui l'autore parla a lungo. Le alternative C e D, infine, indicano sì due temi trattati nel brano, ma non sono adatti a rappresentarne il titolo in quanto relativi a passaggi specifici.

33 L'alternativa A è da scartare perché è la teoria deterministica quella accettata da un gruppo minoritario di fisici. Anche la teoria delle variabili nascoste individua, secondo quanto espresso nel brano, una teoria di tipo deterministico e non probabilistico. L'alternativa C è errata perché evidentemente in contrasto con quanto affermato più volte dall'autore. Infine la D accenna al superamento di una teoria a opera di un'altra, mentre, come si ricava dall'intero brano, il dibattito è ancora aperto. L'alternativa corretta è la B.

34 La teoria che ha visto calare il numero dei propri sostenitori è, secondo l'autore, quella deterministica. L'alternativa A è dunque errata, così come sono in contrasto con il contenuto del brano la B e la C. La risposta esatta è dunque la D.

35 La soluzione è la A. Nel brano, infatti, si afferma quanto segue: «altri fisici – un gruppo minoritario – non sono soddisfatti di questa situazione, a cominciare del resto da uno dei fondatori della teoria quantistica stessa, Louis de Broglie». In particolare, la B è errata in quanto il brano afferma che Louis de Broglie è un fisico e non fornisce alcuna informazione circa la sua nazionalità.

Brano 8

36 Nella seconda parte del brano l'autore parla della necessità di sviluppare l'attitudine a contestualizzare i saperi, atteggiamento che a sua volta arriva a produrre un «pensiero ecologizzante», un pensiero cioè che riesce a situare ogni evento, informazione o conoscenza in una relazione di inseparabilità con il proprio ambiente culturale, sociale, economico, politico e naturale. La soluzione al quesito è fornita, quindi, dall'alternativa B.

37 Il brano afferma che «l'educazione deve favorire l'attitudine generale della mente a porre e a risolvere i problemi e correlativamente deve stimolare il pieno impiego dell'intelligenza generale» (come suggerito dall'alternativa C). Lo stesso brano afferma, inoltre, che lo sviluppo di tale intelligenza generale passa per l'esercizio al dubbio (e non per l'alimentazione delle certezze come afferma l'alternativa D, che è errata).

38 Secondo quanto affermato dall'autore, la conoscenza comporta nello stesso tempo separazione e interconnessione, analisi e sintesi. La conoscenza è, cioè, un processo circolare che passa «dalla separazione al collegamento, dal collegamento alla separazione, e poi, dall'analisi alla sintesi, dalla sintesi all'analisi» e non solo un processo di separazione, come vorrebbero le alternative C e D, o di mera interconnessione, come vorrebbe la A. La soluzione al quesito è, quindi, fornita dall'alternativa B.

39 A metà del brano si parla della serendipità come dell'arte in grado di trasformare dettagli apparentemente insignificanti in indizi che consentono di ricostruire tutta una storia. L'alternativa coerente con questa definizione è la D.

40 Scopo del brano è capire quale sia la finalità dell'insegnamento. Secondo l'autore, nel presente, il problema relativo all'educazione sta nel fatto che questa ha privilegiato la separazione, l'analisi a scapito dell'interconnessione e della sintesi che restano trascurate. Ma proprio perché l'uomo tende naturalmente a conoscere disgiungendo gli oggetti tra loro, è necessario dare valore a quanto invece li interconnette. Lo sviluppo della capacità di contestualizzare e globalizzare i saperi diviene quindi per l'autore un imperativo dell'educazione. Il brano, infatti, parla proprio dell'importanza della riforma dell'organizzazione dei saperi, per arrivare a una conoscenza che comporti nello stesso tempo, secondo le parole dell'autore «separazione e interconnessione, analisi e sintesi». La soluzione del quesito è, quindi, fornita dall'alternativa D.

Brano 9

41 Nel brano (primo capoverso) si afferma come alcuni esempi di architettura romana risentano dell'influenza etrusca in modo più che casuale (alternativa C). Ma tali esempi sono appunto davvero pochi, rari, come correttamente suggerito dall'alternativa D.

42 Dopo aver parlato della «grande invenzione tecnica dei Romani» – l'*opus caementicium* – l'autore afferma che «si sentì di seguito la necessità di abbellire le facce esterne» con dei paramenti che nel III secolo assumono la forma dell'*opus incertum*. Quest'ultimo è quindi successivo all'*opus caementicium*, come correttamente affermato dall'alternativa D.

43 Il brano spiega che, benché l'architettura romana si rifacesse a quella greca, altrettanto non accadeva «nel campo delle strutture murarie» dove «i Romani mutarono quasi totalmente i mezzi dalla tradizione greca». La risposta esatta è dunque la C.

44 Il genere testuale del brano identifica il modo e/o il fine dell'esposizione. Si scartano, quindi, le alternative A, B e D dato che non si tratta di un testo né finzionale né normativo né di un testo a tesi. L'architettura e la sua evoluzione al tempo dei romani è l'oggetto del brano accessibile anche a un lettore non esperto dell'argomento; la soluzione è, quindi, fornita dall'alternativa C.

45 La Cloaca Massima viene nominata all'inizio del brano come uno dei rari esempi di influenza chiara dell'architettura etrusca su quella romana. La soluzione al quesito è fornita dall'alternativa B.

Brano 10

46 La risposta B è sbagliata dal momento che, per oltre metà del brano, l'autore parla della fontana nel periodo precedente al Settecento. Le alternative A e C individuano due argomenti che, pur essendo citati dall'autore, non rappresentano il tema intorno al quale ruota l'intero brano, come accade invece per la risposta D che è dunque la soluzione del quesito.

47 Il brano è di genere didascalico (risposta A), dal momento che ha il fine di insegnare la storia della fontana. D'altro canto, le alternative B, C e D si possono scartare facilmente perché decisamente non corrispondono al registro con cui l'autore tratta l'argomento.

48 Nel brano si afferma (terzo paragrafo) che, sotto Innocenzo X, il Bernini realizzò un altro progetto, successivo al primo. La risposta A è dunque errata e la D è corretta. Del resto, essendo la Villa Aldobrandini antecedente (come si afferma nelle ultime righe del terzo paragrafo) al primo progetto del Bernini, nemmeno la risposta B può essere vera.

Infine, nelle ultime righe del secondo paragrafo, l'autore afferma che «l'idea dell'attuale fontana era già nata» e si riferisce al periodo di Urbano VIII e non a quello di Innocenzo X; anche l'alternativa C è pertanto errata.

49 Sebbene nel brano si dica (secondo paragrafo) che il progetto del Bernini fu interrotto per sopravvenute difficoltà economiche, quest'ultimo aspetto non è certo rilevante nel brano e dunque la risposta **A** è errata.

Nel brano compaiono invece diverse frasi («Molti progetti si erano poi fatti»; «Furono fatti allora vari progetti»; «A questo primo progetto ne seguì un altro»; «Neppure questo secondo progetto trovò esecuzione»; «Il problema della fontana di Trevi si trascinò in tentativi falliti e concorsi inutili»; «Scartato un progetto del Vanvitelli, l'incarico passò a») che confermano quanto giustamente affermato nell'alternativa **B** (soluzione del quesito). Le risposte **C** e **D**, infine, indicano temi soltanto accennati e non sottolineati nel brano.

50 Secondo quanto affermato nella prima parte del brano, Alberti e Rossellino restaurarono la fontana nel Quattrocento e dunque le risposte **B** e **C** sono errate. Le ultime righe del brano consentono di scartare la risposta **A** («Giuseppe Pannini che, nel 1762, terminò l'opera») e di individuare nella **D** la soluzione del quesito.

PARTE SECONDA

parte terza

CULTURA GENERALE

Quesiti

STORIA

1 **Quale delle seguenti città era una Repubblica marinara?**

- A Livorno
- B Pisa
- C Ancona
- D La Spezia

2 **Mussolini venne ucciso:**

- A da un gruppo di tedeschi sbandati
- B dagli inglesi, dopo un processo farsa
- C dai partigiani comunisti
- D da un gruppo di congiurati del suo stesso partito (tra i quali suo figlio adottivo)

3 **Chi è Margaret Hilda Thatcher?**

- A La vera identità della Regina Elisabetta II
- B Una scrittrice gallese in causa con Joanne Rowling, l'autrice di *Harry Potter*
- C Il Primo ministro del Regno Unito dal 1979 al 1990
- D Un'attrice tedesca degli anni Trenta

4 **Che cosa si intende con l'espressione *guerra fredda*?**

- A La guerra, talora combattuta, talora latente, tra Cina e URSS dalla morte di Stalin fino a oggi
- B Il confronto militare a distanza tra i Paesi della NATO e la Russia, basato sulla corsa agli armamenti e sulla conquista di zone "di influenza"
- C La corsa a tecnologie belliche sempre più avanzate
- D Lo stato di conflittualità permanente che esisteva tra USA e URSS dalla fine della seconda guerra mondiale agli anni '80

5 **Che cos'erano le Repubbliche giacobine?**

- A Gli Stati nati in Francia dopo la disgregazione verificatasi con la Rivoluzione francese
- B Le associazioni massoniche che preconizzavano un nuovo regime in Europa, nel secolo XVIII
- C Gli Stati del Nord Italia che combatterono fino alla fine contro gli Alleati, nella seconda guerra mondiale
- D Gli Stati italiani fondati da Napoleone dopo la prima campagna d'Italia

6 **Cosa fu l'impresa di Fiume condotta da D'Annunzio nel 1919?**

- A La costituzione di un'impresa industriale
- B Il guado di un fiume jugoslavo
- C L'occupazione della città di Fiume e la sua annessione all'Italia
- D La sconfitta dell'impero austro-ungarico a Fiume nella prima guerra mondiale

CULTURA GENERALE

7 **In che hanno si conclude la Terza guerra punica?**

- A 256 a.C.
- B 149 a.C.
- C 71 d.C.
- D 146 d.C.

8 **Quale tra le seguenti può essere una corretta definizione di *colonialismo*?**

- A Politica statale o ecclesiastica diretta a convertire, in via più o meno pacifica, altri popoli alla propria religione
- B Politica statale, in particolare europea, diretta a conquistare territori o ad associarli allo Stato, esercitandovi un controllo economico, politico e amministrativo
- C Politica del mondo imprenditoriale, diretta a installare in altri Stati, meno sviluppati economicamente, imprese proprie
- D Politica statale diretta a estinguere razze diverse dalla propria, ritenute inferiori e pericolose

9 **L'attacco italiano alla Grecia, nella seconda guerra mondiale, fu motivato:**

- A da contrasti politici dovuti alla diversità di regime
- B dalla necessità di prevenire un attacco della Grecia all'Italia
- C dalla volontà di Mussolini di impadronirsi dei tesori d'arte greci
- D dalla volontà di controbilanciare le conquiste tedesche in Europa

PARTE TERZA

10 **Nel 1979 le truppe sovietiche intervennero a sostegno del regime di ispirazione marxista di uno Stato, contro il quale si era sviluppata una guerriglia interna. Di quale Stato si trattava e come terminò l'intervento?**

- A Della Cina e terminò con la vittoria dei marxisti
- B Dell'Afghanistan e terminò con il ritiro dei sovietici
- C Della Finlandia e terminò con il ritiro dei sovietici
- D Della Cina e terminò con la sconfitta dei marxisti

11 **Il ponte di quale cittadina bosniaca venne distrutto durante la guerra dei Balcani?**

- A Sarajevo
- B Split
- C Mostar
- D Zenica

12 **Quale festività religiosa venne istituita per celebrare la battaglia di Lepanto del 1571?**

- A L'Immacolata Concezione
- B La Madonna del Rosario
- C La Madonna del Carmelo
- D La Madonna della Neve

13 **In quale anno il re Vittorio Emanuele III incaricò Mussolini di formare un Governo?**

- A Nel 1919
- B Nel 1922
- C Nel 1924
- D Nel 1943

14 **Chi era il presidente degli Stati Uniti d'America ucciso a Dallas il 22 novembre del 1963?**

A Richard Nixon
B Dwight D. Eisenhower
C Franklin Delano Roosevelt
D John Fitzgerald Kennedy

15 **I Patti lateranensi sono stati stipulati:**

A alla fine della seconda guerra mondiale
B a Boston
C da Germania, Russia e Gran Bretagna
D nel 1929

16 **In quale anno è stato proclamato il Regno d'Italia?**

A Nel 1784
B Nel 1643
C Nel 1861
D Nel 1893

17 **Il lancio della bomba atomica su Nagasaki nel 1945:**

A fu la causa dell'entrata in guerra del Giappone
B fu un'azione preventiva per scoraggiare l'entrata in guerra del Giappone
C determinò la resa del Giappone
D accelerò la resa del Giappone

18 **Con *disastro di Chernobyl* si indica un evento che accadde:**

A il 10 luglio 1976 mo
B il 6 aprile 2009
C il 14 marzo 1991
D il 26 aprile1986

19 **Cosa si intende con il termine *primavera araba*?**

A Un particolare clima tipico delle regioni mediorientali
B Un movimento religioso che trae ispirazione dal Corano
C Una stagione dell'anno che inizia il 4 marzo e si conclude il 6 luglio
D Una serie di proteste e agitazioni nelle regioni del medio oriente e vicino oriente e del nord Africa

20 **Nell'agosto 2010 è morto il presidente emerito della Repubblica Francesco Cossiga (82 anni). Quale tra i seguenti incarichi non aveva mai ricoperto?**

A Ministro dell'interno
B Ministro della pubblica amministrazione
C Presidente del Consiglio dei ministri
D Presidente della Camera dei deputati

CULTURA GENERALE

LETTERATURA ITALIANA E STRANIERA

21 Quale delle seguenti opere è di Arthur Rimbaud?

- A *I lavoratori del mare*
- B *Una stagione all'inferno*
- C *L'educazione sentimentale*
- D *Notre-Dame de Paris*

22 Quale fu la città "sede" degli Scapigliati?

- A Parma
- B Palermo
- C Milano
- D Roma

23 Quale dei seguenti autori è stato premio Nobel per la letteratura?

- A Svetlana Aleksievich
- B Daniel Pennac
- C Isabel Allende
- D Salman Rushdie

24 Dove nacque William Shakespeare?

- A Birmingham
- B Venezia
- C Londra
- D Stratford-upon-Avon

25 Il premio Campiello è il premio letterario creato da un'iniziativa:

- A della Fondazione Cini di Venezia
- B dell'Associazione Librai Italiani
- C degli Industriali del Veneto
- D della Fondazione della Cassa di Risparmio di Venezia

26 Chi è l'autore di *Murder in the Cathedral*?

- A Thomas S. Eliot
- B William Shakespeare
- C Christopher Marlowe
- D Samuel Beckett

27 Quale dei seguenti autori non compose opere di carattere storiografico?

- A Giavanni Villani
- B Francesco Guicciardini
- C Paolo Sarpi
- D Vasco Pratolini

28 La celeberrima opera illuministica *Dei delitti e delle pene* fu scritta da:

- A Cesare Beccaria
- B Cesare Beccaria e Alessandro Verri
- C Pietro Verri
- D Secondo Lancellotti

29 **L'opera *Aut-Aut* è stata scritta da:**

A Martin Heidegger
B Søren Kierkegaard
C Friedrich Nietzsche
D Auguste Comte

30 **Quale tra i seguenti intellettuali fu l'ideologo del fascismo?**

A Cesare Pavese
B Benedetto Croce
C Giovanni Gentile
D Elio Vittorini

31 **In quale anno è morto Giuseppe Ungaretti?**

A Nel 1978
B Nel 1970
C Nel 1989
D Nel 1948

32 **Quale tra i seguenti è il tema fondamentale dell'Ermetismo?**

A L'angoscia esistenziale
B L'esaltazione della forza
C La diffusione della cultura fascista
D L'amore per la propria donna

33 **Che cos'è *La bottega del caffè*?**

A Una rivista fondata da Pietro e Alessandro Verri no
B Una lirica del Parini
C Una commedia di Goldoni
D Una commedia di Karol Wojtyla

34 **Chi è l'autrice del romanzo del 1979 *Un uomo*, che narra la storia di Alekos Panagulis?**

A Dacia Maraini
B Elsa Morante
C Oriana Fallaci
D Susanna Tamaro

35 ***Razza padrona – Storia della borghesia di stato* è un saggio pubblicato da Feltrinelli nel 1974. Gli autori del saggio sono:**

A Pansa e Scalfari
B Scalfari e Turani
C Biagi e Bettiza
D Bocca e Montanelli

36 **Quale dei seguenti accostamenti tra autore e opere contiene un errore?**

A Verga: *I Malavoglia, Il Gattopardo, Mastro Don Gesualdo*
B Mann: *La montagna incantata, I Buddenbrook, Morte a Venezia*
C Manzoni: *Il Conte di Carmagnola, Adelchi, Storia della colonna infame*
D Pavese: *La luna e i falò, Lavorare stanca, La bella estate*

37 ***Il nome della rosa*** **è un romanzo ambientato nel secolo:**

A XI
B XII
C XIII
D XIV

38 **Il creatore della prosa scientifica italiana è stato:**

A Pietro Sforza Pallavicino
B Galileo Galilei
C Francesco Redi
D Ugo Foscolo

39 **Abbinare correttamente i seguenti autori e le rispettive opere:**

AUTORI	OPERE
Manzoni	***Storia della colonna infame***
Campanella	***Il giardino dei Finzi-Contini***
Goldoni	***La città del Sole***
Bassani	***L'amante militare***

A Manzoni – *Storia della colonna infame*; Campanella – *La città del Sole*; Goldoni – *L'amante militare*; Bassani – *Il giardino dei Finzi-Contini*
B Manzoni – *L'amante militare*; Campanella – *La città del Sole*; Goldoni – *Storia della colonna infame*; Bassani – *Il giardino dei Finzi-Contini*
C Manzoni – *Il giardino dei Finzi-Contini*; Campanella – *L'amante militare*; Goldoni – *La città del Sole*; Bassani – *Storia della colonna infame*
D Manzoni – *L'amante militare*; Campanella – *La città del Sole*; Goldoni – *Il giardino dei Finzi-Contini*; Bassani – *Storia della colonna infame*

GRAMMATICA

40 Quale dei seguenti termini è un avverbio?

A Piano
B Acceso
C Mente
D Con

41 Quale dei seguenti termini può essere utilizzato come un aggettivo?

A Io
B Medesimo
C Costui
D Ti

42 Quale delle seguenti proposizioni contiene un superlativo relativo?

A Antonella è la più diligente delle sue compagne
B Antonella è più alta di Alessandra
C Antonella è molto carina
D Antonella è sempre elegantissima

43 Quale di queste frasi NON può diventare passiva?

A Dice sempre la verità
B La madre allatta il bambino
C In tutte le gare risulta il migliore
D Chi hai incontrato ieri?

44 Individua il tipo di periodo ipotetico: «Se non avessi studiato l'inglese, ora non potrei lavorare».

A Realtà
B Possibilità
C Irrealtà
D Eventualità

45 Nella frase: «I Romani elessero Cesare dittatore», *dittatore* ha la funzione di:

A soggetto
B predicativo del soggetto
C complemento oggetto
D predicativo del complemento oggetto

46 Nella frase «La mamma è una sola», *è* ha la funzione di:

A ausiliare
B verbo riflessivo
C predicato verbale
D copula

CULTURA GENERALE

47 **Quale delle seguenti è una forma passiva del verbo *andare*?**

- A Io vado
- B Io sono andato
- C Io andrò
- D Il verbo andare non ha forma passiva

48 **Completare correttamente la frase seguente scegliendo le forme verbali adeguate.**
«Prima che tu ..., io ...».

- A telefoni; arrivavo
- B telefonerai; arrivo
- C possa telefonare; sarò arrivato
- D telefonavi; sarò arrivato

49 **In quale di queste frasi è presente una subordinata di secondo grado?**

- A Mentre ascoltavo la radio, lavavo i pavimenti per non doverlo fare il giorno dopo
- B Lavo i pavimenti ora per non farlo domani quando ci sarà la festa
- C Mi chiedo se sia meglio lavare i pavimenti o ascoltare la radio
- D Vorrei ascoltare la radio mentre lavo i pavimenti, ma non ci riesco

FILOSOFIA

50 **Chi ha scritto la *Scienza Nuova*?**

- A Einstein
- B Pitagora
- C Kant
- D Vico

51 ***Panta réi* fu espressione attribuita a:**

- A Pitagora per esprimere la tesi secondo cui nel mondo vige un'armonia universale
- B Anassimene per sostenere la tesi secondo cui l'aria è la forza che anima il mondo
- C Democrito per sostenere che nel mondo vige il caos
- D Eraclito per esprimere la propria tesi secondo cui il mondo è un flusso perenne

52 **Croce e Gentile si possono definire:**

- A pragmatisti
- B idealisti
- C positivisti
- D irrazionalisti

53 **Individuare l'alternativa che presenta i filosofi ordinati cronologicamente:**

- A Aristotele – Boezio – Cartesio – Kant – Hume
- B Kant – Fichte – Schopenhauer – Gentile – Wittgenstein
- C Sant'Agostino – Pomponazzi – Leibniz – Nietzsche – Schelling
- D Socrate – Zenone di Elea – Anassagora – Aristotele – Parmenide

54 **Il pessimismo di Schopenhauer si può definire:**

- A retorico
- B metafisico
- C cosmico
- D materialista

55 **Per Socrate, il metodo per aiutare il processo di apprendimento è paragonabile alla:**

- A retorica, ovvero la capacità di persuadere
- B grammatica, ovvero il complesso delle norme della lingua
- C maieutica, ovvero l'arte della levatrice
- D logica, intesa come procedimento dimostrativo

56 **Quale tra i seguenti è un accostamento corretto?**

- A Croce – pragmatismo
- B San Tommaso – edonismo
- C Kant – criticismo
- D Leibniz – atomismo

57 **È giusto affermare che la filosofia di Hume è razionalista?**

- A Sì, assolutamente
- B No, Hume è un empirista
- C No, Hume è un pragmatista
- D No, Hume è un idealista

58 **Il *Capitale* è una famosa opera di:**

- A Adam Smith
- B Jeremy. Bentham
- C Karl Marx
- D Antonio Gramsci

59 **Comte, Spencer, Ardigò e Stuart Mill: esiste una relazione tra tutti questi filosofi?**

- A No, non esiste
- B Sì, sono tutti naturalisti
- C Sì, sono tutti epigoni di Kant
- D Sì, sono tutti positivisti

60 **Identificare la coppia di autori errata:**

- A Aristotele – San Tommaso
- B Comte – Spencer
- C Freud – Jung
- D Hegel – Sartre

61 **Quale tra i seguenti è stato un esponente del futurismo pittorico?**
A Georges Rouault
B Filippo Tommaso Marinetti
C Umberto Boccioni
D Fernando Botero

62 **Il celebre dipinto di Delacroix *La libertà che guida il popolo* intende commemorare:**
A la Rivoluzione francese
B l'insurrezione antiborbonica del 1830
C l'entrata di Napoleone a Milano
D la Rivoluzione d'ottobre

63 **La più famosa basilica di Santa Sofia si trova a:**
A Milano B Istanbul C Berlino D Lione

64 **Quale tra i seguenti NON è un fotografo?**
A Settimio Benedusi
B Maurizio Galimberti
C Maurizio Cattelan
D Richard Avedon

65 **Quale dei seguenti dipinti NON è opera di Van Gogh?**
A *La Maja desnuda*
B *I mangiatori di patate*
C *Ragazza in un bosco*
D *L'italiana*

66 **Castel Sant'Angelo a Roma era originariamente:**
A la tomba dell'imperatore Adriano
B le prigioni pontificie
C le Terme di Caracalla
D il palazzo del Senato romano

67 **In quale anno si iniziò la costruzione del Duomo di Milano?**
A 1387 B 1485 C 1524 D 1458

68 **Dove si tenne la prima mostra dei pittori Impressionisti?**
A Nello studio del fotografo Nadar
B Nello studio di Claude Monet
C Nella galleria di Paul Durand-Ruel, lo storico mercante degli Impressionisti
D Al Salon di Parig

69 **Dove si trova la Tate Gallery?**
A New York B Sidney C Londra D Tel Aviv

CULTURA GENERALE

GEOGRAFIA

70 Quante sono le regioni italiane?

A 20
B 19
C 21
D 15

71 Quale delle seguenti città è capitale del proprio Paese?

A Amburgo
B New York
C Shangai
D Caracas

72 Quanto misura approssimativamente il raggio terrestre?

A 850 km
B 5.200 km^2
C 7.955 m
D 6.350 km

73 La corrente del golfo è:

A una corrente di aria fredda che si dirige dall'Atlantico verso il Nord Europa
B una corrente marina molto fredda che si dirige dal Sud Europa verso Nord
C una corrente marina calda che attraversa l'Atlantico e si dirige verso il Nord Europa
D una corrente marina molto calda dall'India si dirige verso l'Indonesia

74 Quale delle seguenti è la seconda isola del Mediterraneo per estensione?

A Cipro
B Sicilia
C Sardegna
D Lampedusa

75 Le Azzorre sono un arcipelago di origine vulcanica formato da nove isole principali e numerosi isolotti:

A situato nell'Oceano Indiano
B a circa 100 Km dalla Gran Bretagna, da cui politicamente dipende
C situato a ovest del Marocco
D a circa 1400 Km dal Portogallo, da cui politicamente dipende

76 In quali regioni si trova la Val d'Aveto:

A Lazio e Umbria
B Liguria ed Emilia Romagna
C Trentino Alto-Adige e Lombardia
D Toscana e Liguria

PARTE TERZA

77 **L'Half Dome, una roccia granitica alta 2.700 metri si trova:**

A nel deserto di Atacama
B nel parco nazionale di Yosemite
C nel parco nazionale di Yellowstone
D nel parco nazionale del Gran Paradiso

78 **La Barbagia è:**

A una laguna salmastra
B una collina vicino a Siena
C una catena montuosa del Molise
D una regione della Sardegna che si estende sui fianchi del Massiccio del Gennargentu

STORIA DELLE SCIENZE

79 **A quale famoso economista Charles Darwin si ispirò mentre formulava la teoria dell'evoluzionismo?**

A Karl Marx
B Vilfredo Pareto
C Adam Smith
D Thomas R. Malthus

80 **Qual è l'accostamento scorretto?**

A Mayr – Biologia
B Hawking – Astronomia
C Rubbia – Matematica
D Mendel – Genetica

81 **In che anno è morta Rita Levi Montalcini?**

A 2008
B 2012
C 2005
D 2015

82 **Chi ha scritto *Logica della scoperta scientifica*?**

A Søren Kierkegaard
B Euclide
C Karl R. Popper
D Thomas Kuhn

83 **Che cosa è la bioinformatica?**

A Una tecnica di apprendimento di utilizzo di dispositivi tecnologici come personal computer o tablet portatili favorita dall'assunzione di sostanze naturali
B Una disciplina scientifica dedicata alla risoluzione di problemi informatici con metodi esclusivamente biologici
C Una disciplina dedicata alla risoluzione di problemi biologici con metodi informatici
D Non esiste

84 **Chi è l'inventore della tecnica nota come PCR che ha rivoluzionato la biologia molecolare?**

A Craig Venter
B Kary Banks Mullis
C Enrico Fermi
D Rosalind Franklin

85 **Dove si trova la casa in cui Charles Darwin trascorse tutta la sua esistenza dopo il ritorno dal suo viaggio con il Beagle?**

A Nella campagna intorno a Firenze
B Nel Kent, una contea a sud-est di Londra
C Nei pressi di Melbourne
D A Liverpool

86 **Chi erano *I ragazzi di via Panisperna*?**

A Il gruppo di lavoro creato del premio Nobel Renato Dulbecco
B Un gruppo di etologi tra cui c'era anche Konrad Lorenz
C Un gruppo di fisici tra cui c'erano Enrico Fermi ed Ettore Majorana
D Gli studenti dell'Università Sapienza di Roma ai tempi della contestazione del 1968

87 **Quale dei seguenti programmi televisivi era condotto da Piero Angela?**

A *La macchina del tempo*
B *Missione Avventura*
C *Geo & Geo*
D *Quark*

88 **A quale scienziato si può attribuire l'invenzione del metodo scientifico?**

A Charles Darwin
B Nikola Tesla
C Thomas Edison
D Galileo Galilei

CULTURA GENERALE

CONOSCENZE SOCIOECONOMICHE

89 **Con DEF si intende:**

A il fondo europeo per la differenziazione del portafoglio

B il fondo europeo per il deficit e i prezzi

C il documento di economia e finanza

D il documento per il pagamento delle entrate finanziarie

90 **I Paesi dell'eurozona, ovvero l'insieme degli Stati membri dell'Unione Europea che adottano l'euro come valuta ufficiale, sono:**

A 27

B 21

C 13

D 19

91 **Quali informazioni offre la bilancia dei pagamenti?**

A Relative alle transazioni commerciali e finanziarie avvenute nel corso di un determinato periodo fra Stati Uniti ed Europa

B Relative ai pagamenti in valuta estera effettuati nel corso di un determinato periodo da parte dei cittadini di un Paese nei confronti dei cittadini degli altri Paesi del mondo

C Relative alle transazioni commerciali e finanziarie avvenute nel corso di un determinato periodo tra un Paese e il resto del mondo

D Relative alla capacità di un Paese di fare fronte ai pagamenti in valuta estera dovuti agli altri Paesi del mondo

92 **Come si può misurare il grado di terziarizzazione di un sistema economico?**

A Con il rapporto fra numero di lavoratori autonomi e numero di lavoratori dipendenti (che lavorano per conto di terzi)

B Con il rapporto fra produzione industriale e produzione agricola

C Con il rapporto fra numero di occupati nel settore dei servizi e totale degli occupati

D Con il tasso di crescita del PIL

93 **A quale autorità è attribuito il potere di vigilanza in materia di antitrust in Italia?**

A Al Parlamento

B Alla Corte Costituzionale

C Al Ministro delle Poste e delle Telecomunicazioni

D All'Autorità Garante della Concorrenza e del Mercato

94 **Quale di questi Paesi non appartiene all'OPEC?**

A Venezuela

B Qatar

C Ecuador

D Russia

95 Che cosa è il NAFTA (North American Free Trade Agreement)?

- **A** Un accordo per il commercio del cacao fra i Paesi del Nord America
- **B** Un accordo fra Stati Uniti e Canada per il libero commercio
- **C** Un accordo fra Stati Uniti, Canada e Messico per contrastare le limitazioni imposte dall'Unione europea e dal Giappone
- **D** Un'area di libero scambio che comprende Stati Uniti, Messico e Canada

96 Che cosa è il Fondo monetario internazionale (FMI)?

- **A** Un fondo finalizzato a coordinare la politica monetaria europea
- **B** Una banca finalizzata a concedere finanziamenti ai Paesi in via di sviluppo
- **C** Un'istituzione internazionale che ha il compito di finanziare le operazioni dell'ONU
- **D** Nessuna delle precedenti alternative è corretta

97 Che cosa si intende generalmente quando si afferma che il bilancio di una società è in attivo?

- **A** Che le attività sono superiori alle passività
- **B** Che la società ha un valore di mercato elevato
- **C** Che i titoli azionari della società sono saliti di valore
- **D** Che la società ha conseguito un utile

98 Che cosa si intende con il termine *economia sommersa*?

- **A** Le attività produttive svolte sotto il livello del mare
- **B** Le attività produttive svolte dagli artigiani
- **C** Il fenomeno dell'evasione fiscale
- **D** Le attività produttive che sfuggono all'osservazione statistica

99 La Confederazione Generale dell'Industria italiana, conosciuta come Confindustria, è stata fondata:

- **A** nel 1901
- **B** nel 1905
- **C** nel 1910
- **D** nel 1912

100 Che cosa è una Società a responsabilità limitata (S.r.l.)?

- **A** Una società i cui soci sono responsabili esclusivamente nei confronti degli altri soci e non dei terzi
- **B** Una società i cui soci non sono responsabili penalmente per gli eventuali reati commessi in nome della società
- **C** Una società i cui soci sono responsabili soltanto limitatamente al capitale sociale detenuto
- **D** Una società i cui soci sono responsabili soltanto limitatamente alle obbligazioni nei confronti dei lavoratori dipendenti

101 **Quali sono gli effetti immediati di un incremento del prezzo del petrolio per un Paese che dipende dall'estero per il proprio fabbisogno energetico come l'Italia?**
1) Un aumento del tasso di inflazione
2) Un peggioramento della bilancia commerciale
3) Un aumento della disoccupazione

- A Solo la 1)
- B Solo la 2)
- C Solo la 3)
- D La 1) e la 2)

102 **Secondo Adam Smith, la divisione del lavoro:**

- A è tra lavoro necessario e pluslavoro
- B è favorita dall'espansione dei mercati e determina l'aumento della produttività
- C è favorita dal sistema mercantile di protezionismo commerciale e di regolamentazione degli scambi
- D determina un calo di produttività, interferendo con l'azione della "mano invisibile"

103 **Il diritto di sciopero del lavoratore è protetto dalla Costituzione italiana?**

- A No mai, esso deriva dagli accordi sindacali
- B Sì, in ogni caso
- C Sì, ma solo se è esercitato per validi motivi
- D Sì, se è esercitato nell'ambito delle leggi che lo regolano

104 **Che cosa indica l'acronimo PIL?**

- A Produzione industriale lorda
- B Prodotto interno lordo
- C Partito italiano del lavoro
- D Partito internazionale dei lavoratori

105 **Per tasso di cambio s'intende:**

- A il rapporto tra quantità nello scambio di beni
- B il rapporto tra quantità nello scambio di monete
- C il rapporto tra quantità nello scambio lavoro/beni salario
- D il rapporto tra quantità nello scambio di materie prime

106 **Stabilire la corrispondenza esatta tra tipologia di programmi e nomi di software.**

a) Elaboratore di testi	**1) Excel**
b) Programmi di presentazione	**2) Word**
c) Foglio elettronico	**3) Oracle**
d) Database	**4) Visual Basic**
e) Programmi di sviluppo software	**5) PowerPoint**

A d-3, b-5, c-1, e-2, a-4

B e-4, c-1, b-5, d-2, a-3

C d-3, b-5, a-2, c-4, e-1

D e-4, c-1, d-3, b-5, a-2

107 **La figura sotto riportata riproduce un dettaglio della barra degli strumenti di Microsoft Word. Cliccando con il mouse sul tasto numero 2:**

A si colora il testo selezionato

B si apre un documento

C si salva il documento in uso

D viene effettuato il controllo ortografico del testo selezionato

108 **L'operazione di back-up consiste in:**

A formattazione di file jpeg

B indicizzazione di elementi condivisi

C conservazione di materiale atta a prevenire la perdita totale dei dati

D memorizzazione di link

109 **Con OCR si intende:**

A un dispositivo per la stampa di fotografie

B la memorizzazione di dati su CD ROM

C un particolare tasto della tastiera di un computer

D nessuna delle precedenti

110 **Che cos'è un indirizzo IP?**

A Un protocollo di trasferimento dei file

B Una particolare scheda di espansione dei PC

C Un identificativo univoco assegnato a un computer in rete

D Un sistema di *instant messaging*

111 **Quale tra i seguenti è un social network?**

- A Twitter
- B Groupon
- C Amazon
- D Outlook

112 **Quale delle seguenti affermazioni è vera?**

- A Un terminale remoto è un terminale non più utilizzato perché ritenuto obsoleto dal punto di vista tecnologico
- B Il sistema operativo è una parte del software applicativo installato su un computer
- C La porta USB è un dispositivo di visualizzazione
- D Una webcam è un dispositivo di input

113 **Che cosa indica il termine *provider*?**

- A Un fornitore di software (sia applicativo che di sistema)
- B Un fornitore di hardware (CPU, monitor, stampanti ecc.)
- C Un fornitore di sistemi integrati hardware e software
- D Nessuna delle precedenti

114 **Come si chiama l'operazione di ricerca di un record all'interno di un database?**

- A Macro
- B Query
- C Report
- D Sort

115 **Quale delle seguenti tecniche di accodamento prevede che il valore successivo da richiamare sia quello in coda da maggior tempo?**

- A RANDOM
- B FIFO
- C LIFO
- D Nessuna delle precedenti

PARTE TERZA

Soluzioni e commenti

STORIA

1 La definizione di repubbliche marinare si riferisce ad alcune città portuali che, dopo il X secolo, godettero di autonomia politica e di prosperità economica. In genere la definizione è riferita alle quattro città italiane i cui stemmi sono ancora oggi presenti nella bandiera della Marina Militare italiana: Amalfi, Genova, Pisa e Venezia. La risposta corretta è la B. La repubblica di Pisa ebbe una notevole importanza per le conquiste territoriali nella zona occidentale del bacino mediterraneo che comprendevano la Sardegna, la Corsica e le isole Baleari.

2 L'alternativa corretta è la C: Mussolini fu catturato dai partigiani comunisti mentre tentava di raggiungere la Svizzera e fu fucilato, insieme alla sua amante Claretta Petacci, senza nessun processo. Il suo corpo, quello della Petacci e di altri personaggi legati al fascismo furono poi esposti in piazzale Loreto a Milano.

3 Passata alla storia con l'appellativo di *Iron Lady* (Signora di Ferro) Margaret Thatcher è stata per tre mandati, a partire dal 1979, Primo ministro del Regno Unito e a tutt'oggi unica donna ad aver ricoperto la carica. Dal 1975 al 1990 è stata leader del partito conservatore inglese e dal dicembre 1990 il suo titolo nobiliare è Baronessa di Kesteven. Da un punto di vista politico fu molto vicina al presidente americano Ronald Reagan e si spese tutta la vita per avere con gli Stati Uniti legami economici e politici molto stretti. La risposta esatta è la C.

4 *Guerra fredda* è il nome dato allo stato di conflitto esistente per quasi cinquant'anni tra gli USA e l'URSS o, se si vuole, tra la NATO e il Patto di Varsavia (ma non la Russia, che dell'URSS era solo una parte). Ciò quindi permette di scegliere la risposta D e di escludere la B. Quanto alle altre alternative, anche tra Cina e URSS è esistito a lungo uno stato di tensione (risposta A), sfociato talvolta in veri e propri scontri armati di confine, ma questo stato conflittuale non era chiamato guerra fredda. La corsa a tecnologie belliche sempre più progredite, inoltre, è stato un aspetto della guerra fredda, ma non certo tutta la guerra fredda; l'alternativa C poi non dice tra quali Stati si sarebbe scatenata questa competizione, ed è quindi incompleta.

5 La risposta esatta è la D. Le Repubbliche che nacquero furono la Cisalpina, la Ligure, la Romana e la Partenopea. La A non è accettabile, perché la Francia, dopo la Rivoluzione, non si disgregò territorialmente. Quanto alla C, lo Stato che combatté contro gli Alleati fino alla fine è la Repubblica di Salò.

6 La città di Fiume era stata promessa all'Italia, in quanto popolata prevalentemente da italiani, da parte di Gran Bretagna e Francia come premio per l'entrata in guerra contro gli Imperi centrali. Alla fine della prima guerra mondiale, gli "alleati" trovarono comodo dimenticare la promessa e furono allora reparti dell'esercito italiano, capeggiati dallo scrittore Gabriele D'Annunzio, a prendere spontaneamente la decisione di impadronirsi della città. La risposta corretta è dunque la C.

7 Per rispondere a questa domanda può essere utile sapere che la Terza guerra punica fu combattuta fra Cartagine e la Repubblica di Roma nel periodo compreso fra il 149 a.C. e il 146 a.C. Fu l'ultima delle tre guerre fra le antiche civiltà del Mar Mediterraneo e terminò con la scontitta di Cartagine. La risposta esatta è quindi la D. La città, attaccata perfino da una pestilenza, soffrì la fame, vi furono casi di morte per gli stenti e Scipione, che era a conoscenza delle condizioni degli assediati, non forzò l'attacco e solo nel 146 a.C. Lelio e le sue truppe scelte conquistarono il porto militare e il foro.

8 L'alternativa A fa riferimento alle iniziative missionarie sostenute non solo dalla Chiesa ma anche da alcuni Stati; la risposta C si riferisce invece a un fenomeno abbastanza recente, che viene anche chiamato colonialismo economico e che nasce dal fatto che le imprese di un Paese avanzato trovano conveniente installare filiali in Stati meno evoluti, ove la manodopera costa meno e vi sono meno vincoli burocratici; l'alternativa D fu adottata dal nazismo. La risposta esatta è la B.

9 L'attacco italiano giunse improvviso, soprattutto perché i rapporti tra il regime fascista italiano e quello greco (che all'epoca era una dittatura) erano cordiali. Mussolini cercava però di portare avanti una "guerra parallela" a quella di Hitler, per compensare le conquiste tedesche e per non essere escluso dalla spartizione del "bottino". In questa logica, egli aveva già precedentemente voluto l'attacco alla Francia e quello alle colonie africane degli inglesi (risposta esatta: D).

10 La risposta esatta è la B: infatti l'intervento fu in Afghanistan. La guerra durò otto anni e si concluse con il ritiro dei sovietici. Il regime marxista afghano resistette ancora per tre anni, prima di essere rovesciato dai mujaheddin nel 1989. La guerra civile però non terminò, ma proseguì tra avverse fazioni.

11 Premesso che tutte le alternative riportano città della Bosnia-Erzegovina, durante il sanguinoso conflitto dei Balcani fu il ponte Stari Most (del XVI secolo) a venire distrutto il 9 novembre 1993 dal fuoco di un mortaio croato. Letteralmente Vecchio Ponte, commissionato dal sultano Solimano il Magnifico nel 1557, attraversa il fiume Neretva che divide in due la cittadina di Mostar; è quindi corretta l'alternativa C. Lo Stari Most è stato riaperto al traffico il 22 luglio 2004, con una serie di cerimonie basate sull'idea di una riconciliazione fra le comunità della regione dopo le atrocità della guerra.

12 La battaglia di Lepanto è uno scontro avvenuto il 7 ottobre 1571 tra le flotte musulmane dell'Impero ottomano e quelle cristiane della Lega Santa. La battaglia si concluse con una vittoria delle forze cristiane, guidate da Don Giovanni d'Austria, su quelle ottomane di Mehmet Alì Pascià, che perì in battaglia. La Chiesa celebra la festa della Madonna del Rosario il 7 ottobre di ogni anno. Questa festa fu istituita con il nome di *Madonna della Vittoria* da papa Pio V a ricordo della battaglia di Lepanto. La risposta esatta è dunque la B.

13 Il 24 ottobre 1922 Mussolini convocò a Napoli migliaia di fascisti e fu decisa la marcia su Roma, con colonne provenienti da tutta Italia. Luigi Facta, presidente del Consiglio, portò al re il decreto per dichiarare lo stato di assedio, ma il re si rifiutò di firmarlo. Il 28 ottobre i fascisti entrarono a Roma e Vittorio Emanuele III diede l'incarico a Mussolini di formare il nuovo Governo. La risposta corretta è quindi la B.

14 La risposta esatta è la D. John Fitzgerald Kennedy fu presidente degli Stati Uniti dal 1960 al 1963; fu assassinato a Dallas nel 1963 da Lee Harvey Oswald. La sua breve presidenza, in piena guerra fredda, fu segnata da alcuni eventi storici di notevole importanza: lo sbarco nella Baia dei Porci, la Crisi dei missili di Cuba, la costruzione del Muro di Berlino, la conquista dello spazio e l'affermarsi del movimento per i diritti civili degli afroamericani.

15 Patti Lateranensi è il nome con cui sono storicamente noti gli accordi di mutuo riconoscimento tra il Regno d'Italia e la Santa Sede sottoscritti l'11 febbraio 1929. Presero il nome del palazzo di San Giovanni in Laterano a Roma, in cui avvenne la firma degli accordi. La risposta esatta è la D.

16 Il Regno d'Italia è stato proclamato dal Parlamento italiano, riunito per la prima volta a Torino, il 18 febbraio 1861. Il Capo dello Stato era all'epoca il re Vittorio Emanuele II, che restò in carica fino al 1878, mentre il primo Governo fu guidato da Cavour, entrato in carica il 23 marzo 1861. La risposta esatta è quindi la C.

17 Il Giappone era in guerra contro gli Stati Uniti, per cui lo sganciamento della bomba non fu né un'azione preventiva né la causa dello scoppio del conflitto. Ardua potrebbe essere la scelta tra le alternative C e D. Si opta per quest'ultima, però, ponendo mente al fatto che la possibilità della resa era già allo studio del Governo del Giappone prima ancora dello sgancio della bomba atomica su Hiroshima e quindi, logicamente, prima ancora di quello su Nagasaki.

18 Il disastro di Chernobyl è stato il più grave incidente nella storia dell'energia nucleare. Nel corso di un test furono violate tutte le basilari regole di sicurezza; questo portò a un incontrollato aumento della potenza di un reattore della centrale nucleare che sorgeva a 3 Km da Pripjat e a 18 Km da Chernobyl, in Ucraina. Una nube di materiali radioattivi fuoriuscì dal reattore e ricadde su vaste aree intorno alla centrale che furono contaminate, rendendo necessaria l'evacuazione di circa 350.000 persone. Questo avvenne il 26 aprile 1986. La risposta esatta quindi è la D. Le alternative A e B riportano due date importanti e tragiche della storia del nostro Paese: il disastro ambientale di Seveso e il terrremoto che ha colpito L'Aquila.

19 La risposta esatta è la D. Le proteste, che hanno colpito Paesi legati all'universo arabo (Algeria, Bahrein, Egitto, Tunisia, Giordania, Libia e Siria) hanno in comune l'uso di tecniche di resistenza civile; scioperi, manifestazioni, marce e cortei, talvolta però anche atti estremi come suicidi. Anche l'uso di social network come Facebook e Twitter per organizzare e comunicare gli eventi a dispetto dei tentativi di repressione governativa è un elemento caratterizzante della primavera araba.

20 Prima di ricoprire la carica di ottavo presidente della Repubblica dal 1985 al 1992, Francesco Cossiga, democristiano di lungo corso, docente di diritto costituzionale e parlamentare dal 1958, era stato ministro della Pubblica amministrazione del governo Moro dal 1974 al 1976, ministro degli interni dei governi Moro e Andreotti dal 1976 al 1978 e presidente del Consiglio dei ministri dal 1979 al 1980. Non era invece mai stato presidente della Camera dei deputati (risposta esatta D) anche se aveva ricoperto lo stesso ruolo al Senato della Repubblica.

LETTERATURA ITALIANA E STRANIERA

21 *Notre-Dame de Paris* è tra le opere più celebri di Victor Hugo. I *lavoratori del mare* è un'opera meno nota dello stesso autore. *L'educazione sentimentale* è un romanzo di Gustave Flaubert. *Una stagione all'inferno* è una famosa opera di Arthur Rimbaud, quella che più contribuì a creare il mito del poeta maledetto e a ispirare tanti artisti e quindi la risposta corretta è la B.

22 Milano (alternativa C) fu il centro del movimento letterario della Scapigliatura, sia per la vicinanza geografica con la Francia, sia per gli influssi che il movimento ricevette tanto dall'Illuminismo (che proprio nel capoluogo lombardo ebbe uno dei suoi centri propulsori in Italia, si pensi ai fratelli Verri, a Beccaria, a Parini) quanto dal Romanticismo (di cui Milano vanta scrittori del calibro di Manzoni, Porta e Grossi).

23 La risposta corretta è la A. Quattordicesima donna che vince il Nobel per la lettaratura, la scrittrice e giornalista bielorussa si aggiudica il prestigioso premio nel 2015 con la seguente motivazione: «per la sua scrittura polifonica e per un lavoro che è un memoriale della sofferenza e del coraggio della nostra epoca».

24 Nonostante sulla identità del drammaturgo inglese siano tutt'ora in corso ricerche e discussioni, William Shakespeare, comunemente considerato il più importante scrittore in lingua inglese e il più eminente drammaturgo della storia, è nato (e morto) a Stratford-upon-Avon, cittadina situata nel cuore delle Midlands Occidentali, nel Regno Unito. La risposta esatta è la D.

25 La risposta esatta è la C. Il Premio Campiello è stato istituito nel 1962 da un'iniziativa degli Industriali del Veneto, sotto la spinta e la volontà della famiglia Valeri Manera. La cerimonia di premiazione viene effettuata ogni anno a Venezia. Sono ammesse al premio opere di narrativa italiana (romanzi e racconti) mentre sono escluse le opere di saggistica.

26 *Assassinio nella cattedrale* (*Murder in the Cathedral*) è il titolo di un dramma teatrale di Thomas Sterns Eliot. L'opera è ispirata a un fatto realmente accaduto: l'assassinio dell'Arcivescovo Thomas Becket avvenuto nel 1170 nella Cattedrale di Canterbury. La risposta esatta è la A.

27 Pur avendo composto un romanzo di carattere storico (cioè ambientato in un preciso momento storico, e con i principali avvenimenti storici a far da cornice), cioè *Metello*, Pratolini non ha scritto di storiografia, intendendosi con questo termine un'analisi critica e metodologica di un'epoca, di un evento o di un personaggio storico. La risposta esatta è dunque la D.

28 La risposta D deve essere esclusa, in quanto lo scrittore citato non rientra nel periodo storico indicato dal testo della domanda (l'Illuminismo), ma visse a cavallo tra Sedicesimo e Diciassettesimo secolo.

Pur essendo certo che i suoi amici Pietro e Alessandro Verri, e gli altri membri dell'Accademia dei Pugni, influenzarono e orientarono il pensiero di Cesare Beccaria, l'opera viene comunque ascritta a lui solo: la risposta esatta è la A.

29 La risposta corretta è la B. *Aut-Aut* è un'opera del filosofo danese Søren Kierkegaard, pubblicata in due volumi nel 1843, che contiene due serie di studi: una di carattere estetico, l'altra etico, dal cui reciproco illuminarsi emerge il senso dell'opera.

30 Si può scartare senza esitazione Cesare Pavese (risposta A, noto per il suo radicale antifascismo). Benedetto Croce (risposta B) è stato un filosofo, storico, politico e scrittore, ideologo del liberalismo novecentesco italiano. Elio Vittorini (risposta D) aderì da giovanissimo al fascismo, ma presto se ne allontanò. Giovanni Gentile (risposta corretta C) nel 1923 si iscrive al Partito nazionale fascista (PNF) con l'intento di fornire un programma ideologico e culturale al partito; nello stesso anno diede il via alla cosiddetta *riforma Gentile*. Due anni più tardi pubblicò il *Manifesto degli intellettuali fascisti*, in cui riconosce nel fascismo il motore della rigenerazione morale e religiosa degli italiani.

31 Giuseppe Ungaretti nasce ad Alessandria d'Egitto il 10 Febbraio 1888 e muore a Milano il 1 giugno del 1970. Risposta corretta **B**.

32 La risposta **B** deve essere scartata, in quanto questo atteggiamento è tipico di una diversa corrente poetica (il Futurismo). La risposta **D** indica un sentimento che non è assente nell'Ermetismo, ma non ne è fondamentale (lo è invece per il Cantar Cortese e lo Stil Novo). Anche la **C** può essere scartata. L'unica possibilità che rimane è dunque la **A**.

33 La rivista dei fratelli Verri si intitolava Il Caffè; la commedia di papa Wojtyla si intitola *La bottega dell'orefice*: le alternative **A** e **D** sono quindi errate. La risposta corretta è la **C**.

34 Alexandros (o Alekos) Panagulis è stato un poeta, un rivoluzionario e un eroe nazionale greco. Conosce la scrittrice e giornalista Oriana Fallaci che diventerà la sua compagna di vita. Dopo il carcere e la sua liberazione si esilia a Firenze, nella casa di campagna della Fallaci, per dare una nuova forza e forma alla resistenza greca. *Un uomo* è il libro scritto dalla Fallaci, pubblicato nel 1979, in cui la scrittrice narra la vicenda umana e politica di Alekos Panagulis. La risposta corretta è dunque la **C**.

35 *Razza padrona - Storia della borghesia di stato* è un saggio di attualità scritto da Eugenio Scalfari e Giuseppe Turani, pubblicato da Feltrinelli nel 1974. All'epoca Scalfari e Turani erano l'amministratore delegato e il redattore del settimanale L'Espresso. Risposta corretta **B**. Gli autori decidono di dedicare il libro a Eugenio Cefis, presidente della Montedison e protagonista di molte delle vicende narrate.

36 L'errore è contemplato nell'alternativa **A**: *Il Gattopardo* è infatti un romanzo di Giuseppe Tomasi di Lampedusa, pubblicato postumo nel 1958.

37 Il romanzo di Umberto Eco e il pregevole film che ne è stato tratto hanno avuto un successo strepitoso. Eppure, molti lettori (o spettatori), più attenti all'intreccio della vicenda che all'ambientazione storica e culturale, saranno probabilmente in difficoltà a indicare l'esatto secolo in cui è ambientata la vicenda. Uno dei meriti maggiori dell'opera è invece l'aver saputo ricreare il clima sociale e culturale dell'età di Dante (il Trecento), all'interno della quale Eco ambienta un'avvincente vicenda poliziesca, mettendo così l'erudizione al servizio dell'arte e anche del divertimento. La risposta corretta è la **D**.

38 L'unico dubbio può sussistere nella scelta tra Galileo e Redi, i quali furono entrambi scienziati, mentre non lo furono (almeno in senso moderno) gli altri: Pallavicino fu uno storico, Foscolo un poeta. Sia Galilei sia Redi, dal punto di vista letterario, possedettero o meglio elaborarono uno stile adatto alla necessità di esporre in forma chiara i concetti scientifici frutto delle loro ricerche, adottando una prosa del tutto priva della retorica barocca del Seicento. Galilei nacque 64 anni prima del Redi e quindi, almeno per ragioni cronologiche, il merito di aver creato una lingua scientifica e divulgativa spetta a lui. La risposta corretta è dunque la **B**.

39 Non è particolarmente difficile trovare la risposta esatta. Basta conoscere con sicurezza almeno un accoppiamento corretto per poter ridurre drasticamente le alternative. Conoscendone due, la soluzione è quasi univoca perché in ciascuna risposta non sono mai presenti più di due accoppiamenti corretti. La risposta esatta è la **A**.

GRAMMATICA

40 La risposta esatta è la A. *Piano* è un aggettivo, ma può essere utilizzato come avverbio (per esempio nella frase: camminare piano). La stessa cosa non può dirsi di *acceso*, participio passato del verbo *accendere*, che è spesso usato con funzione di aggettivo qualificativo, ma non come avverbio. *Mente* è un sostantivo, *Con* è una preposizione.

41 Fatti salvi gli aggettivi qualificativi, molti aggettivi indicativi possono svolgere anche la funzione di pronome. Esistono, al contrario, pronomi che non hanno la corrispettiva forma aggettivale. È il caso di *io* (pronome personale soggetto), *costui* (pronome dimostrativo) e *ti* (pronome personale complemento, che può valere come complemento oggetto – *ti vedo* – o di termine – *ti parlo*). La risposta esatta non può dunque che essere la B. *Medesimo* è infatti un aggettivo e pronome dimostrativo, che indica identità più o meno completa tra due elementi: *Non è più il medesimo uomo.* Ha significato analogo all'aggettivo e pronome *stesso*, il cui uso è più frequente.

42 Il superlativo relativo è tale in quanto attribuisce il massimo grado di una qualità ma in relazione a un gruppo definito e non in senso assoluto. Tra le frasi proposte nell'esercizio, solo la A risponde a questo requisito ed è dunque la risposta esatta. La B istituisce un paragone solo tra due termini (Antonella e Alessandra) e quindi non contiene un superlativo relativo, ma un comparativo di maggioranza. Le alternative C e D propongono due superlativi assoluti (formati rispettivamente con l'uso dell'avverbio e del suffisso).

43 La risposta esatta è la C. Tutte le altre frasi possono essere volte nella forma passiva perché il rispettivo predicato verbale è costituito da un verbo transitivo. Ciò appare con maggiore chiarezza una volta che si esprima il soggetto laddove sia sottinteso: *La verità è sempre detta da lui*, *Il bambino è allattato dalla madre*, *Chi è stato incontrato da te ieri?*, La C invece non ha alcuna possibilità di essere volta al passivo, perché il suo verbo è intransitivo. Non si commetta il grave errore di trasformare la frase nel modo seguente: *In tutte le gare è risultato il migliore.* In questo caso, infatti, il verbo *essere* diventa solo parte di un tempo composto – il passato prossimo – e non forma il passivo del presente indicativo: la frase resta attiva.

44 La risposta corretta è la C. L'ipotesi si riferisce al passato, cioè a una condizione che non può essere modificata: l'azione di non studiare non è realizzabile, dunque è irreale. Nel periodo ipotetico dell'irrealtà (o del terzo tipo), il fatto espresso dalla subordinata condizionale o è considerato come impossibile, irreale, o si sa che non si è verificato. Il verbo dell'apodosi (cioè della proposizione reggente) è al condizionale e quello della protasi (cioè la subordinata condizionale) al congiuntivo imperfetto o trapassato.

45 *Dittatore* è termine riferito a *Cesare* (che nella frase svolge funzione di complemento oggetto): si possono pertanto subito escludere le alternative A, B e C. Ricordando che *eleggere* è un verbo copulativo che completa il proprio significato al passivo con un predicato del soggetto e all'attivo con un predicativo dell'oggetto, si arriva a individuare la risposta esatta D.

46 Ragioniamo partendo dalle possibili risposte fornite. Se *è* avesse qui funzione di ausiliare, dovrebbe essere affiancato al participio di un altro verbo (esempio: *è amato*) che invece qui non c'è (risposta A sbagliata); lo stesso accadrebbe se è avesse funzione di ausiliare di un riflessivo (esempio: *si è levato*), perciò anche la B è errata; se *è* fosse predicato verbale, dovrebbe significare "esserci", "stare" ecc., ma nel nostro caso questo non è il senso della frase, che non significa «la mamma esiste» (risposta C). La risposta corretta è la D: infatti *è* ha funzione di copula nel predicato nominale, di cui *una sola* è la parte nominale.

47 Il verbo *andare* è intransitivo, cioè non può reggere un complemento oggetto. Di conseguenza, non può nemmeno essere volto alla forma passiva. La risposta esatta è quindi la **D**. Si faccia attenzione all'alternativa **B**: l'ausiliare *essere*, qui, non ha la funzione di costituire una forma passiva bensì un tempo composto (passato prossimo). I verbi intransitivi, infatti, costruiscono i tempi composti con l'ausiliare essere, mentre i verbi transitivi usano l'ausiliare *avere* per i tempi composti ed *essere* per il passivo. Questo diverso uso dell'ausiliare *essere* può generare confusione, ma è sempre possibile eliminare ogni dubbio considerando il significato della frase.

---

48 Provando a inserire nel primo spazio i primi termini proposti da ogni alternativa, si scartano facilmente le risposte **B** e **D**, in cui i tempi verbali non sono accostabili. Per restringere ulteriormente la scelta e arrivare quindi alla soluzione, occorre verificare la correttezza del secondo termine di ciascuna alternativa rimasta. Si scopre allora facilmente che la risposta esatta è la **C**. Infatti, poiché la frase inizia con *prima che*, occorre che il suo secondo verbo esprima un'anteriorità rispetto a quello già inserito; fatto che si verifica, appunto, solo con l'alternativa **C**.

---

49 La risposta corretta è la **B**: *lavo i pavimenti ora* è la proposizione principale, *per non farlo domani* è una subordinata di primo grado, *quando ci sarà la festa* è una subordinata di secondo grado. Nella frase **A**, invece, *lavavo i pavimenti* è la proposizione principale che regge due subordinate di primo grado (*mentre ascoltavo la radio*, temporale; *per non doverlo fare il giorno dopo*, finale). Nell'alternativa **C**, *mi chiedo* è la proposizione principale, che regge una interrogativa indiretta disgiuntiva (*se sia meglio lavare i pavimenti o ascoltare la radio*). Infine, nella frase **D**, *vorrei ascoltare la radio* è la principale, *mentre lavo i pavimenti* è subordinata di primo grado, *ma non ci riesco* è coordinata alla reggente di tipo avversativo.

FILOSOFIA

50 La risposta esatta è la D. *Scienza Nuova* è un'opera di Giambattista Vico pubblicata per la prima volta nel 1725.

51 *Panta réi*, "tutto scorre", è la frase con cui in genere si indica il pensiero di Eraclito, filosofo del divenire (risposta esatta D). Egli considera il mondo come un flusso perpetuo, in cui ogni cosa si trasforma seguendo lo scorrere del tempo: così come l'acqua del fiume non è mai la stessa, anche la realtà è in continua mutazione. Il divenire è la forma unica dell'essere.

52 La risposta corretta è la B. Croce ebbe ottimi rapporti con i pragmatisti italiani, ma gli esiti del suo pensiero differivano sostanzialmente da quelli del pragmatismo (risposta A). Le risposte C e D sono da scartare in quanto sia Gentile che Croce intesero con la loro filosofia avversare il positivismo e le varie forme di irrazionalismo.

53 Il quesito è abbastanza complesso; è possibile però, facendo ricorso a poche conoscenze e leggendo attentamente gli elenchi delle cinque risposte, individuare quella esatta. Infatti, nella risposta D è proposto un ordine con Zenone e Anassagora, filosofi presocratici, successivi a Socrate. Nella C Schelling dovrebbe precedere Nietzsche. Nella A Kant dovrebbe seguire Hume. La risposta esatta è quindi la B.

54 La vita è come un pendolo che oscilla fra il dolore e la noia, dunque è per sua essenza sofferenza. Il volere è infatti l'essenza metafisica di ogni cosa, ma il desiderio nasce dalla mancanza, da qualcosa che si vorrebbe e non si ha e quindi genera una tensione dolorosa. Gioia e piacere sono solo cessazione del dolore, non esistono dunque svincolati da esso e sono di breve durata. Il desiderio inappagato e quindi la sofferenza che esso procura ha una valenza *cosmica*, riguarda ogni creatura: tutto soffre. Il male è dunque intrinseco al principio stesso da cui il mondo dipende. La risposta esatta è pertanto la C.

55 Socrate paragona il proprio metodo a quello della levatrice: come quest'ultima fa partorire i corpi, così Socrate possiede l'arte di far partorire le anime: attraverso il dialogo, il suo interlocutore acquisisce consapevolezza di sé e trova, in sé stesso, la verità. Questa è l'arte della *maieutica*. Filosofia e verità vengono a coincidere con la ricerca: esse non costituiscono un sapere particolare che può essere somministrato dall'esterno, ma scaturiscono dalla coscienza. La risposta esatta è pertanto la C.

56 Croce è stato, con Gentile, il maggiore rappresentante del neoidealismo italiano; San Tommaso fu uno scolastico, Leibniz, nonostante la dottrina delle monadi, non si può definire atomista, mentre Cartesio è un razionalista: la risposta giusta è dunque la C.

57 Hume considerava la mente come una *tabula rasa* e la conoscenza come il frutto dell'esperienza: egli non era dunque né un idealista (risposta D) né un pragmatista (risposta C) ma un empirista (risposta esatta B).

58 La difficoltà del quesito consiste nel fatto che tutte le alternative fanno riferimento a pensatori che, oltre che di filosofia, si sono occupati anche di economia; poiché il *Capitale* è un'opera nella quale viene criticata l'organizzazione capitalistica dei rapporti di produzione, le risposte A e B, che citano autori inglesi seguaci del liberismo e dell'utilitarismo, sono sicuramente errate. Gramsci per alcuni aspetti è vicino alle teorie contenute nel *Capitale*, il cui autore è però Karl Marx: la risposta corretta è quindi la C.

59 La risposta esatta è la **D**, infatti gli autori elencati appartengono tutti alla corrente del positivismo. La risposta **B** è da scartare perché, per quanto tutti e quattro gli autori si siano occupati di studi naturali, certo non si possono comprendere tra i naturalisti. La risposta **C**, così come è espressa, è troppo generica, per quanto il pensiero di Kant abbia largamente influenzato la riflessione posteriore.

60 San Tommaso fece sue e reinterpretò in armonia con i fondamenti della religione cristiana alcune delle principali dottrine metafisiche di Aristotele; Comte e Spencer sono positivisti; Freud e Jung sono psicoanalisti. Nella risposta **D** invece, vengono riportati due autori appartenenti a correnti diverse: Hegel è un idealista ma non così Sartre, principale rappresentante dell'esistenzialismo francese.

STORIA DELL'ARTE

61 Pensando al futurismo, si potrebbe essere tentati di scegliere Marinetti. Il testo della domanda parla però di futurismo pittorico, per cui occorre indirizzarsi su Boccioni, che di esso elaborò il manifesto. La risposta corretta è pertanto la C.

62 Questo quadro è stato riprodotto sulle banconote francesi e commemora l'insurrezione antiborbonica del 28 luglio 1830. È un quadro fortemente realistico, al cui centro si colloca la figura allegorica della Libertà, protesa in avanti e rappresentata con gli abiti di una popolana; il popolo la segue eroico e baldanzoso, mentre in primo piano vengono ritratti in modo crudo i corpi dei morti durante la battaglia. La risposta esatta è la B.

63 La risposta esatta è la B. Istanbul è il nome odierno di Costantinopoli. Questa basilica venne costruita sulle rovine di due chiese precedenti andate distrutte per volontà dell'imperatore bizantino Giustiniano (VI secolo), che voleva manifestare tangibilmente il ruolo di nuova Gerusalemme e nuova Roma assunto dalla sua capitale.

64 Maurizio Cattelan non è un fotografo ma uno scultore e artista italiano, noto per opere provocatorie attraverso le quali spesso rappresenta sé stesso. La risposta esatta è la C. Settimio Benedusi (A) è un celebre fotografo di moda; tra i primi a intuire l'importanza della comunicazione in ambito fotografico, ha un blog molto seguito. Maurizio Galimberti (risposta B) è un fotografo noto a livello internazionale per i suoi ritratti a mosaico di celebrità con pellicole Polaroid. Richard Avedon (risposta D) è un fotografo statunitense che lavorò in vari campi (quello della moda principalmente) e fu celebre per i suoi magnifici ritratti in bianco e nero.

65 La risposta esatta è la A: infatti *La Maya desnuda* è un celebre quadro di Goya.

66 Adattato nel Medioevo a residenza papale Castel Sant'Angelo fu costruito come mausoleo che doveva ospitare il corpo dell'imperatore Adriano; ed era noto infatti con il nome di Mole Adriana. La risposta esatta è la A.

67 Il Duomo di Milano, dedicato a Santa Maria Nascente, è per superficie una delle chiese più grandi d'Europa, la più importante dell'Arcidiocesi di Milano e sede della Parrocchia di Santa Tecla. Nel luogo dove sorge oggi, un tempo si trovavano l'antica cattedrale di Santa Maria Maggiore, cattedrale invernale, e la basilica di Santa Tecla, cattedrale estiva. Santa Maria Maggiore venne demolita per prima. Nel gennaio 1387 si gettarono le fondamenta dei piloni della nuova chiesa, che erano state già progettate su disegno l'anno prima. Risposta corretta A.

68 La risposta esatta è la A. Un gruppo di pittori, stanco dei rifiuti al Salon, nel 1874 organizza una mostra collettiva per presentare le proprie opere al pubblico; vengono accolti nello studio del fotografo Nadar, dove venne organizzata la mostra dalla *Société anonyme des artistes peintres, sculpteurs et graveurs*, fondata da Monet, Renoir, Degas, Sisley, Pissarro e Morisot: fu questa la prima mostra degli Impressionisti, che vennero così definiti, con intento sarcastico, dal critico conservatore Louis Leroy. La vita del gruppo durò per un decennio abbondante, fino al 1886, quando si sciolse definitivamente dopo l'ultima esposizione collettiva. In questo arco di tempo videro la luce i capolavori che possono essere propriamente definiti impressionisti: Monet realizzò *I papaveri* (1873), *Il ponte della ferrovia ad Argenteuil* (1874) e la *Donna con parasole* (1886); Renoir *Il palco* (1874), *Il Moulin de la Galette* (1876) e *La colazione dei canottieri* (1880-82); Degas *La lezione di danza* (1873-75), *L'assenzio* (1875-76) e *Le stiratrici* (1884); Sisley l'*Inondazione a Port-Marly* (1876).

69 La risposta esatta è la C: la Tate Gallery si trova nel cuore della capitale inglese, Londra. Si possono facilmente scartare le alternative B e D perché a queste città non è associato il nome di un museo tanto famoso. Mentre New York (risposta A) ospita due dei più importanti musei d'arte al mondo, il MoMA e il Metropolitan Museum.

GEOGRAFIA

70 Le regioni italiane sono 20: Piemonte, Valle d'Aosta, Lombardia, Trentino Alto-Adige, Veneto, Friuli Venezia Giulia, Liguria, Emilia Romagna, Toscana, Umbria, Marche, Lazio, Abruzzo, Molise, Campania, Puglia, Basilicata, Calabria, Sicilia, Sardegna. La risposta esatta è la A.

71 Caracas è capitale della repubblica federale e democratica del Venezuela. La risposta esatta è la D. Si trova nella zona centro-settentrionale del Paese, a pochi chilometri dal Mar Caraibico. La città è attraversata da ovest a est dal fiume Rio Guaire e ha una popolazione di circa sei milioni di abitanti.

72 Il raggio terrestre misura in media 6.350 km. La risposta esatta è quindi la D. È facile scartare la A, la quale indicherebbe un diametro della Terra di poco superiore alla lunghezza dell'Italia, e la B, in quanto il raggio, essendo una lunghezza e non una superficie, non può essere misurato in metri quadrati.

73 La risposta esatta è la C. La Corrente del Golfo è una potente corrente oceanica calda. Nasce nel golfo del Messico ed è di vitale importanza per la mitigazione del clima dei paesi europei che si affacciano sull'oceano Atlantico: Portogallo, Spagna, Francia, Islanda, Irlanda, Gran Bretagna; la sua influenza si estende fino alla Scandinavia e oltre. Si escludono pertanto le risposte A e B (perché la corrente non è fredda), ma anche la D, poiché la corrente non tocca i paesi citati nell'alternativa.

74 La Sicilia con una estensione di 25.708 km^2 è l'isola più grande del Mar Mediterraneo. Cipro è la terza con estensione 9.300 km^2, la seconda isola è la Sardegna con 24.090 km^2. La risposta esatta è quindi la C.

75 La risposta esatta è la D. Le Azzorre sono un arcipelago di origine vulcanica situato nell'Oceano Atlantico a circa 1400 km dalle coste portoghesi; esso è formato da nove isole principali che sono São Miguel, Pico, Terceira, São Jorge, Faial, Flores, Santa Maria, Graciosa e Corvo e da numerosi isolotti. Le isole costituiscono una regione autonoma del Portogallo. L'arcipelago venne scoperto nel XV secolo dai navigatori portoghesi in rotta verso il nuovo mondo e divenne ben presto uno dei punti di approdo preferiti tra l'Europa e l'America. L'origine vulcanica delle isole è il motivo principale del loro affascinante aspetto selvaggio: antichi crateri occupati da laghi cristallini, scogliere nere a picco sull'Atlantico, aspre montagne, sorgenti di acque sulfuree e fumarole sono gli elementi che formano uno splendido scenario naturalistico. L'architettura è tipicamente portoghese e le città principali conservano edifici del XVIII e XIX secolo.

76 La Val d'Aveto è situata nelle province di Genova (Liguria) e Piacenza (Emilia Romagna) ed è attraversata dal torrente omonimo. La risposta esatta è quindi la B.

77 L'Half Dome è una roccia granitica che si innalza sopra il Parco Nazionale Yosemite (risposta corretta B), un'area naturale che si trova nella contea di Mariposa. Fino al 1870 era considerata impossibile da scalare, ma oggi sono molti gli alpinisti che ne raggiungono la vetta. La sua incredibile parete verticale fu resa celebre dalle foto del fotografo naturalista Ansel Adams che continuò a fotografarla per oltre 50 anni.

78 Leggendaria regione della Sardegna più selvaggia, la Barbagia deve il suo nome ai Romani, che la chiamarono Barbaria perché considerata inconquistabile per via della particolarità del suo territorio montuoso. Oggi la regione appartiene quasi interamente alla provincia di Nuoro. La risposta esatta è quindi la D.

STORIA DELLE SCIENZE

79 L'alternativa corretta è la **D**. La teoria di Malthus della "lotta per l'esistenza", relativa cioèal rapporto tra l'ambiente e l'aumento esponenziale della popolazione, ebbe un'influenza fondamentale sia su Charles Darwin che su Alfred Russel Wallace per la formulazione della loro teoria evoluzionista.

80 Carlo Rubbia, nato a Gorizia il 31 marzo 1934 è un fisico, e non un matematico, italiano, vincitore del premio Nobel per la fisica nel 1984. Risposta corretta **C**.

81 Rita Levi Montalcini fu una neurobiologa insignita del premio Nobel per la fisiologia e la medicina nel 1986. Nata a Torino nel 1909, muore a Roma nel 2012; la risposta corretta è pertanto la **B**. Le sue ricerche si svolsero tra Italia e Stati Uniti e la sua scoperta più importante fu la proteina del fattore di crescita del sistema nervoso (Ngf), che ha aperto la strada agli studi successivi su malattie degenerative come Alzheimer e sclerosi laterale amiotrofica. Sono moltissimi i riconoscimenti ricevuti nel corso della sua lunga carriera, tra i quali quello di senatrice a vita (dal 2001) della Repubblica italiana.

82 Kierkegaard è un filosofo del diciannovesimo secolo, tra i principali rappresentanti della reazione a Hegel, che si è poco interessato di epistemologia; è quindi da escludere la risposta **A**. Sono da escludere anche le alternative **B** e **D** per quanto Kuhn sia tra i più importanti teorici della conoscenza scientifica ed Euclide un grande scienziato dell'antichità. L'opera è stata scritta da Popper, famoso filosofo ed epistemologo austriaco: l'alternativa esatta è dunque la **C**.

83 La bioinformatica è una disciplina che si propone di risolvere problemi di natura biologica attraverso metodi informatici. Principalmente si pone l'obiettivo di fornire modelli statistici per l'interpretazione dei dati provenienti da esperimenti di biologia (molecolare) al fine di identificare tendenze e leggi numeriche. Risposta esatta **C**.

84 La tecnica della reazione a catena della polimerasi (Polymerase Chain Reaction o PCR) è diventata fondamentale in moltissimi campi, da quello medico a quello investigativo. La sua scoperta risale al 1983 e si deve al premio Nobel statunitense Kary Banks Mullis (risposta **B**).

85 *Down House* fu la residenza di Charles Darwin e della sua famiglia al ritorno in Inghilterra del naturalista dopo il viaggio sul brigantino Beagle. Sorge in una zona periferica a sud di Londra, nella contea del Kent. Risposta corretta **B**.

86 Edoardo Amaldi, Franco Rasetti, Emilio Segrè, e più tardi Bruno Pontecorvo, furono solo alcuni dei giovani fisici che collaborano con Ettore Majorana ed Enrico Fermi alla ricerca sui neutroni lenti. Il gruppo divenne noto con il nome di *Ragazzi di via Panisperna*, sede dell'istituto di fisica dell'Università di Roma. La risposta corretta pertanto è la **C**.

87 Piero Angela, torinese, è un noto giornalista, divulgatore scientifico e scrittore italiano. Conduce la trasmissione *Quark* a partire dal 1981 alla sua conclusione nel 1995. *Quark* è la trasmissione scientifica più lunga e di maggior successo della tv italiana. Nel 1995 nasce *SuperQuark* che dal 1998 trasmette anche documentari americani del National Geographic. Alternativa corretta **D**.

88 Il nome di Galileo Galilei, considerato il padre della scienza moderna, è legato a tanti aspetti del sapere: fisica, filosofia, matematica, astronomia. In ognuno di questi campi ha dato vita a importanti scoperte o intuizioni. Introdusse formalmente il metodo scientifico (detto ancora oggi metodo galileiano o metodo scientifico sperimentale). Risposta corretta **D**. Di importanza fondamentale per l'umanità e la comunità scientifica dell'epoca fu il suo sostegno al sistema eliocentrico e alle teorie copernicane. Sospettato di eresia e accusato di voler sovvertire la filosofia naturale di Aristotele e le Sacre Scritture, Galileo fu condannato dal Sant'Uffizio e costretto all'abiura delle sue concezioni astronomiche.

CONOSCENZE SOCIOECONOMICHE

89 DEF (Documento di economia e finanza) è l'attuale denominazione del Documento di programmazione economica e finanziaria (o DPEF), che contiene tutte le politiche economiche e finanziarie decise e stabilite dal soggetto emanatore. La risposta esatta è quindi la **C**.

90 Viene detta zona euro (o altrettanto comunemente eurozona) l'insieme degli Stati membri dell'Unione Europea che adottano l'euro come valuta ufficiale. Attualmente (gennaio 2016) la zona euro è composta da diciannove stati. Risposta corretta **D**.

91 La risposta corretta è la **C**: la bilancia dei pagamenti registra gli scambi intercorsi fra un Paese e il resto del mondo in un dato periodo di tempo. Le partite correnti e i movimenti di capitale costituiscono i due conti principali della bilancia.

92 Il grado di terziarizzazione indica il peso del settore dei servizi nell'ambito di un sistema economico. Esso può dunque essere correttamente misurato mettendo a rapporto il numero di occupati in tale settore sul totale degli occupati. Si ricorda che l'agricoltura e l'industria costituiscono rispettivamente il settore primario e il settore secondario. La risposta corretta è la **C**.

93 A partire dal 1990 è stata istituita in Italia l'Autorità Garante della Concorrenza e del Mercato; essa è un'Autorità indipendente, la quale prende le proprie decisioni autonomamente, senza alcuna possibilità di ingerenza del Governo, del Parlamento o della Corte Costituzionale. Si presenta come un organo collegiale composto da un Presidente e da quattro Componenti nominati dai Presidenti dei due rami del Parlamento. I suoi compiti si possono classificare in quattro categorie: a) la funzione di vigilanza in base alla legge n. 287 del 1990 sulle intese restrittive della concorrenza, sugli abusi di posizione dominante e sulle operazioni di concentrazione che comportano la costituzione o il rafforzamento di posizione dominante; b) l'applicazione delle norme contenute nel decreto legislativo n. 74 del 1992 in materia di pubblicità ingannevole; c) l'attività di segnalazione al Parlamento e al Governo; d) l'attività consultiva. La risposta esatta è quindi la **D**.

94 L'OPEC (Organization of the Petroleum Exporting Countries) è la principale organizzazione dei Paesi produttori di petrolio. Costituitasi nel 1960 per difendere le economie dei Paesi membri, comprende: Venezuela, Qatar, Ecuador, Arabia Saudita, Iraq, Iran, Kuwait, Algeria, Angola, Libia, Nigeria ed Emirati Arabi Uniti. Non ne fanno parte, invece, i due principali produttori di petrolio al mondo dopo l'Arabia Saudita che sono gli Stati Uniti e la Russia. La risposta corretta è la **D**.

95 La risposta esatta è la **D**. Il NAFTA è infatti un accordo, entrato in vigore nel 1994, fra USA, Messico e Canada per eliminare le dogane e le altre barriere commerciali interne. Trattandosi di un'area di libero scambio, a ciascuno dei tre Paesi è consentito di mantenere le proprie tariffe doganali verso i Paesi terzi. A differenza di una comunità integrata come la UE, ogni Paese che fa parte di un'area di libero scambio è infatti libero di adottare nei riguardi dei Paesi non associati proprie misure.

96 La risposta esatta è la **D**. Infatti, il Fondo monetario internazionale è un'istituzione con sede a Washington, creata a Bretton Woods nel 1944, alla quale aderiscono oltre 100 Paesi, avente lo scopo di facilitare i regolamenti finanziari internazionali mediante la stabilizzazione dei tassi di cambio, la riduzione dei controlli sui cambi e la concessione di prestiti a Paesi in difficoltà per riequilibrare le bilance dei pagamenti.

97 La risposta esatta è la **D**. Infatti quando una società realizza un utile in un certo anno, si dice che è il bilancio è in attivo. Viceversa, quando la società realizza una perdita si dice che è in passivo. La differenza tra attività e passività viene chiamata netto.

98 La risposta esatta è la D. Infatti, con il termine *economia sommersa* si intende il complesso di attività produttive che sfugge alla rilevazione statistica. Rientra in questa categoria anche il cosiddetto lavoro nero, ossia il lavoro retribuito senza regolare contratto prestato da pensionati, casalinghe e studenti e i secondi (o doppi) lavori non dichiarati, ma non solo.

99 Fondata nel 1910, Confindustria è la principale organizzazione rappresentativa delle imprese manufatturiere e di servizi in Italia. Raggruppa, su base volontaria, 150.000 imprese di tutte le dimensioni per un totale di cinque milioni e mezzo circa di addetti. La risposta esatta è la C.

100 La risposta esatta è la C. Infatti, una S.r.l. è una società di capitali dove le partecipazioni dei soci sono rappresentate da quote e non da azioni; i soci sono responsabili soltanto limitatamente alla quota di capitale sociale detenuta. Le altre principali forme di società di capitali previste dal diritto italiano sono la società per azioni (S.p.A.) e la società in accomandita per azioni (S.a.p.A.).

101 La risposta esatta è la D. Infatti un aumento del prezzo del petrolio da un lato genera un incremento del costo delle importazioni di petrolio (peggioramento della bilancia commerciale); dall'altro aumenta i costi delle materie prime per le imprese, le quali a loro volta scaricano tale aumento facendo lievitare i prezzi dei loro prodotti. Non si verifica, invece, alcun incremento della disoccupazione. Al contrario, un aumento del costo delle importazioni spinge generalmente ad aumentare la produzione domestica, facendo aumentare spesso l'occupazione.

102 La risposta corretta è la B. Secondo Smith, la produttività dei lavoratori è un fattore determinante per la ricchezza delle nazioni ed è legata alla divisione del lavoro che viene promossa dall'espansione dei mercati. A questo proposito è celebre l'esempio sulla produzione degli spilli, in cui Smith misura l'incremento della produttività determinato da una specializzazione degli addetti su una singola fase produttiva, piuttosto che su un singolo prodotto attraverso le varie fasi.

Anche da questi studi si può desumere la ben nota critica di Smith agli aspetti più deteriori della teoria mercantilista. Smith è spesso considerato il teorico del liberismo: il libero agire della legge della domanda e dell'offerta equivale all'agire di una "mano invisibile" che, sebbene sia mossa dal mero egoismo individuale, genera vantaggi per l'intera economia superiori a quelli generati da politiche pubbliche dirigiste e protezioniste.

103 L'alternativa D riporta il testo dell'articolo 40 della Costituzione («il diritto di sciopero si esercita nell'ambito delle leggi che lo regolano») ed è quindi la risposta esatta. La Costituzione ha attribuito al diritto di sciopero un'importanza notevole (e quindi la A e la C sono per motivi opposti da escludere), ma anche un limite (e pertanto è da scartare anche la B): esso deve essere regolato dal legislatore ordinario a cui viene lasciata piena libertà.

104 La risposta esatta è la B: PIL significa infatti Prodotto interno lordo. È il valore di tutti i beni e servizi finali prodotti in un Paese (da soggetti residenti e non) in un dato periodo di tempo calcolato ai prezzi del periodo di produzione senza sottrarre gli ammortamenti. È una misura della ricchezza prodotta in un anno da un Paese. Il tasso di variazione percentuale annuo del PIL viene utilizzato anche per misurare la crescita economica di un Paese.

105 Per tasso di cambio si intende in economia il valore di 1 unità di una valuta in termini di un'altra valuta, ovvero il tasso al quale è possibile effettuare il cambio di un determinato ammontare di una valuta nell'ammontare equivalente di un'altra valuta. La risposta esatta è quindi la B.

CONOSCENZE INFORMATICHE

106 I programmi *Word*, *Excel* e *PowerPoint* costituiscono il "pacchetto" di applicazioni *Office* sviluppato da Microsoft: *Word* è un'applicazione dedicata all'elaborazione di testi, *Excel* è un gestore di fogli elettronici e *PowerPoint* un software per la preparazione di presentazioni. *Oracle* è uno dei più noti database attualmente in commercio mentre *Visual Basic* è uno dei linguaggi di programmazione (sviluppo software) più usati. La risposta esatta è quindi la D.

107 Il tasto indicato nel quesito viene utilizzato per aprire un documento: cliccando su di esso viene visualizzata una finestra di dialogo che consente all'utente di scegliere il file da aprire tra quelli presenti sui dischi del computer. La risposta corretta è quindi la B.

108 L'operazione di back-up prevede la creazione di copie di sicurezza o copia di riserva di materiale informatico, atta a prevenire la perdita totale dei dati archiviati nella memoria di massa dei computer, siano workstation o server. L'attività di backup è un aspetto chiave della corretta gestione di un personal computer: in caso di guasti o furti ci si assicura che esista una copia dei propri dati. La risposta corretta è quindi la C.

109 OCR è l'acronimo di Optical Character Recognition (riconoscimento ottico dei caratteri) e indica il software utilizzato, unitamente agli scanner, per tradurre in formato testo immagini contenenti caratteri. Per mezzo di uno scanner e di un programma OCR è infatti possibile "leggere" un documento cartaceo e convertirlo in forma digitale, in modo che sia manipolabile tramite computer. La risposta corretta è pertanto la D.

110 La risposta corretta è la C. Perché sia possibile che due computer comunichino tra di loro e scambino dati, essi devono essere in qualche modo identificati univocamente: ci deve essere dunque un indirizzo associato a ciascun computer, che lo renda unico, individuabile e raggiungibile da parte di un altro computer. Questo indirizzo associato a ogni computer prende il nome di indirizzo IP: si tratta di un codice costituito da quattro serie numeriche, ciascuna delle quali è compresa tra 0 e 255, che consente di identificare univocamente un computer (o altro dispositivo di rete come un router o una stampante condivisa) connesso a una rete. Un esempio di indirizzo IP può essere il seguente: 192.168.1.132.

111 Un social network è un servizio web che permette ai propri utenti, attraverso la creazione di un profilo personale e di una lista di amici/contatti, di condividere contenuti di varia natura (dalle passioni personali alle esperienze professionali). Tra i social network più conosciuti vi sono Facebook, LinkedIn, Google+ e Twitter (risposta corretta A). Groupon (risposta B) è un servizio di acquisto collettivo che permette agli iscritti di sottoscrivere offerte di beni e servizi a prezzi estremamente scontati; Amazon (risposta C) è la più famosa libreria online; infine Outlook (risposta D) è un programma per la gestione della posta elettronica di Microsoft.

112 Per *terminale remoto* si intende un terminale collegato a distanza, quindi l'alternativa A è errata. Anche l'alternativa B non è corretta, in quanto il sistema operativo costituisce parte del software di base (l'insieme di programmi necessari al funzionamento del computer) e non del software applicativo (programmi di calcolo, videoscrittura, disegno ecc.). La porta USB presente nell'alternativa C identifica un'interfaccia di input/output e non un dispositivo di visualizzazione. Per esclusione, la risposta corretta è la D: una webcam permette infatti di registrare e visualizzare immagini e filmati nel PC e di trasmetterli a distanza grazie ad appositi software ed è quindi un dispositivo di input.

113 La risposta corretta è la D: un *provider* infatti fornisce (a pagamento) l'accesso a Internet. Un provider è, in sostanza, il gestore di un computer che costituisce uno dei nodi della rete internazionale di computer connessi e internet.

114 La risposta esatta è la **B**, infatti con il termine *query* si indicano tutte le operazioni volte a selezionare uno o più record all'interno di un database. *Macro* e *report* sono due termini usati in *access*, mentre *sort* è un comando utilizzato per l'ordinamento dei database.

115 Ogni volta che un componente che eroga un servizio riceve un numero di richieste (nell'unità di tempo) superiore alla sua capacità di soddisfarle, viene a crearsi una coda. FIFO (*First In First Out*) e LIFO (*Last In First Out*) sono due tecniche di gestione delle code: in base alla tecnica FIFO le prime richieste accodate (*first in*) sono le prime a essere soddisfatte (*first out*); in base alla tecnica LIFO, al contrario, le ultime richieste accodate (*last in*) sono le prime a essere evase (*first out*). Il termine *random* identifica infine una scelta casuale della richiesta da soddisfare. La risposta corretta è dunque la **B**.

parte quarta

CONOSCENZA DELLE LINGUE STRANIERE

Quesiti di inglese

Fill in the blanks with the right word(s).

1 **From my window I have a pleasant view _____ the river.**
- A over
- B in
- C backside
- D in front of

2 **I was wrong thinking they were all waiting for me. I met _____ Jennifer _____ her friends.**
- A either, or
- B both, and
- C neither, neither
- D neither, nor

3 **_____ saw the thief stealing in last night.**
- A No
- B None of
- C No one
- D No of us

4 **I listened to the cats _____ all night long.**
- A miaowing
- B miaow
- C to miaow
- D to be miaowing

5 **If you don't need my help I'll offer it someone _____.**
- A another
- B other
- C else
- D more

6 **It's late and she hasn't turned up _____.**
- A again
- B yet
- C still
- D already

7 **"The door is open!" "How strange! I remember _____ it".**
- A locking
- B lock
- C to have locked
- D locked

LINGUE STRANIERE

8 **Policitians should wonder _____ the war against terrorism should be.**

A how wide
B how often
C how far
D how away

9 **The garden needs _____.**

A to cut
B cutting
C to cutting
D to be cutting

10 **I'm sorry _____ your absence _____ the inauguration of Brenda's exhibition.**

A about, from
B for, from
C about, at
D that, at

Select the part of the sentence that contains a mistake.

11 **My uncle is so rich that he has get two luxurious boats and three nice cosy cottages.**

A so rich that
B has get
C luxurious boats
D nice cosy

12 **"How old is your mother?" "She is 45 year old and will be 46 in two days".**

A How old is
B in two days
C 45 year old
D will be

13 **Don't blame him! I'm sure he will take your advise and won't do it again.**

A Don't blame him
B I'm sure
C take your advise
D won't do

14 **"By this time in two years I will have got my diploma and will be probably working with my father". "Do you really think you will be able to cope the situation?"**

A By this time
B I will have got
C will be probably working
D cope the situation

PARTE QUARTA

Correct the underlined part of sentence with one of the following solutions.

15 Let we not insist on the matter.

- A Don't let us
- B Let us not
- C Let not us
- D Don't we insist

16 My parents always go on holiday on summer, on July.

- A at summer, at July
- B in summer, on July
- C on summer, in July
- D in summer, in July

17 "Would you like some tea?" "No, thanks. I have usually any tea in the afternoon."

- A I have usually no
- B I usually have some
- C I have usually none
- D I usually have no

18 There are very things to do.

- A lots
- B much
- C many of
- D a lot of

19 "Will he come with us?" "No, he won't. He is little tired".

- A some tired
- B a few tired
- C a little tired
- D few tired

Fill in the blanks with the right word(s).

20 Please, phone the campsite and ask if they have a _____ free.

- A park
- B pitch
- C campsite
- D playground

21 You cannot find a better offer. _____!

- A Think it over
- B Get it through
- C Find it out
- D Let it up

LINGUE STRANIERE

22 **"Are you enjoying your reading?" "No. The lights are so low that I can't _____ a single word of this book".**

A make for
B make up
C make over
D make out

23 **I don't like well-done steaks but _____ steaks.**

A rare
B cut
C washed
D roast

24 **A tsunami _____ an earthquake under the sea.**

A is owned to
B is given to
C is due to
D is given by

Select the wrong synonym of the word.

25 **Match**

A Combination
B Couple
C Competition
D People

26 **To state**

A To claim
B To affirm
C To assert
D To establish

Find the right synonym of the word.

27 **Issued**

A Written
B Published
C Revised
D Checked out

28 **Plane**

A Flight
B Aircraft
C Fly
D Cockpit

29 **Almighty**
- A Powerful
- B Sweet
- C Highly possible
- D Weak

30 **To clutch**
- A To grip
- B To gather
- C To jump
- D To despise

Select the right antonym of the word.

31 **To rise**
- A To arise
- B To increase
- C To detect
- D To fall

32 **Zenith**
- A Depths
- B Peak
- C Height
- D Summit

Select the word that is not related to the one given.

33 **Injury**
- A Sprain
- B Scald
- C Blue
- D Distress

34 **Noise**
- A Rustle
- B Crackle
- C Purr
- D Drop

Select the word that completes the proportion.

35 **Saw : tool = waistcoat : x**
- A clothes
- B garment
- C rubbish
- D insect

LINGUE STRANIERE

36 **Open-minded : intolerant = impartial : x**

- **A** prejudiced
- **B** wrong
- **C** unfair
- **D** religious

Select the right meaning of the phrase or sentence underlined.

37 **<u>Every now and then</u> he comes and sees us.**

- **A** Always
- **B** Seldom
- **C** Once in a while
- **D** In two weeks

38 **<u>Not until the XX century has massive deforestation taken place</u>.**

- **A** The phenomenon has taken place before the XX century
- **B** The phenomenon has taken place at the beginning of the XX century
- **C** The phenomenon has taken place the previous century
- **D** The phenomenon has never taken place before the XX century

Select the right meaning of the sentence or its logic implication.

39 **If I bought a house I would have to take out a mortgage.**

- **A** I have asked for a loan
- **B** I won't be obliged by circumstances
- **C** Now I must take out a mortgage
- **D** I couldn't do without a mortgage

Find the meaning of the following sentence.

40 **Have a nice day!**

- **A** Enjoy the day
- **B** Have a beautiful life
- **C** Don't blame yourself
- **D** What a funny day

41 **Why should Hugh join the party without Mary's invitation?**

- **A** Hugh doesn't want to join the party
- **B** Hugh ought to join the party
- **C** Mary did not invite Hugh
- **D** Hugh did not invite Mary

42 **We're not late at all!**

- **A** We should have arrived before
- **B** We need to hurry
- **C** We are absolutely right
- **D** We have arrived on time

Correct the underlined part of the sentence with the right words.

43 **The team streamed into the locker room, donned their uniforms, <u>and, before commencing its first practice, they joined in a brief strategy session</u>.**

A and its first practice was preceded by a brief strategy session
B and a brief strategy session preceded its first practice
C and, before commencing their first practice, they join in a brief strategy session
D and, before commencing their first practice, they joined in a brief strategy session

44 **The greater the army's advance, <u>their lines of supply become longer and more strained.</u>**

A their longer lines of supply become more strained
B its lines of supply, longer, become more strained
C the longer and more strained become its lines of supply
D the longer and strained become its lines of supply

Fill in the blanks with the right word(s).

45 **Many things have happened _____ you went away.**

A since
B for
C as
D over

46 **Deserts are _____ the largest source of oil.**

A long
B by far
C as long
D far much

47 **Happiness _____ mainly _____ the personal outlook on things.**

A depends, on
B focuses, on
C makes, by having
D has, to depend upon

48 **I prefer _____ to the music.**

A reading books to listening
B to read books to listen
C to read books to listen
D reading books rather listening

Find the mistake in one of the underlined parts of the sentence.

49 **<u>His passion</u> for <u>gambling</u> <u>made him</u> <u>run debt</u>.**

A His passion
B gambling
C made him
D run debt

LINGUE STRANIERE

50 **<u>My mother</u> is <u>very good</u> <u>at</u> <u>knit</u>.**

- A My mother
- B very good
- C at
- D knit

Read the passage and answer the following questions.

More than 40 years ago Turkey started its cooperation with the EEC. In October 2005 the country began official talks on becoming a full member. However, in contrast to other countries that have joined the EU over the past years, Turkish membership brings along many problems.

Inside the EU many arguments can be heard against a full Turkish membership:

- Turkey belongs to Asia not to Europe.
- Thousands of Turkish immigrants will spread to Europe.
- Turkey is too big and will have too much power in the EU.
- Turkey is too poor and will cost the EU too much.
- Others say that Turkey will bring good sides to the Union.
- The country will help bring together the western Christian and the Muslim world.
- Turkey may help to make the Middle East more stable and peaceful.
- Turkey is a member of NATO. It could give Europe more military power.
- Europe's population is getting older an older. Young Turkish workers may help Europe's economy.
- The EU can do business with a large market of over 70 million people.

One of the problems that is blocking Turkey's membership is Cyprus. The southern part of the divided island is a member of the EU and has a Greek population. The northern part is under Turkish influence. The EU says that Turkey must recognize Cyprus as an independent country. It also must open up its harbours and airports to Cyprus.

The Kurds are another problem that Turkey has. They make up about 20% of the country's population, but they don't have their own country and the Turkish government is oppressing them. The EU has said that Turkey will not become a member unless it improves human rights.

In the end, it could take 10 to 15 years for Turkey to become a full member of the EU, but there are many who want Turkey to stay out of the European club.

51 **One of the arguments the EU is debating as to Turkish membership is that Turkey:**

- A is highly populated
- B is an Islamic country
- C will cause problems to the EU job market
- D Turkish immigrants will come illegally to Europe

52 **Turkish membership would be positive especially:**

- A from a social point of view as immigrants would spread to Europe
- B from an economic point of view as it has strong commercial relationship with the Muslim world
- C from a political point of view as it would become a new member of NATO
- D from a political point of view as it'll bring more stability in European foreign affairs

53 **Which of the following economic issues is the EU debating?**

- A Turkey is a member of NATO
- B In Turkey there are 70 million Islamic people
- C European industrial production will be boosted thanks to Turkish workers
- D European trade will expand to Turkey

54 **As to Cyprus, what can be inferred from the passage?**

- **A** Turkey is going to recognize its independence
- **B** The EU urges Turkey to recognize its independence
- **C** Turkey had better recognize its independence
- **D** Turkey is presently trading with the island

55 **According to the information given, what is an important achievement for the EU membership?**

- **A** Economic stability
- **B** Social stability
- **C** The respect of minorities
- **D** Cultural exchange with neighbour countries

Read the passage and answer the following questions.

If you consume more than you need and begin putting on extra weight you may be on the road to obesity - combined with all kinds of health problems. There are, however, many factors that can influence this.

Genes determine how your body stores food and how well it turns food into energy. Our bodies are built to store energy in fat cells for times when food is scarce. But not all bodies are the same. Your genes come from your parents, so overweight parents are more likely to have overweight children.

Although you may have good genes you still can become obese. One of the main causes of obesity is the lack of physical exercise. An average child spends less time exercising than children did ten or twenty years ago. Our free time activities have changed. Instead of going outside and doing something physical children sit still for hours in front of computers, TV and video games.

Many of us eat up to four meals a day thanks to excessive snacking. And when we have a snack we don't eat a carrot or an apple. Instead we reach for junk food. But this is not always the children's fault. Schools are full of vending machines that offer high calorie snacks and sugary soft drinks. To make things worse they are bombarded with TV ads and commercials for unhealthy food. An average American eight-year old watches more than four thousand food ads a year. About 35% of these ads are for candy and snacks, another 10% for fast food.

If you develop healthy eating habits you'll be more likely to keep a healthy weight. And it's at home where we form such habits. Children who observe their parents eat a cookie instead of a piece of fruit, take their meals in front of the TV set or eat too quickly are more likely to do the same. This increases their chances of becoming overweight children and, later on, adults.

Apart from the need for larger school desks and airline seats what else is there to worry about?

- Type 2 diabetes was once thought to be a disease that mainly affected adults, but this is no longer true. It can lead to blindness, heart and kidney diseases and damage your nerves.
- Studies have shown that obesity can cause children with asthma to use more medicine and wheeze more.
- Overweight children and adolescents are more likely to have high blood pressure than children with a normal weight.
- Sleeping disorders are among the most common consequences of childhood obesity. Some children may even have pauses in their breathing during sleep. If not treated it may lead to a series of other illnesses, including heart and lung problems.

56 **Why will overweight people probably have overweight children?**

A Because of their genes
B Because of their wrong habits
C Because of culture
D Because they will put on extraweight during pregnancy

57 **According to the information given, today's children gain weight because:**

A they eat snacks at home
B they eat candies
C they all have bad genes
D they make little physical exercise

58 **As to habits, what should parents do?**

A Force their children to make physical exercise
B Teach their children the difference between fruits and vegetables
C Going on a diet if they are obese
D Remember that their children can easily take up their eating habits

59 **According to the passage, type 2 diabetes:**

A is related to low blood pressure
B is not a possible consequence of obesity
C is a disease related to obesity and usually affects the adults
D is a disease related to obesity and can affect children too

60 **According to the author:**

A heart and lung problems in anyone are always related to sleeping disorders
B all obese children have irregular breathing
C sleeping disorders are highly common among overweight children
D sleeping disorders are often treated before other problems arise

Soluzioni e commenti

1 Tra le alternative, l'unica che completa correttamente la frase è *over*: la risposta esatta è la A.

2 Dopo aver letto la prima frase si può ben capire che nella seconda si intende negare il verbo *to meet*. Il soggetto non ha quindi incontrato né Jennifer né i suoi amici: le congiunzioni da scegliere sono pertanto *neither* e *nor*, come proposto dall'alternativa D.

3 Anche in questo caso manca il pronome che nega il verbo *to see*: *nessuno*. Si potrebbe tradurre *no one* oppure *none of us*; *no* vale come aggettivo (risposta A), mentre *no of us* non significa nulla (risposta D). La risposta esatta è quindi la C.

4 Il verbo che manca deve esprimere un'azione nel corso della sua durata, così come percepita. I verbi di percezione (in questo caso *to listen to*) possono essere seguiti dall'infinito senza il *to* oppure dalla forma *-ing* del verbo: il primo caso si ha quando l'azione è percepita dall'inizio alla fine, il secondo caso si verifica quando l'azione è continuativa. La locuzione avverbiale *all night long* lascia supporre che la scelta debba cadere su *miaowing*: la risposta giusta è la A.

5 Il pronome indefinito *someone* è qui accompagnato da un aggettivo con il significato di *altro*. La scelta non può essere che *else*, che normalmente accompagna gli indefiniti. La risposta giusta è la C.

6 L'avverbio di tempo *ancora* completa la frase (*È tardi e non si è ancora fatta viva*). Dopo la frase negativa, con verbo al *present perfect*, *ancora* si traduce *yet*. La risposta giusta è la B.

7 Il verbo *to remember* è seguito dall'infinito con il *to* per esprimere un'azione che dovrà essere compiuta (ricordarsi di fare qualcosa), mentre è seguito da un verbo alla *-ing form* se si intende ricordare un'azione compiuta (ricordarsi il momento in cui si è fatto qualcosa). La scelta giusta è quindi la A.

8 Di tutti gli aggettivi che accompagnano *how* nelle alternative proposte, quello che opportunamente completa la frase è *wide* (*estesa*). La risposta corretta è la A.

9 Se l'azione espressa da un verbo preceduto da *to need* ricade sul soggetto del verbo *need*, il verbo *to need* è seguito da un verbo alla *-ing form*. *Il prato ha bisogno di essere tagliato*, dunque *needs cutting*. La risposta giusta è quindi la B.

10 *To be sorry* è seguito da *about* (*something*), mentre la seconda preposizione mancante è *from*. *To be absent from* significa infatti "non essere presente". La risposta esatta è la A.

11 Gli accordi soggetto-verbo e aggettivo-sostantivo sono corretti. L'errore è nel verbo *has get*, poiché il verbo *to get* deve essere coniugato al participio passato (*got*). La risposta esatta è la B.

12 *Quanti anni ha* si traduce giustamente *how old is*: si può quindi escludere la risposta A. Il futuro semplice si usa per azioni che accadranno inevitabilmente in futuro: anche la risposta D è quindi da scartare. La preposizione di tempo *tra* si traduce con *in* (risposta B). La risposta corretta è quindi la C, poiché il sostantivo *year* è al singolare mentre gli anni sono 45: l'espressione corretta è *45 years old*.

LINGUE STRANIERE

13 L'imperativo della prima frase (risposta **A**) è stato costruito giustamente e il verbo *to blame* traduce letteralmente *biasimare*. Il verbo di opinione *to be sure* precede un verbo al *simple future*, quando il parlante si riferisce a ciò che accadrà in futuro, e l'ausiliare da usare è quindi *won't*. L'espressione *to take one's advise* è scorretta dal punto di vista ortografico: *advice* è il sostantivo, *advise* è il verbo. La risposta esatta è la **C**.

14 *A quest'ora* può essere tradotto *this time* o *by this time*: la risposta **A** è dunque da escludere. Considerato il significato della frase, il diploma sarà stato ottenuto (*future perfect*) tra due anni, e la persona starà lavorando (*future continuous*): anche le risposte **B** e **C** sono da escludere. La risposta che contiene l'errore è quindi la **D**: *affrontare, far fronte a* qualcosa si traduce *to cope* o, se seguito da un complemento oggetto, *to cope with something* (*Do you think you will be able to cope with the situation?*).

15 L'imperativo dei verbi alla prima persona plurale si costruisce con *let* + pronome personale complemento: *we* è quindi sbagliato. La forma negativa si costruisce aggiungendo *not*. La risposta corretta è quindi la **B**.

16 La preposizione *at* si usa davanti alle ore e ai nomi di festività; *on* si usa davanti ai giorni della settimana: rimane da scegliere fra le risposte **B** ed **D**. La risposta esatta è la **D**: *in* si usa davanti alle stagioni, ai mesi e agli anni.

17 L'avverbio di frequenza *usually* si colloca tra il soggetto e il verbo, o dopo il modale o ausiliare: le risposte **A** e **C** sono sbagliate. La risposta negativa *No, thanks*, esprime il rifiuto dell'offerta: si può escludere anche la risposta **B**. L'aggettivo partitivo che nega il verbo è *no*: la risposta corretta è la **D**.

18 Davanti al sostantivo plurale l'aggettivo *molto* si traduce *a lot of/lots of* o *many* (*much* si usa davanti ai sostantivi singolari). La risposta esatta è quindi la **D**.

19 Davanti all'aggettivo, il partitivo *un po', poco* si traduce *a little* o *a bit*; gli aggettivi *a few* e *few* (*alcuni, pochi*) precedono i sostantivi al plurale, e *some* precede i sostantivi alla forma affermativa. La risposta corretta è la **C**.

20 In un campeggio si può chiedere se c'è una *piazzola* libera, parola che si traduce *pitch*; la risposta corretta è la **B**. *Campsite* (risposta **C**) è sinonimo di *camping, campeggio*, luogo per campeggiare.

21 È indice di conoscenza del lessico anche la padronanza dei *phrasal verbs*, come in questo caso. È probabile che il parlante suggerisca al suo interlocutore di *pensarci su*, espressione che si può tradurre *think it over*. *To get through* significa *penetrare, passare, approvare; to find out* significa *trovare, scoprire*; *to let up* significa *rallentare, cessare*. La risposta esatta è quindi la **A**.

22 I vari verbi fraseologici (phrasal verbs) suggeriti hanno significati ben precisi: *to make for* significa *dirigersi verso*; *to make up* significa *inventare, formare, comporre*; *to make over* vuol dire *trasferire la proprietà, cambiare*; *to make out* vuol dire *leggere, scrivere, completare*. Poiché il primo parlante fa esplicito riferimento alla lettura, la risposta giusta è necessariamente la **D**.

23 *Well-done* si usa con gli alimenti per dire *ben cotto*. Il parlante evidentemente sostiene di non amare bistecche ben cotte bensì (concetto contrario) poco cotte, quindi *al sangue*. Tale espressione si traduce *rare*. La risposta giusta è la **A**.

24 Alla frase manca il verbo *è dovuto*, che spiega l'origine dello tsunami. Il verbo *dovere* così impiegato si traduce *to be due to*; la risposta corretta è quindi la **C**.

25 *Match* può significare *gruppo, coppia, unione, combinazione* (risposte **A** e **B**), oppure *gara, competizione* sportiva (risposta **C**). La **D** è quindi la risposta corretta al quesito.

26 *To state* significa *affermare, sostenere*, come *to claim, to affirm, to assert*. La risposta esatta è la **D**, poiché *to establish* significa *stabilire, istituire, fondare, decidere*.

27 *To issue* significa *emettere, rilasciare, pubblicare*; suo sinonimo è *to publish*. La risposta esatta è la **B**.

28 *Plane* è l'*aeromobile*, il *velivolo*, ovvero *aircraft*. *Flight* è il *volo*, mentre *cockpit* significa *cabina di pilotaggio*. La risposta esatta è la **B**.

29 *Almighty* si usa soprattutto in gergo religioso, poiché significa *onnipotente*; suo sinonimo è *powerful, potente*. La risposta esatta è la **A**.

30 *To clutch* significa *afferrare*, esattamente come *to grip, to grasp*. *To gather* vuol dire *raccogliere*, *to jump* significa *saltare* e *to despise* vuol dire *disprezzare*. La risposta corretta è la **A**.

31 *To rise* (*aumentare, crescere*) è un verbo intransitivo. *To arise* e *to increase* ne sono sinonimi; i contrari possono essere *to decrease, to fall* o *to reduce*. La risposta corretta è quindi la **D**. *To detect* significa *individuare, riconoscere*.

32 In tutte le lingue del mondo, lo *zenith* è il punto più alto nel cielo raggiunto dal sole o dalla luna. Si può attribuire a *zenith* anche un significato più astratto e metaforico, tanto che in inglese si usa per indicare il momento di maggior successo nella vita di una persona, nella sua carriera ecc. *Peak* è il *picco*, la *cima*, l'*apice*, sinonimo di *summit*; *height* è l'*altezza*. La risposta corretta è la **A**: *depths* significa *profondità, fondo*, sinonimo di *nadir*, perfetto contrario di *zenith*.

33 *Injury* è la *ferita*, il *danno fisico*. Rientrano nella categoria delle ferite la parole *sprain* (*slogatura*), *scald* (*bruciatura*), *blue* (*livido*). *Distress* significa *sofferenza psicologica, angoscia* o *esaurimento, spossatezza*: la risposta esatta è la **D**.

34 *Noise* è il *rumore* in generale. Sono rumori: *rustle* (*scricchiolìo* delle foglie secche calpestate), *crackle* (*crepitìo, scoppiettìo* della legna che arde), *purr* (*ronzìo* di un motore di un'auto potente, o *ronfare, fare le fusa*). *Drop* è la *goccia*, non il rumore che fa cadendo: la risposta corretta è la **D**.

35 *Saw* e *tool* significano *sega* e *utensile*: sono un iponimo (sostantivo appartenente a una categoria semantica) e un iperonimo (termine che racchiude in sé una categoria semantica). *Waistcoat* è il *panciotto*, il *gilet*, ovvero un capo di abbigliamento: *garment*. La risposta esatta è la **B**. *Clothes* sono i *vestiti*, gli *abiti*, e avrebbe completato correttamente la proporzione se anche *tool* fosse stato scritto al plurale. *Rubbish, insect* non hanno nulla a che vedere con gli altri termini della proporzione: significano *spazzatura e insetto*.

36 Gli aggettivi della proporzione sono di facile compresione anche data l'origine latina: *aperto* sta a *intollerante* (suo contrario) come *imparziale* sta a *x*. Si può escludere la risposta **D**: *religioso* può significare influenzato da determinate idee o da un credo, ma non è necessariamente il contrario di *imparziale*. *Wrong e unfair* significano *sbagliato e ingiusto*, ma l'aggettivo appropriato è *prejudiced*, *prevenuto*: la risposta corretta è la **A**.

37 *Every now and then* corrisponde a *ogni tanto, di volta in volta*, che significa compiere un'azione quando capita, non sempre, ma non per forza raramente: si possono così escludere le risposte **A** e **B**. Data l'imprecisione espressa da questo modo di dire, risulta errata anche la risposta **D**. La risposta esatta è la **C**, che corrisponde a un'espressione sinonimica di *every now and then* e significa letteralmente *una volta ogni tanto, ogni tanto*.

LINGUE STRANIERE

38 *Not until* significa *non prima* e richiede l'inversione del soggetto e del verbo (o ausiliare o modale). Il fenomeno di cui si parla (la deforestazione massiccia) si è manifestato a partire dal XX secolo e non si è mai verificato prima: questo concetto è espresso nella risposta **D**, quella corretta. È sbagliato affermare che il fenomeno ha avuto luogo prima del XX secolo (risposta **A**), o all'inizio del XX secolo (risposta **B**), o il secolo precedente (risposta **C**).

39 Il testo dell'esercizio corrisponde a un periodo ipotetico di secondo tipo, quindi della possibilità per il tempo presente: si escludano le risposte **B** (esprime un futuro) e **C** (esprime un obbligo per il tempo presente). La risposta **A** esprime un'azione già avvenuta. La risposta giusta è la **D**: *non potrei fare a meno di un mutuo.*

40 Per augurare di trascorrere bene un dato momento o episodio, gli inglesi usano il verbo *to have* (all'imperativo) seguito dall'articolo indeterminativo *a* e quindi il sostantivo: *have a beautiful day, have a nice holiday, have a happy year* ecc. Espressione sinonimica può essere costruita con *enjoy* (all'imperativo) più il sostantivo. *Have a nice day* non significa *abbi una vita bellissima*, né *non rimproverarti* né *che giornata divertente*, bensì, più correttamente, *passa una bella giornata*. La risposta corretta è la **A**.

41 La domanda può essere così tradotta *Perché mai Hugh dovrebbe unirsi alla festa senza l'invito di Mary?*, da cui si deduce che Hugh non ha ricevuto alcun invito da parte di Mary. La risposta corretta è quindi la **C**. La risposta **A** pone l'accento sulla volontà di Hugh, mentre la **B** esprime un consiglio o un'opinione non espressi nel testo dell'esercizio.

42 Il parlante afferma che *non siamo affatto in ritardo*. Questo non significa che *saremmo dovuti arrivare prima*, né che *dobbiamo sbrigarci*, né che *abbiamo assolutamente ragione*. La risposta corretta è la **D**: *siamo puntuali.*

43 In questo esercizio bisogna fare attenzione al soggetto della frase: il soggetto è *team*, sostantivo singolare ma seguito da verbi e parti variabili del discorso accordate al plurale (per esempio *their*, nella seconda frase). Pertanto, le risposte **A** e **B** sono errate (*its first pratice* è da correggere con *their first practice*). La risposta corretta è la **D**. Nella **C** il verbo *join* è coniugato al presente e non al passato.

44 L'esercizio fa riferimento alla forma comparativa *tanto più... quanto più* che in inglese si traduce *the* + comparativo... *the* + comparativo ; ciò significa che la frase sottolineata deve iniziare con la forma *the* + comparativo: si devono quindi escludere le alternative **A** e **B**; nella parte sottolineata della frase gli aggettivi sono due (*long* e *strained*) ed entrambi devono essere posti in forma comparativa: bisogna perciò escludere anche la risposta **D**. Ne consegue che la risposta esatta è la **C**.

45 Alla frase manca la parola *da*, che segnala il punto di inizio del cambiamento (*things have happened*); tale avverbio si traduce *since*, per cui la risposta giusta è la **A**.

46 Il superlativo espresso da *the largest* è qui rafforzato da un'espressione che potrebbe tradursi con *di gran lunga, enormemente*; in inglese, questa espressione si traduce *by far*, come suggerisce la risposta **B**.

47 Per completare la frase si può provare a riempire gli spazi bianchi con ciascuna delle alternative proposte per vedere se la frase acquista senso; la felicità: *dipende principalmente dalla visione personale delle cose* (risposta **A**); *si concentra principalmente sulla visione personale...* (risposta **B**); *fa principalmente avendo ...* (risposta **C**). L'ordine delle parole nella risposta **D** è errato (*has mainly to depend upon*).L'alternativa corretta è la **A**.

PARTE QUARTA

48 Il verbo *to prefer* è normalmente seguito da *-ing* se si sta esprimendo una preferenza generica, quindi da *to* (per introdurre il secondo termine di paragone) e dal verbo alla *-ing form*: *I prefer reading books to listening*. La risposta giusta è la **A**.

49 Il sostantivo *passion* è preceduto correttamente dall'aggettivo possessivo *his* (al maschile, coerentemente con il pronome maschile singolare *him* posto a fine frase). Il verbo *to gamble* è posto alla *-ing form* perché è preceduto da preposizione (*for*). L'epressione *made him* è costruita correttamente; ciò che risulta sbagliato è la traduzione dell'espressione *fare debiti*, che in inglese corrisponde a *run into debt*. La risposta corretta è quindi la **D**.

50 In questa frase l'errore è presente nella coniugazione del verbo *to knit*; preceduto da preposizione (*at*), deve essere coniugato alla *-ing form*: *knitting*. La risposta giusta è la **D**.

51 La comprensione di questo brano è facilitata dalla disposizione grafica del testo: per punti sono elencati i pro e i contro all'ingresso della Turchia nell'Unione europea. Nei paragrafi puntati non si fa menzione della religione (**B**), del mercato del lavoro europeo (**C**) e dell'immigrazione illegale o clandestina (**D**). La risposta corretta è la **A**, come si può dedurre dal terzo paragrafo puntato: *Turkey is too big and will have too much power in the EU* (si fa riferimento alle dimensioni non geografiche bensì demografiche, che hanno conseguenze sul potere decisionale del Paese, in quanto i rappresentati al Parlamento europeo variano in numero in base alla popolazione di ciascun Paese).

52 Tutti i possibili punti di vista elencati (sociale, economico, politico e culturale) sono plausibili ma le loro spiegazioni vanno confrontate con le informazioni contenute nel testo. Quanto all'alternativa **A**: la diffusione di turchi in Europa è visto come argomento a sfavore; quanto alla **B**: l'avvicinamento al mondo islamico è importante dal punto di vista culturale, non commerciale (*The country will help bring together the western Christian and the Muslim world*); quanto alla **C**: la Turchia è già membro della NATO (*Turkey is a member of NATO*). La risposta corretta è la **D**.

53 Il fatto che la Turchia sia membro della NATO (**A**) non è una questione di tipo economico, come non lo è il fatto che i turchi sono islamici (**B**) – peraltro questa informazione non è data nel testo, dove è scritto soltanto che: *The EU can do business with a large market of over 70 million people*. Non si parla di incremento nella produzione europea (**C**), ma piuttosto dell'estensione del mercato, del suo allargamento ai 70 milioni di cittadini turchi (si veda l'ultimo punto: *The EU can do business with a large market of over 70 million people*). La risposta corretta è la **D**.

54 Cipro è un'isola occupata per metà dalla Turchia. L'Unione europea ritiene che la Turchia debba riconoscere la totale indipendenza di Cipro, com'è scritto nel terz'ultimo paragrafo: *The EU says that Turkey must recognize Cyprus as an independent country*. La risposta esatta è la **B**.

55 Al termine del brano viene messa in evidenza la questione curda, e a tal proposito viene aggiunto che: *The EU has said that Turkey will not become a member unless it improves human rights*. Pertanto, la risposta corretta è la **C**.

56 Nel secondo paragrafo del brano, dove sono spiegati i vari motivi del sovrappeso, è scritto: *Your genes come from your parents, so overweight parents are more likely to have overweight children*. La risposta corretta è dunque la **A**.

57 All'inizio del terzo paragrafo è scritto: *Although you may have good genes you still can become obese. One of the main causes of obesity is the lack of physical exercise. An average child spends less time exercising than children did ten or twenty years ago*. I bambini di oggi praticano meno attività fisica che in passato; la causa dell'obesità è anche il consumo eccessivo di merendine (*excessive snacking*, quarto paragrafo), non il fatto di mangiare caramelle o snack a casa. La risposta corretta è la **D**.

LINGUE STRANIERE

58 Nel brano non viene detto in modo diretto quali misure debbano prendere i genitori per aiutare i figli. È scritto solo che: *If you develop healthy eating habits you'll be more likely to keep a healthy weight. And it's at home where we form such habits. Children who observe their parents eat a cookie instead of a piece of fruit, take their meals in front of the TV set or eat too quickly are more likely to do the same. This increases their chances of becoming overweight children and, later on, adults.* Viene posto l'accento sul fatto che le cattive abitudini dei genitori vengono fatte proprie dai figli. La risposta corretta è quindi la D.

59 Nel brano, i quattro paragrafi puntati evidenziano le possibili conseguenze dell'obesità infantile. Il primo paragrafo dice: *Type 2 diabetes was once thought to be a disease that mainly affected adults, but this not longer true. It can lead to blindness, heart and kidney diseases and damage your nerves.* La risposta corretta è la D: se un tempo si credeva che il diabete di tipo 2 colpisse soprattutto gli adulti, oggi si è compreso che anche i bambini possono esserne affetti.

60 I disturbi del sonno sono descritti nell'ultimo paragrafo puntato: *Sleeping disorders are among the most common consequences of childhood obesity. Some children may even have pauses in their breathing during sleep. If not treated it may lead to a series of other illnesses, including heart and lung problems.* I problemi cardiaci o polmonari possono essere legati ai disturbi del sonno, ma non è detto che siano sempre legati a questo tipo di problema in chiunque (A). Il respiro irregolare può interessare alcuni bambini obesi, non tutti (B). Certamente i disturbi del sonno sono tra le conseguenze più comuni dell'obesità infantile (C risposta esatta). La D non è riscontrabile nel testo.

PARTE QUARTA

Quesiti di francese

Complétez les phrases suivantes avec une des solutions proposées.

1 **Nous n'avons rencontré _____ .**

A aucun
B personne
C quelqu'un
D tous

2 **Voici le livre dans _____ j'avais mis ta photo.**

A où
B quoi
C le quel
D lequel

3 **Madame Arnault est la dame _____ le fils est un grand ami à moi.**

A dont
B de laquelle
C d'elle
D de qui

4 **"Comment ça va?" "Ça va _____ qu'hier!"**

A le pis
B pis
C plus mal
D le pire

5 **Garde notre secret! Ne _____ parle pas!**

A en lui
B lui en
C le lui
D en le

6 **"Qu'est-ce que tu préfères manger?" "J'_____ de la salade".**

A aimerai
B aimerais
C aimerait
D aimer

LINGUE STRANIERE

7 **C'est lui qui _____ les colis.**

A envoit
B envoyes
C envoye
D envoie

8 **Qu'elle est bonne cette bière-ci! J'en _____ une autre!**

A berrai
B burrai
C bouvrai
D boirai

Repérez la partie soulignée de la phrase qui contient la faute.

9 **Ce journaliste n'écrit que des bêtises et raconte seulement de fausses histoires. Est-ce que vous avez de la confiance en lui?**

A des bêtises
B de fausses
C de la confiance
D en lui

10 **Si j'obtiendrai ce travail, j'achèterai une nouvelle voiture.**

A obtiendrai
B ce travail
C achèterai
D nouvelle

11 **Ça fait quelques vingt ans que je n'ai plus de nouvelles de mes copins d'école!**

A Ça fait
B quelques
C je n'ai plus
D de nouvelles

12 **Aucune de vos secrétaires m'a confirmé que le rendez-vous aura lieu vendredi prochain.**

A Aucune de vos secrétaires
B m'a confirmé
C rendez-vous
D aura lieu

13 **Nous nous sommes aimés depuis notre rencontre au mois de mai.**

A Nous nous
B sommes aimés
C depuis
D au mois de

Remplacez la partie soulignée de la phrase avec une des solutions proposées.

14 **Ces tableaux sont vraiment originals!**

A original
B originales
C originaux
D originale

15 **Je ne sais pas si elle soit en mesure de suivre ce travail.**

A est
B suit
C sois
D serait

16 **Paris est la plus belle ville que j'ai visité dans ma vie.**

A aurais visité
B aie visité
C aie visitée
D aies visitée

17 **Bu son café il sortit du bistrot.**

A Buvant
B En buvant
C Ayant bu
D Boirant

Complétez les phrases suivantes avec une des solutions proposées.

18 **La _____ aida la dame à accoucher.**

A femme
B femme sage
C sage femme
D sage

19 **Qu'est-ce que c'est ça? Ça _____ mauvais.**

A sent
B sens
C sans
D fait

20 **Vous avez _____ faire un grave accident de voiture!**

A feint
B fallu
C falli
D failli

LINGUE STRANIERE

21 **Ne jugez-vous pas que cet élève apprend tout _____?**

- A par cœur
- B à mémoire
- C en mémoire
- D au beau mot

Repérez le sens correct du mot ou de l'expression.

22 **Vaisselle**

- A Vêtements
- B Savon
- C Ville près de Paris
- D Récipients pour manger

23 **Boisson**

- A Liquide à boire
- B Animal marin
- C Liquide mortel
- D Tronc d'un arbre

24 **Tournure**

- A Torsion du buste
- B Virage dangereux
- C Construction particulière d'une phrase
- D Changement de siècle

Repérez le faux synonyme du mot.

25 **Pot**

- A Jarre
- B Récipient
- C Verre
- D Quantité

26 **Jouer**

- A Faire sonner
- B Raconter
- C Plaisanter
- D Représenter

Repérez le synonyme correct du mot.

27 **Magasin**

- A Boutique
- B Revue
- C Débarras
- D Provision

28 **Hausse**

- A Epaule
- B Augmentation
- C Réduction
- D Egalité

29 **Apercevoir**

- A Deviner
- B Contredire
- C Prévoir
- D Médire

Repérez le contraire correct du mot.

30 **Arrivée**

- A Arrêt
- B Gare
- C Objectif
- D Départ

31 **Prêter**

- A Emprunter
- B Décerner un prix
- C Se préparer
- D Débiter

32 **Renommé**

- A Célèbre
- B Fameux
- C Familier
- D Étranger

Repérez le mot qui complète la proportion.

33 **x : fleur = chat : animal**

- A papillon
- B rouge
- C rose
- D argent

34 **Français : x = Égyptien : Afrique**

- A Europe
- B Italien
- C peuple
- D Méditerranéen

LINGUE STRANIERE

Repérez le sens correct de la partie soulignée de la phrase.

35 **<u>Chaque fois</u> que je le cherche, je ne le trouve pas.**

- A À tout moment
- B Parfois
- C De temps en temps
- D Quand

36 **Sa réponse est <u>tout à fait</u> juste.**

- A même
- B inutilement
- C absolument
- D toujours

37 **Cette chambre <u>sent le vin</u>!**

- A contient du vin
- B a l'odeur du vin
- C est pleine de vin
- D est un magasin

38 **<u>Ça y est</u>. On peut partir.**

- A Tout est prêt
- B Nous sommes là
- C Il y a
- D Voici

39 **Elles sont sûres qu'elles auront <u>tout ce qu'il leur faudra</u>.**

- A les choses dont elles auront besoin
- B quelque chose à manger
- C ce qu'elles voudront
- D ce qu'elles désirent

PARTE QUARTA

Repérez le sens correct de la phrase.

40 **Ça fait combien?**

- A Quel est le sens de ce mot?
- B Quel est le prix de ce produit?
- C Quelles sont les mots de cette chanson?
- D Comment marche-t-il, ce truc?

41 **Nul ne peut me consoler de ma peine!**

- A Quelque chose pourrait m'aider
- B Rien ne peut me faire souffrir
- C Quelqu'un pourrait me consoler mais on ne le fait pas
- D Personne n'est en mesure de me soulager dans ma douleur

42 **Il sait bien qu'on le blâme pour son choix.**

A Tout le monde le blâme
B La France le blâme
C Il se blâme
D Vous le blâmez

43 **Il n'y a pas longtemps que nous sommes partis.**

A Nous n'avons pas le temps de partir
B Nous sommes partis récemment
C Nous sommes partis il y a des années
D Il n'a pas le temps de partir avec nous

44 **Ma petite sœur prend du sirop tous les trois jours.**

A Elle boit du sirop pendant trois jours
B Elle boit trois bouteilles de sirop par jour
C Si elle boit du sirop aujourd'hui elle en boira dans trois jours
D Si elle boit du sirop aujourd'hui elle en boira pendant les deux jours suivants

Repérez la traduction correcte de la phrase.

45 **Non chiedono nessun consiglio. Vogliono soltanto rispetto.**

A Ils ne demandent conseil à personne. Ils veulent seulement du respect
B Ils ne demandent pas de conseils. Ils veulent seulement respect
C Ils ne demandent aucun conseil. Ils ne veulent que du respect
D Ils ne demandent aucun conseil. Ils ne veulent que de respect

46 **Non ho tempo da perdere. Io leggo soltanto buoni libri.**

A Je n'ai pas du temps à perdre. Moi, je ne lis que de bons livres
B Je n'ai pas de temps à perdre. Moi, je lis seulement des bons livres
C Je n'ai pas du temps à perdre. Je ne lis que de bons livres
D Je n'ai pas de temps à perdre. Moi, je lis seulement de bons livres

47 **"Quanti anni ha quel signore?" "Quale?" "Quello seduto accanto al bambino".**

A "Quel âge a-t-il, ce monsieur?" "Quel?" "Celui assis à côté de l'enfant"
B "Ce monsieur-là, quel âge a-t-il?" "Lequel?" "L'assis à côté de l'enfant"
C "Quel âge a-t-il, ce monsieur-là?" "Lequel?" "Celui qui est assis à côté de l'enfant"
D "Quel est l'âge de ce monsieur-là?" "Quel?" "Celui assis à côté de l'enfant"

48 **Stiamo per andare allo stadio a vedere la partita: sarà memorabile.**

A Nous allons au stade à voir le match: ce cera mémorable
B Nous allons aller au stade voir le match: ce sera mémorable
C Nous allons aller au stade à voir le match: il sera mémorable
D Nous allons au stade voir le match: ce sera mémorable

Lisez le passage avec attention et répondez aux questions.

L'insuffisance cardiaque, une pathologie qui est à l'origine de plus de 30 000 décès chaque année en France, pourrait à l'avenir bénéficier de nouvelles approches faisant appel à la thérapie cellulaire ou à la thérapie génique. Plusieurs études prometteuses dans ce domaine vont être présentées au cours des Sessions scientifiques 2000 organisées par l'American Heart Association, qui se tiennent du 12 au 15 no-

LINGUE STRANIERE

vembre à La Nouvelle-Orléans (Louisiane). Tous ces travaux partent des particularités du muscle cardiaque. A la différence de la plupart des autres tissus qui composent le corps humain, les cellules musculaires cardiaques ne se multiplient pas: la croissance du cœur après la naissance est assurée non pas par l'apparition de nouvelles cellules, mais par l'augmentation de la taille des cellules musculaires existantes. Cette caractéristique a pour effet que les cellules détruites ne sont pas remplacées. Cette destruction, qui peut être la conséquence d'un infarctus du myocarde, d'une infection virale ou de la survenue d'une affection cardiaque, se traduit par une insuffisance du cœur à remplir pleinement sa fonction. La «pompe» étant défaillante, la quantité de sang, et donc d'oxygène, envoyée aux différents organes est alors insuffisante.

Comment y remédier? Par la thérapie cellulaire. Trois études, présentées à La Nouvelle-Orléans, ont fait état de cette technique qui consiste à «transplanter» dans le cœur des cellules souches adultes pour qu'elles remplacent les cellules mortes et permettent ainsi au patient de retrouver une fonction cardiaque presque normale. L'équipe du professeur Philippe Menasche (hôpital Bichat, Paris) a récemment réalisé une première mondiale dans ce domaine (Le Monde du 18 octobre). Elle a prélevé des cellules musculaires dans le mollet d'un insuffisant cardiaque de soixante-douze ans, les a mises en culture pendant deux semaines et les a, à l'occasion d'un pontage coronarien subi par le patient, réinjectées dans une zone du coeur endommagée.

[...]

Par ailleurs, le docteur Timothy Henry doit présenter une étude attestant de l'innocuité de l'utilisation d'une protéine, le facteur de croissance endothélial vasculaire (VEGF), pour obtenir la formation de nouveaux vaisseaux ou angiogenèse. Cette technique est utilisée chez les victimes d'un infarctus du myocarde qu'on ne peut traiter par les moyens traditionnels de rétablissement de la vascularisation du muscle cardiaque: angioplastie ou pontage. Une autre approche, mise en pratique par l'équipe du docteur Terence Yau (Toronto General Hospital, Canada), permet, en introduisant dans les cellules cardiaques le gène commandant la synthèse du VEGF, de provoquer une meilleure angiogenèse que la seule transplantation de cellules myocardiques.

Un autre type de thérapie génique, présenté par le docteur Federica Delmonte (Harvard Medical School, Charlestown, Etats-Unis) et testé chez quatre individus ayant une insuffisance cardiaque terminale, consiste enfin à faire parvenir jusqu'aux chromosomes des cellules cardiaques un adénovirus, qui sert de vecteur à un bloqueur d'une substance appelée phospholamban. Ce produit diminue le niveau d'une protéine qui favorise la contraction des cellules cardiaques. Les cœurs qui ont bénéficié de cette thérapie génique se contractent mieux que ceux qui n'ont pas été traités.

Bien évidemment, l'ensemble de ces techniques sont loin de pouvoir être mises en oeuvre en dehors d'essais cliniques, mais le congrès de La Nouvelle-Orléans illustre bien la place que la génétique est en train de prendre en cardiologie, tant pour ses applications dans la prévention des maladies cardio-vasculaires que pour leur traitement.

49 Pourquoi l'insuffisance cardiaque rend nécessaire la thérapie cellulaire ou la thérapie génique?

- A Parce que la naissance de nouvelles cellules a des temps trop longs
- B Parce que le cœur humain est trop faible
- C Parce que les cellules cardiaques ne sont pas remplacées
- D Parce que ces thérapies rendent tous les cœurs plus performants

50 Quelles sont les conséquences de la mort des cellules constituant le tissu cardiaque?

- A Le sang est pompé avec difficulté et les organes en sont endommagés
- B Un infarctus du myocarde, une infection virale ou une affection cardiaque
- C L'augmentation de la taille des autres cellules cardiaques
- D Un meilleur envoi du sang aux organes

51 **En quoi consiste-t-elle la thérapie cellulaire?**

A C'est l'asportation des cellules mortes

B C'est la création en laboratoire de nouvelles cellules cardiaques

C C'est la greffe de cellules d'autres cœurs pour remplacer les cellules mortes

D C'est la greffe de cellules souches qui remplacent les cellules mortes

52 **En quoi consiste la thérapie génique?**

A Emploi d'une protéine pour former de nouveaux vaisseaux

B Introduction d'un adénovirus contre substance qui attaque la protéine responsable de la contraction cardiaque

C Emploi d'une protéine pour former de nouveaux vaisseaux ou introduction d'un adénovirus contre la substance qui attaque la protéine responsable de la contraction cardiaque

D Angioplastie ou pontage

Lisez le passage avec attention et répondez aux questions.

Les Anglais nous détestent-ils vraiment? Par le hasard de l'amour, j'ai épousé une femme franco-britannique. Pas une Anglaise authentique, j'en conviens, puisqu'elle est plutôt écossaise et irlandaise à la fois. Mais elle avait fréquenté nos faux-amis, elle avait leur passeport, elle parle avec l'accent d'Oxford.

Elle a beaucoup résisté avant de répondre. Puis elle a avoué, tel un petit Zorrino: "Bien sûr, les Anglais détestent les Français, à part quelques exceptions, les amateurs de bons vins et les écrivains qui s'installent dans le Luberon. Mais les Anglais détestent tout le monde. Pas de gloriole française, ils détestent la Terre entière, à commencer par les Ecossais et les Irlandais. Une différence, ils nous en veulent davantage (là, elle prenait notre parti et se sentait française) parce que nous ne nous laissons pas mépriser. Nous sommes, Français, parmi les rares à refuser leur superbe - c'est pourquoi ils nous trouvent arrogants -, et cela les vexe horriblement. Ou bien nous nous en fichons, et cela les vexe davantage.

"N'oublions pas qu'après les Romains et les Vikings, nous sommes les seuls à les avoir envahis, jusqu'à imprimer une devise française sur la couronne britannique. Ils se sont imposés sur les mers pendant des siècles, nous les avons défiés sur les mers. Ils nous détestent parce que nous aimons le débridé, le sentimental et la bonne chair. Chez eux, pour cause de puritanisme, il n'est pas admis de prendre du plaisir de façon visible, ce que font les Français. Au fond, leur haine, c'est de l'envie. Quand la loi leur interdisait de boire après une certaine heure, ils venaient se soûler chez nous dès qu'ils ne pouvaient plus le faire chez eux.

"Il faut chercher des explications dans la géographie, et pas seulement dans l'histoire. La Grande-Bretagne est une île et ce peuple de marins s'imagine toujours vivre sur un bateau. Ile ou navire, tout ce qui est autour est hostile, dangereux, inhumain: serrons-nous les coudes et ne comptons que sur nous-mêmes, nous sommes seuls dans l'univers. Quand on prend pied sur une terre nouvelle, abandonne-t-on d'un coup cette vision d'autrui? Lorsqu'on quitte son île non pour toujours, mais avec l'intention d'y revenir, est-ce pour autre chose que la conquête, la rapine, la prise de mer? Une île, ce n'est pas non plus un endroit de passage pour les vagues de migration millénaires qui ont pétri les mentalités du continent. Une île, on y reste, et les insulaires (nous avons un exemple en France) ne voient pas souvent arriver d'un oeil charmé les peuples venus d'ailleurs qui veulent eux aussi y faire paître leurs troupeaux, planter leurs huttes et vivre selon leurs mœurs.

"Le climat, lui aussi, façonne la pensée. Dans un pays où il fait froid et où il pleut, la vie se passe à l'intérieur des maisons et non sur le forum ou l'agora, ni sur le mail. Point de chaises sorties sur le trottoir, point de vieux assis à l'ombre qui apostrophent les passants d'une blague. De gros murs, de petites fenêtres, des haies pour couper le vent. Et l'on passe tout son temps, on dépense toute son énergie, son art, son talent à calfeutrer son home et à le rendre confortable. Le mot comfortable est un mot anglais. Pendant que les méridionaux s'engueulent dehors, sur la place publique mais ni chez l'un ni chez l'autre, les peuples de la brume et du ciel gris inventent les doubles rideaux, les coussins capitonnés, les sitting-rooms - des pièces pour s'asseoir. Cette façon de vivre, ça se transporte sur tous les continents et ça n'incite pas à fraterniser. Home, une île en petit: à l'extérieur, ce n'est ni confortable ni agréable, c'est une épreuve."

53 Qui est-ce que les Anglais détestent avant tout, suivant l'article?

A Les Ecossais
B Les Irlandais
C Les Français
D Tout le monde

54 Pourquoi faudrait-il chercher des explications dans le fait que la Grande Bretagne est une île?

A Parce que les Anglais croient vivre dans un Paradis
B Parce que cela a fait croire aux Anglais qu'il ne pouvaient compter que sur eux-mêmes
C Parce que les Anglais considèrent leur terre come un abri
D Parce que les Anglais désirent aller conquérir le monde entier

55 D'après l'auteur, quelle est la différence entre les Français et les Anglais?

A Les uns se donnent au plaisir, les autres sont victimes de leur puritanisme
B Les uns sont sentimentaux, les autres sont envieux
C Les uns envahissent, les autres ont été envahis
D Il n'y a aucune différence car les deux veulent dominer

56 De quelle façon le climat aurait-il influencé le style de vie des Anglais?

A Comme il pleut tout le temps, ils ne peuvent jamais sortir
B Comme ils aiment rendre confortables leurs maisons, ils n'ont plus besoin de sortir
C Le froid aurait forcé les Anglais à vivre à l'intérieur des maisons, les empêchant de créer une vie sociale au dehors et de fraterniser
D Le froid et la pluie auraient rendu les Anglais un peuple triste, sans enthousiasme ni envie de se retrouver dans les places publiques

Lisez le passage avec attention et répondez aux questions.

L'ordinateur connecté à l'Internet deviendra peut-être un jour une baby-sitter aussi pratique que la télévision. Aujourd'hui, ce «service» n'est offert qu'à quelques catégories de privilégiés. N'empêche, dans les familles d'internautes, les parents sont stupéfaits par la dextérité de leur progéniture. «J'ai montré une seule fois à mes fils comment se servir d'un moteur de recherche, s'émerveille Sophie, et depuis ils se débrouillent seuls.» De fait, quand les petits doigts pianotent en virtuose et que le regard est bien accroché à l'écran, les parents peuvent tabler sur plusieurs heures d'une paix royale.

Informations fouillées. Il y a d'ailleurs tout ce qu'il faut sur le réseau pour occuper les gamins, les divertir ou les faire plancher. Et même de quoi choquer leurs âmes innocentes avec des contenus peu adaptés. «Il est déjà arrivé que ma fille tombe sur des sites porno, raconte Pascale, mère de trois adolescents (14, 16 et 18 ans). Elle a fermé la fenêtre et puis c'est tout. Je ne vais pas censurer mes gamins. Je leur ai appris à trouver des informations fouillées et utiles sur le Net. Le reste est une question de confiance.» Chez Sophie, les garçons sont «trop petits» (10 et 12 ans) pour penser à taper «sexe» dans un moteur de recherche. «Mais, si ça leur vient à l'idée, qu'est-ce que j'y peux? Je ne pense pas pour autant qu'un gros pervers sommeille en chacun de mes fils.»

Les cerveaux dégourdis ont, en revanche, trouvé comment moins s'enquiquiner à faire les devoirs. Des exposés transitent tous les jours sur le réseau, des solutions à des problèmes mathématiques passent d'ordinateur en ordinateur: une nouvelle forme d'entraide est née avec l'Internet. On révise même le baccalauréat en réseau. En mai, Emma, 16 ans, s'est organisée avec une vingtaine de copains de classe: entre eux, ils se sont divisé les grands thèmes d'histoire-géo à réviser, chacun rédigeant des fiches avec soin.

Echange de bons tuyaux. Puis la petite bande a échangé les fiches par e-mail. «Evidemment, à mon époque, on révisait ensemble autour d'une table, rappelle la mère d'Emma. Du coup, j'ai crû au début que l'ordinateur allait isoler mes enfants. Mais, en fait, l'usage ne se résume pas à un simple tête-à-tête avec l'écran: les jeunes parlent beaucoup entre eux de ce qu'ils font avec l'ordinateur». Les bons tuyaux du réseau alimenteraient ainsi les bavardages de cours de récré. «L'exclusion touche en fait ceux qui ne peuvent pas échanger sur ce thème, car ils n'ont pas d'ordinateur», souligne Pascale.

Les fils de Catherine jouent devant l'écran lumineux depuis qu'ils sont tout petits. Pour eux, l'ordinateur est avant tout «un objet ludique». Depuis qu'ils sont équipés d'un accès à l'Internet, Jérémie (15 ans) et Raphaël (12 ans) vont sur le réseau «pour trouver des solutions à leurs jeux préférés». Le plus jeune est aussi le plus accro. Sa dernière tocade consiste à jouer en réseau avec son copain Guillaume, qui vit cinq étages plus haut. Ce qui occupe la ligne téléphonique pendant des heures et coûte plus cher qu'un après-midi de jeu au grand air.

57 D'après l'article, un ordinateur connecté à Internet pourra:

A avoir la fonction de bibliothèque télématique
B être employé par les mères pour éduquer leurs enfants
C jouer de plus en plus le rôle d'un baby-sitter
D remplacer l'école

58 D'après une mère, quels sont les effets de l'emploi du Net sur les rapports sociaux?

A Les enfants vont s'isoler
B Les enfants vont entretenir des rapports bien étroits en intensifiant les échanges
C Les enfants seront enviés par leurs amis
D Les enfants trouveront de nouveaux amis grâce au Net

59 Trouvez le synonyme correct de "fouillé".

A Débrouillé
B Dégourdi
C Censuré
D Recherché

60 D'après l'article, les enfants utilisent le Net pour:

A trouver une aide valide pour faire leurs devoirs et jouer aussi
B jouer tout le temps sans faire leurs devoirs
C chercher des jeux nouveaux
D ne plus communiquer avec leurs parents

Soluzioni e commenti

1 Le forma negativa si costruisce premettendo *ne* al verbo e aggiungendo *pas*, oppure una parola che nega il concetto (*plus*, *rien*, *jamais*, il pronome *personne*, l'aggettivo *aucun* o la congiunzione *que*), appena dopo. In questo caso, la parola che completa correttamente la frase è il pronome *personne*, nessuno. La risposta corretta è la B.

2 Lo spazio deve essere riempito con un pronome relativo. Sebbene sia riferito a un oggetto, *quoi* (risposta B) non è accettabile, perché non traduce propriamente *il quale*, ma letteralmente *cosa*. *Lequel* (risposta D) è il pronome corretto in cui *le* e *quel* costituiscono un'unica parola (la risposta C è errata). Infine, *où* (risposta A) potrebbe sostituire *dans lequel*, *nel quale*, con il significato di *dove*, *in cui*.

3 Il pronome relativo mancante traduce *il cui*. *De laquelle* traduce *della quale*, mentre *d'elle* e *de qui* non esprimono il possesso (e anche il complemento d'argomento) come *dont*, pronome che si riferisce a cose e persone nei due generi e forme. La risposta corretta è la A.

4 Il comparativo di maggioranza che precede *qu'hier* si riferisce all'avverbio *mal*. *Pis* traduce *peggio*, ma si usa soltanto nelle espressioni *de mal en pis*, *de pis en pis* (di male in peggio, di peggio in peggio), *tant pis* (pazienza): si possono escludere le risposte A e B. *Le pire* significa il peggio o il peggiore, ed è sbagliato. La risposta corretta è la C: *plus mal* è il comparativo di *mal* e significa "peggio".

5 I doppi pronomi sono composti dal pronome personale complemento e dai pronomi *le*, *la*, *les* complementi oggetto; alle terze persone, tuttavia, questo ordine è invertito. In questo caso, poiché il verbo *parler* non è un verbo transitivo, quindi non è seguito da un complemento oggetto bensì di argomento, il pronome da impiegare è *en*. Ora, quando *en* e *y* accompagnano i pronomi personali complemento, sono sempre in seconda posizione. La risposta corretta è la B.

6 Alla richiesta *Che cosa preferisci mangiare?*, per ragioni di formalità l'interlocutore risponderà con il condizionale del verbo *piacere*, *aimer*. Poiché il condizionale ha il tema dell'infinito del verbo (*aimer*) e le desinenze dell'imperfetto, la scelta ricadrà su *aimerais*. La risposta corretta è la B.

7 Il verbo mancante è *envoyer* (mandare, spedire, inviare) coniugato a un tempo semplice: il presente indicativo (come lascia supporre il verbo *être* coniugato al presente). Nei verbi terminanti in *-oyer*, *-eyer*, *-uyer* la *y* diventa *i* davanti alle desinenze mute *-e*, *-es*, *-ent*. Le risposte B e C sono sbagliate. La risposta A è sbagliata perché la desinenza dei verbi della prima coniugazione alla terza persona singolare del presente indicativo è *-e*. La risposta esatta è la D.

8 Il verbo *boire* al futuro conserva la radice *boir-*; la desinenza della prima persona singolare è *-ai*: la risposta corretta è la D, le altre sono tutte forme sbagliate.

9 *Des bêtises* è corretto perché segue una falsa negazione (*non scrive che sciocchezze* equivale a *scrive solo sciocchezze*). *De fausses histoires* è corretto perché l'articolo partitivo *de*, davanti all'aggettivo qualificativo plurale seguito da sostantivo plurale, resta invariato. *De la confiance* è sbagliato, perché *avoir confiance* è una delle numerose espressioni in cui non si usa l'articolo partitivo (come *avoir faim*, *avoir envie* ecc.); la risposta esatta è quindi la C. Infine, *en lui* è corretto perché si dice *avoir confiance en quelqu'un*.

10 Le due frasi formano un periodo ipotetico di primo tipo, che esprime, cioè, un'ipotesi futura. Nella subordinata, introdotta da *si*, il verbo deve essere coniugato al presente indicativo; pertanto, la risposta corretta è la A (*obtiens*). *Achèterai*, risposta C, è corretto ortograficamente, come anche gli aggettivi *ce* e *nouvelle* accordati con i sostantivi che li seguono.

11 Le due strutture verbali impersonali che traducono *sono... che* sono: *il y a... que* e (più informale) *ça fait... que*. *Quelque* è aggettivo indefinito ed è quindi variabile solo quando significa *alcuni, un po'*; in questo caso ha la funzione di avverbio e significa *circa*, quindi resta alla forma invariabile *quelque*: la risposta corretta è la B. *Je n'ai plus de nouvelles* è una frase retta da un passato prossimo alla forma negativa in cui *pas* è stato sostituito da *plus*, e il partitivo *de* non è accordato perché si tratta di una vera e propria negazione. Il sostantivo *nouvelles* resta giustamente alla forma plurale.

12 *Aucun* significa *nessuno* (variabile) e accompagna il verbo alla forma negativa. Pertanto, l'errore sta nella risposta B (che è la risposta al quesito), dal momento che il verbo dovrebbe essere alla forma negativa: *ne m'a confirmé*.

13 Data la forma pronominale del verbo *s'aimer*, il participio passato si accorda giustamente con il pronome *nous*. La preposizione *depuis* traduce *da*, ma non con il significato (che qui dovrebbe avere) di *a partire da, dal momento preciso in cui*, che si esprime con *dès*; infatti, *depuis* regge solo tempi semplici perché indica la durata di un'azione, non il suo punto di inizio: la risposta corretta è la C. La locuzione *au mois de* (risposta D) è corretta e significa *nel mese di*.

14 L'aggettivo *original*, maschile singolare, deve essere qui accordato con il soggetto *tableaux*, maschile plurale; la forma corretta è *originaux*, risposta C. *Originales* è femminile plurale e *originale* è femminile singolare.

15 La frase principale è retta dal verbo *savoir*, che introduce una interrogativa indiretta, proposizione retta sempre da un indicativo, anche se l'intero periodo ha valore dubitativo. La risposta corretta è la A.

16 Il superlativo relativo (*la plus belle ville*) può essere seguito da una frase oggettiva introdotta dal pronome relativo *que*; in tal caso, il verbo che la regge è al congiuntivo. Si può escludere la risposta A (che propone un condizionale passato). La coniugazione di *avoir* alla prima persona singolare del congiuntivo presente è *aie*; *aies* è la seconda persona singolare: la risposta D è sbagliata. Poiché l'ausiliare *avoir* è preceduto dal complemento oggetto espresso dal pronome relativo *que*, il participio passato va accordato con il complemento (*la ville*): la risposta corretta è la C.

17 *Bu* è il participio passato del verbo *boire, bere*; la frase si può tradurre: *Bevuto il caffè, uscì dal bistrot*. È logico pensare che la persona lasci il locale dopo avere bevuto il caffè, non durante; quindi si può escludere la scelta dei due gerundi *en buvant* (risposta B), che esprime oltre tutto contemporaneità delle azioni, e *buvant* (risposta A). La risposta corretta è la C: *ayant bu* significa *après avoir bu*.

18 La risposta corretta è la C, perché *sage femme* significa *ostetrica*. A volte accade che la posizione dell'aggettivo rispetto al suo nome ne determini il significato, come in questo caso, dove *femme sage* significa, invece, *donna saggia*.

19 L'espressione che costituisce la seconda frase, *avere un cattivo odore*, si traduce *sentir mauvais*. La risposta D si può scartare dal momento che propone il presente del verbo *faire*. Il verbo *sentir* al presente indicativo della terza persona singolare è *sent*. La risposta corretta è quindi la A. La B propone la prima persona singolare; *sans* (risposta C) è la preposizione *senza*.

20 *Rischiare di, correre il rischio di* si dice *faillir* seguito da infinito. Data la presenza dell'ausiliare *avoir*, il verbo sarà al participio passato. Poiché è un verbo della seconda coniugazione, la desinenza è -*i*; la radice resta *faill-*: la risposta corretta, dunque, è la D. La risposta A propone il participio passato del verbo *feindre, fingere*; mentre la B suggerisce quello del verbo *falloir, bisognare*.

LINGUE STRANIERE

21 *Apprendre* significa *imparare* e date le risposte suggerite si può dedurre che l'espressione che completa la domanda sia *imparare a memoria*. In francese si dice *apprendre par cœur*, risposta A.

22 *Vaisselle* significa *stoviglie, piatti*, tanto che *faire la vaisselle* significa *lavare i piatti*. La risposta esatta è la D. Le risposte A, B e C suggeriscono, rispettivamente, *abbigliamento, sapone, città vicino Parigi*.

23 *Boisson* significa *bevanda*, quindi qualsiasi liquido che si possa bere: la risposta esatta è la A. Le risposte B, C e D definiscono rispettivamente: *animale marino* ovvero *pesce* (confondibile con *boisson* perché è scritto *poisson*); *liquido mortale* ovvero *veleno* (confondibile perché è scritto *poison*), *tronco di un albero* o *ceppo* (per confondere chi associa *boisson* alla parola *bois, legno*).

24 *Tournure* è una parola il cui senso può essere tradotto con *costruzione, sintassi di un discorso*: la risposta esatta è la C. La risposta A suggerisce la *torsione del busto*, la B propone *curva pericolosa*, la D propone *passaggio di secolo*.

25 *Pot* è un *recipiente* (*récipient*) che può contenere alimenti o bevande, ed è sinonimo di *verre* (bicchiere) e di *jarre* (giara). La risposta corretta è la D: *quantità* non è sinonimo di *pot*.

26 *Jouer* significa *giocare, divertirsi* (*plaisanter, s'amuser* ecc.), *suonare* uno strumento musicale (*faire sonner un instrument, jouer d'un instrument*), *recitare* (*représenter*): la risposta corretta è la B (*raccontare*).

27 L'unico sinonimo di *magasin* è *boutique*, risposta A: *magasin*, infatti, significa *negozio*, come anche *boutique*. *Revue* (risposta B) può essere sinonimo di *magazine* (*rivista*), *débarras* (risposta C) è il *ripostiglio* (ci si può confondere perché *magasin* significa anche *magazzino*); *provision* (risposta D) è la *scorta*, la *provvista*.

28 La *hausse* è un termine usato frequentemente in economia o nel commercio con il significato di *aumento, rialzo*: il suo sinonimo è, pertanto, *augmentation* (risposta B). Le risposte A, C e D propongono: *spalla, riduzione* (contrario di *hausse*), *uguaglianza*.

29 *Apercevoir* significa *scorgere, intravedere*, ma anche *notare, indovinare, constatare, sentire*: insomma, tutte quelle azioni che riguardano la percezione fisica o mentale di qualcosa. Di tutti i verbi suggeriti l'unico sinonimo di *apercevoir* è *deviner*: la risposta al quesito è la A. La risposta B propone *contraddire*, mentre la C e la D suggeriscono *prevedere* e *sparlare, parlare male*.

30 L'*arrivée* è l'*arrivo*, quindi il contrario di *partenza*: la risposta corretta è la D, *départ*. *Arrêt* (risposta A) vuol dire *fermata* o *arresto*, *gare* (risposta B) significa *stazione ferroviaria*, *objectif* (risposta C) è l'*obiettivo*.

31 *Prêter* è il verbo che deriva dal nome *prêt, prestito* e significa *dare in prestito*. Si può individuare il suo contrario anche procedendo per esclusione: sicuramente non sarà *consegnare un premio* (risposta B), né *prepararsi* (risposta C), né *addebitare* (risposta D). Il contrario di *dare in prestito* è *prendere in prestito, emprunter*: la risposta esatta è la A.

32 *Renommé* è l'aggettivo che significa *rinomato*, quindi *celebre* (risposta A), *famoso* (risposta B), *familiare, noto* (risposta C). La risposta corretta è la D: *estraneo*.

33 Evidentemente nella proporzione manca un tipo di fiore, dato che *gatto* (*chat*) è un *animale* (*animal*). Le risposte B e D possono essere scartate perché significano *rosso* e *argento*. *Papillon* (risposta A) significa *farfalla*, mentre *rose* è un *fiore, rosa*: C è la risposta corretta.

34 *Egiziano* sta a *Africa* (poiché ne è abitante) come *Francese* sta, evidentemente, a *Europa*: la risposta esatta è la A. *Italiano* (risposta B) è sullo stesso piano di *français* e di *égyptien*; *popolo* (risposta C) è troppo vago; *Mediterraneo* (risposta D) è impreciso, non è il nome del continente.

35 L'aggettivo *chaque* significa *ogni*, *fois* vuol dire *volta*: l'espressione *ogni volta* non può essere sostituita da *in ogni momento* (risposta A), né da *a volte* (risposta B), né da *ogni tanto* (risposta C). L'unico avverbio dal significato simile è *quando*: la risposta corretta è la D.

36 *Tout à fait* rafforza l'affermazione, quindi significa *assolutamente, del tutto, affatto*: la risposta corretta è la C. Le altre risposte suggeriscono avverbi con significato molto diverso: *persino* (risposta A), *inutilmente* (risposta B), *sempre* (risposta D).

37 Quando una cosa ha un determinato odore, in francese si dice che quella cosa *sente* ciò che ne caratterizza l'odore; la costruzione della frase è quindi: soggetto + *sentir* + sostantivo. La risposta B è quella corretta. Le risposte A, C e D propongono rispettivamente: *contiene vino, è piena di vino, è un magazzino.*

38 La traduzione di *Ça y est* è *Ci siamo*, esclamazione che significa che *tutto è pronto*: la risposta esatta è la A. La risposta B propone un altro modo per coniugare *y être*, ma con il significato di *starci, esserci*. Le risposte C e D significano *C'è* e *Ecco.*

39 *Faudra* è il futuro di *falloir, bisognare*: quindi, si tratta di *ciò di cui esse avranno bisogno*, risposta A. Le risposte C e D sono imprecise, perché entrambe pongono l'accento su *ciò che esse vorranno* o *desidereranno*, che potrebbe non essere proprio quello di cui avranno bisogno. La risposta B è interpretativa: non è specificato da nessuna parte che esse avranno bisogno di cibo.

40 *Ça fait combien* è un'espressione un po' colloquiale per chiedere il prezzo di qualcosa (*ça coûte combien?, c'est combien?)*. Il dimostrativo *ça* diventa soggetto di *faire*, e *combien* significa *quanto*. La risposta esatta è la B (*Qual è il prezzo di questo prodotto?*). Le risposte A, C e D suggeriscono: *Qual è il significato di questa parola?, Quali sono le parole di quella canzone?, Come funziona questo affare?* (in un registro decisamente colloquiale).

41 *Nul* è un pronome indefinito riferito a persona e significa *nessuno*; si comporta esattamente come *personne*, e vuole la negazione al verbo. La risposta A propone il significato contrario: *questo potrebbe aiutarvi*; la risposta B suggerisce *niente può farmi soffrire*, ed è ancora sbagliata. Anche la risposta C non è accettabile (*Qualcuno potrebbe consolarmi ma non lo fa*). La risposta corretta è la D: *Nessuno è in grado di confortarmi nel mio dolore*.

42 *On* è il pronome personale soggetto che traduce il *si* impersonale, o i soggetti indefiniti: *essi, uno, noi*. In questo contesto, il complemento d'agente è chiaramente *tutti, le persone, la gente*, che in francese si traduce *tout le monde*. La risposta B propone *la Francia*; anche le risposte C e D sono errate. La risposta corretta è la A.

43 L'espressione *il y a* significa *fa*, o comunque precede l'indicazione temporale che specifica il momento passato in cui l'azione si è verificata; *longtemps* significa *per molto tempo*: *il n'y a pas longtemps* significa *non è da molto che.* In altre parole, *siamo partiti di recente*: la risposta corretta è la B. La risposta C esprime il significato opposto (*Siamo partiti anni fa*); le risposte A e D sono interpretazioni errate: *Non abbiamo il tempo di partire* e *Egli non ha il tempo di partire con noi.*

44 L'aggettivo *tout* seguito dall'indicazione di durata significa *ogni*: lo sciroppo viene bevuto ogni tre giorni. La risposta A suggerisce che la sorellina prende lo sciroppo *per* tre giorni; la risposta D propone lo stesso concetto. Secondo la risposta B la bambina berrebbe tre bottiglie di sciroppo al giorno. La risposta corretta è quindi la C: *Se beve lo sciroppo oggi, ne riberrà fra tre giorni*.

LINGUE STRANIERE

45 Il verbo della prima frase è alla forma negativa, ma la presenza della parola *nessuno* impone l'assenza di *pas*: la risposta B è sbagliata. In questo caso *Nessuno* è aggettivo, non pronome: *aucun conseil* (come nella risposta A: *Non chiedo consiglio a nessuno*). Si possono considerare le risposte C e D. La seconda frase può essere tradotta in due modi: con un verbo alla forma affermativa seguito dall'avverbio *seulement* (risposte A e B), oppure alla forma negativa apparente (risposte C e D). Il sostantivo *respect* è comunque preceduto dall'articolo partitivo *du*, anche nel caso della negazione, proprio perché è apparente: le costruzioni corrette sono quelle delle risposte A e C. Ora, poiché la prima frase di A non traduce correttamente il senso della frase italiana, la risposta corretta è la C.

46 La prima frase è una negazione e generalmente l'articolo partitivo che precede il sostantivo deve essere alla forma neutra *de*. Tuttavia, se c'è qualche elemento che aggiunge un'informazione a proposito del sostantivo, allora il partitivo resta accordato: *Je n'ai pas du temps à perdre*. Si possono scartare le risposte B e D. Il pronome personale soggetto *io*, evidenziato in italico, dà enfasi alla volontà del soggetto che compie l'azione, e in francese si indica premettendo il pronome complemento corrispondente al pronome soggetto: *Moi, je*. L'avverbio *soltanto* si può tradurre *seulement* oppure si può rendere attraverso una falsa negazione: *je ne lis que*. Infine, davanti all'aggettivo qualificativo, il partitivo resta alla forma neutra *de*. La traduzione corretta è la A.

47 L'interrogativa *Quanti anni ha...?* si traduce *Quel âge a...?*. Poiché il soggetto della domanda è espresso da un sostantivo (*quel signore*), è necessario costruire l'inversione soggetto-verbo con il pronome personale soggetto corrispondente a *monsieur*, quindi *il*, e anteporre o aggiungere alla fine il soggetto espresso con il sostantivo. Il pronome interrogativo *quale* si traduce *lequel*; *quel* è un aggettivo. Il pronome dimostrativo *quello* si traduce *celui*; viene sostituito dall'articolo *le* solo se è seguito da un aggettivo qualificativo. In questo caso, siccome è seguito da un participio passato, è necessario riprenderlo con un pronome relativo (*qui*) e un verbo copulativo (*être, sembler, paraître* ecc). Quindi, la traduzione esatta è la C.

48 *Stare per* si traduce *aller* + infinito; tuttavia, siccome anche il verbo all'infinito è *aller*, e verrebbe a crearsi una ripetizione, è sufficiente tradurre con un tempo presente (*nous allons au stade*). Le traduzioni B e C si possono escludere. Quando *aller* o un verbo di moto sono seguiti da una preposizione e da un infinito la preposizione non si traduce: anche la traduzione A è scorretta. Infine, quando il verbo *être* è seguito soltanto da un aggettivo, il suo soggetto impersonale è *ce*. La traduzione corretta è la D.

49 L'insufficienza cardiaca causata da infarti, infezioni virali o affezioni cardiache (*Cette destruction, qui peut être la conséquence d'un infarctus du myocarde, d'une infection virale ou de la survenue d'une affection cardiaque, …*) distrugge le cellule muscolari cardiache che per loro natura non si riproducono più; poiché tale assenza può causare seri danni, le suddette terapie intervengono per ricreare il tessuto danneggiato. Come si legge nel primo paragrafo: *Tous ces travaux partent des particularités du muscle cardiaque. A la différence de la plupart des autres tissus qui composent le corps humain, les cellules musculaires cardiaques ne se multiplient pas: la croissance du cœur après la naissance est assurée non pas par l'apparition de nouvelles cellules, mais par l'augmentation de la taille des cellules musculaires existantes.* La risposta corretta è la C. Anche la risposta D sarebbe corretta se l'affermazione fosse limitata ai cuori malati, non a tutti i cuori.

PARTE QUARTA

50 Nell'ultimo periodo del primo paragrafo viene data la risposta a questa domanda: *La «pompe» étant défaillante, la quantité de sang, et donc d'oxygène, envoyée aux différents organes est alors insuffisante.* La risposta corretta è quindi la A. La D esprime l'esatto contrario di cosa accade alla circolazione del sangue. La risposta B, invece, mette in luce le possibili cause della distruzione delle cellule cardiache: *Cette destruction, qui peut être la conséquence d'un infarctus du myocarde, d'une infection virale ou de la survenue d'une affection cardiaque, se traduit par une insuffisance du cœur à remplir pleinement sa fonction.* La risposta C è del tutto errata.

51 Nel secondo paragrafo si trova l'informazione per rispondere alla domanda: [...] *cette technique qui consiste à «transplanter» dans le cœur des cellules souches adultes pour qu'elles remplacent les cellules mortes et permettent ainsi au patient de retrouver une fonction cardiaque presque normale.* Quindi, la risposta esatta è la D: il trapianto di cellule matrice che intervengano a sostituire quelle distrutte. Tali cellule, definite *souches* (*staminali*) evidentemente non sono create in laboratorio (risposta B), ma si ricreano autonomamente una volta trapiantate nel cuore. L'asportazione delle cellule morte (risposta A) non è una terapia curativa. Anche la risposta C non trova alcun riscontro nel testo.

52 Dall'introduzione al penultimo paragrafo si evince che i tipi di terapia genica sono più di uno: *Un autre type de thérapie génique.* Le risposte A e B sono errate. Inoltre, queste parole lasciano dedurre che il paragrafo precedente a questo descriva un'altra terapia: *Par ailleurs, le docteur Timothy Henry doit présenter une étude attestant de l'innocuité de l'utilisation d'une protéine, le facteur de croissance endothélial vasculaire (VEGF), pour obtenir la formation de nouveaux vaisseaux ou angiogenèse.* Dunque, il primo tipo è descritto nella risposta A. Il secondo sarà descritto nel penultimo paragrafo: [...] *consiste enfin à faire parvenir jusqu'aux chromosomes des cellules cardiaques un adénovirus, qui sert de vecteur à un bloqueur d'une substance appelée phospholamban. Ce produit diminue le niveau d'une protéine qui favorise la contraction des cellules cardiaques. Les cœurs qui ont bénéficié de cette thérapie génique se contractent mieux que ceux qui n'ont pas été traités.* Questa definizione è data nella riposta B. Entrambe le descrizioni sono riportate nella risposta C, quella esatta. La risposta D suggerisce i due metodi tradizionali adottati per risolvere il problema della vascolarizzazione: *Cette technique est utilisée chez les victimes d'un infarctus du myocarde qu'on ne peut traiter par les moyens traditionnels de rétablissement de la vascularisation du muscle cardiaque: angioplastie ou pontage.*

53 Nel primo paragrafo del brano viene data la risposta alla domanda: gli inglesi odiano senza dubbio irlandesi, scozzesi e soprattutto francesi, ma ancor prima, essi odiano tutti (*Mais les Anglais détestent tout le monde. Pas de gloriole française, ils détestent la Terre entière, à commencer par les Ecossais et les Irlandais*). La risposta corretta è la D.

54 Seguendo il discorso della moglie del giornalista, anche la geografia della Gran Bretagna sarebbe causa dell'atteggiamento degli inglesi: il fatto che vivano su un'isola fa loro apparire ciò che li circonda come una minaccia, un pericolo, pertanto non potranno che contare su sé stessi (*Ile ou navire, tout ce qui est autour est hostile, dangereux, inhumain: serrons-nous les coudes et ne comptons que sur nous-mêmes, nous sommes seuls dans l'univers*). La risposta corretta è la B. Le risposte A e C non hanno riscontri nel testo; quanto alla D, sebbene l'autore parli di conquiste, rapine e presa dei mari, in realtà lo fa nell'ambito di un discorso sull'atteggiamento che deriva dal fatto di vivere su un'isola: uscirne, può essere motivato soltanto dal desiderio di conquista e rapina (*Lorsqu'on quitte son île non pour toujours, mais avec l'intention d'y revenir, est-ce pour autre chose que la conquête, la rapine, la prise de mer?*).

55 Nell'articolo vengono espressi molti pareri e avanzate diverse ipotesi sulla differenza tra inglesi e francesi, soprattutto nei primi paragrafi, dove l'autore (ovvero sua moglie) afferma che gli inglesi odiano i francesi perché gli ultimi non si lasciano disprezzare come altri popoli, rifiutando la superbia inglese ([...] *nous ne nous laissons pas mépriser. Nous sommes, Français, parmi les rares à refuser leur superbe – c'est pourquoi ils nous trouvent arrogants –, et cela les vexe horriblement*). Questo permette di escludere la risposta **D**. La risposta **C** non corrisponde proprio alla verità storica, sebbene il giornalista citi conquiste da parte dei francesi. La risposta **B** è solo parzialmente corretta, poiché è scritto che i francesi sono sentimentali, ma l'invidia degli inglesi a tale proposito è motivata dal fatto di essere puritani (vera differenza tra i due popoli). In altre parole: *Ils nous détestent parce que nous aimons le débridé, le sentimental et la bonne chère. Chez eux, pour cause de puritanisme, il n'est pas admis de prendre du plaisir de façon visible, ce que font les Français. Au fond, leur haine, c'est de l'envie*. La risposta esatta è la **A**.

56 Il clima freddo e piovoso della Gran Bretagna avrebbe invitato gli inglesi prevalentemente a una vita chiusa tra le mura domestiche, impedendo loro di instaurare rapporti sociali con l'intera comunità al di fuori delle singole abitazioni: *Dans un pays où il fait froid et où il pleut, la vie se passe à l'intérieur des maisons et non sur le forum ou l'agora, ni sur le mail. Point de chaises sorties sur le trottoir, point de vieux assis à l'ombre qui apostrophent les passants d'une blague. De gros murs, de petites fenêtres, des haies pour couper le vent. Et l'on passe tout son temps, on dépense toute son énergie, son art, son talent à calfeutrer son home et à le rendre confortable*. La risposta corretta è la **C**. La risposta **A** dà una spiegazione piuttosto parziale; nella risposta **B** la causa e la conseguenza sono invertite, per cui data l'assenza di rapporti esterni alla casa, gli inglesi si sono impegnati a rendere confortevoli le loro abitazioni (*Et l'on passe tout son temps, on dépense toute son énergie, son art, son talent à calfeutrer son home et à le rendre confortable. Le mot comfortable est un mot anglais. Pendant que les méridionaux s'engueulent dehors, sur la place publique mais ni chez l'un ni chez l'autre, les peuples de la brume et du ciel gris inventent les doubles rideaux, les coussins capitonnés, les sitting-rooms - des pièces pour s'asseoir*). Infine, La risposta **D** suggerisce una spiegazione psicologica che non viene menzionata nel brano.

57 Il brano si apre con la seguente frase: *L'ordinateur connecté à l'Internet deviendra peut-être un jour une baby-sitter aussi pratique que la télévision*. Pertanto, la risposta corretta è la **C**.

58 Nel quarto paragrafo del testo si legge: «[...] *les jeunes parlent beaucoup entre eux de ce qu'ils font avec l'ordinateur». Les bons tuyaux du réseau alimenteraient ainsi les bavardages de cours de récré. «L'exclusion touche en fait ceux qui ne peuvent pas échanger sur ce thème, car ils n'ont pas d'ordinateur», souligne Pascale*. La risposta esatta è quindi la **B**.

59 *Fouillé*, aggettivo e participio passato del verbo *fouiller*, significa letteralmente *rovistato, frugato*, quindi per estensione *ricercato, scovato, trovato*. La risposta esatta è quindi la **D**.

60 Nel terzo paragrafo del brano è spiegato l'uso frequente della rete per fini di studio: *Les cerveaux dégourdis ont, en revanche, trouvé comment moins s'enquiquiner à faire les devoirs. Des exposés transitent tous les jours sur le réseau, des solutions à des problèmes mathématiques passent d'ordinateur en ordinateur: une nouvelle forme d'entraide est née avec l'Internet. On révise même le baccalauréat en réseau. En mai, Emma, 16 ans, s'est organisée avec une vingtaine de copains de classe: entre eux, ils se sont divisé les grands thèmes d'histoire-géo à réviser, chacun rédigeant des fiches avec soin*. La risposta corretta è pertanto la **A**.

Quesiti di spagnolo

1 **Escoja el grupo de palabras que completa mejor el texto de la frase propuesta.**
Durante la función, ___ silencio.

A tuvieron que guardar
B debían poner
C pusieron a platicar
D habían dado

2 **Escoja el grupo de palabras que completa mejor el texto de la frase propuesta.**
Esta es la carretera ___ fuimos a Madrid.

A por el cual
B por la que
C para la que
D por la cuales

3 **Señale la frase incorrecta.**

A Este árbol fue plantado por mi padre el año pasado
B La decisión ha sido tomada por el presidente
C La ciudad estaba tomada por el ejército invasor
D La previsión del tiempo está publicada cada día por la prensa

4 **Señale la frase incorrecta.**

A ¿Cuál ordenador te compraste ayer?
B ¿Cuáles de estos libros son tuyos?
C ¿Qué coche es el tuyo?
D ¿De qué libro estás hablando?

5 **Señale la frase incorrecta.**

A Cuando lo vi, eché a correr
B ¡Ponte a estudiar!
C Pablo rompió a gritar como un loco
D El niño se puse a llorar sin razón

Las frases siguientes contienen una parte subrayada caracterizada por un error gramatical. Escoja la alternativa que reemplaza correctamente la parte subrayada.

6 **María es <u>igual inteligente cuanto</u> guapa.**

A igual de inteligente que
B igual inteligente como
C igualmente inteligente tan
D igual inteligente que

LINGUE STRANIERE

7 **Nadie entendió el que dijo el profesor.**

A aquel que
B él que
C la que
D lo que

8 **Escoja la palabra o el grupo de palabras que completa mejor el texto de la frase propuesta.**
Esta mañana ___ muchas felicitaciones.

A recibimos
B hemos recibido
C recibiremos
D hayamos recibido

9 **Escoja la palabra que más se acerquen al significado de la palabra o palabras en paréntesis cuadrados.**
Mis padres han [separado] esta mañana las manzanas verdes de las maduras.

A apartado
B detenido
C partido
D resultado

10 **Señale la frase o palabra incorrecta.**

A El aterrizaje está previsto para las tres
B Tengo que llegar a Madrid antes de las cuatro
C El avión ha llegado más tarde que lo previsto
D Están anulados todos los vuelos para Londres

11 **Señale la frase o palabra incorrecta.**

A Los perros no puede entrar
B Está prohibido pisar el césped
C No se pueden hacer fotografías en el interior de la Catedral
D Lo siento, no había visto el cartel

12 **Señale la frase o palabra incorrecta.**

A Me siento muy débil
B Me encuentro mucho mal
C Me duelen las piernas
D Me he levantado con náuseas

13 **Señale la frase incorrecta.**

A Hace unos 5000 años no existían los periódicos, ni la tele, ni los trenes, ni casi ninguna de las cosas modernas
B Esta gripe me ha dejada baldada
C Llevó más de dos años viviendo en Barcelona
D Se quedó durmiendo hasta las tres de la tarde

14 **Señale la frase incorrecta.**

- A Estando tu de acuerdo, lo estarán todos
- B Este niño es muy divertido
- C Ahora descanso, después trabajaré
- D Fumar es peligroso para la salud

15 **Señale la frase incorrecta.**

- A La casa fue construida por los albañiles
- B Se han descubierto todos sus secretos
- C Nos han robado la bicicleta
- D Por haber robado, le metieron en el cárcel

16 **Elija la perífrasis adecuada para completar la siguiente frase.**
Esta manzana es muy agradable ___ comer.

- A por
- B de
- C a
- D al

17 **Elija la perífrasis adecuada para completar la siguiente frase.**
Sol y Maribel trabajan en ___ banco.

- A la
- B un
- C una
- D esta

18 **Elija la perífrasis adecuada para completar la siguiente frase.**
¡Qué mujer tan antipática! Ni ___ me saludó.

- A quiere
- B siquiera
- C dieran
- D nunca

19 **Elija la perífrasis adecuada para completar la siguiente frase**
Su boda se ___ la noticia cumbre de los periódicos.

- A tuvo
- B llegó
- C volvió
- D fue

20 **Escoja el grupo de palabras que completa mejor el texto de la frase propuesta.**
Dora estudia historia del arte y le tiene un gran ___ la música.

- A aburrimiento por
- B cansancio de
- C rencor hacia
- D apego a

LINGUE STRANIERE

21 **Escoja la palabra que completa mejor el texto de la frase propuesta.**

A este sofá hay que cambiarle el ___

A rehenchimiento

B tresillo

C jaboncillo

D denuesto

22 **Escoja la palabra que más se acerquen al significado de la palabra o palabras en paréntesis cuadrados.**

No seas [chinchoso] y deja de insistir por favor

A gozoso

B doloroso

C quisquilloso

D empalagoso

23 **Escoja el grupo de palabras que más se acerquen al significado de la palabra o palabras en paréntesis cuadrados.**

Fue suficiente [echar un vistazo] para que se diera cuenta de la situación.

A dar una ojeada

B tener duende

C cerrar los ojos

D poner buena cara

24 **Elija la perífrasis adecuada para completar la siguiente frase.**

Pablo está como una ___ en marzo.

A cabra

B naranja

C mosca

D gusano

25 **Elija la perífrasis adecuada para completar la siguiente frase.**

De tal ___ , tal astilla.

A cama

B cubo

C palo

D pueblo

26 **Elija la perífrasis adecuada para completar la siguiente frase.**

Marco es un buen alumno de primera enseñanza, hizo por ___ todos los deberes.

A frecuente

B tanto

C menos

D menudo

27 **Elija la perífrasis adecuada para completar la siguiente frase.**

¡ ___ la casa pero que no salga humo!

A Ciérrese
B Quiera
C Huya
D Quémese

28 **Escoja la palabra que completa mejor el texto de la frase propuesta.**

Alicia ___ a su mamá.

A extraña
B falta
C fallece
D carece

29 **Escoja la palabra o el grupo de palabras que completa mejor el texto de la frase propuesta.**

No es bueno que Emiliano ___ de la realidad.

A se vaya
B huya
C esquive
D se corra

30 **Escoja la palabra que completa mejor el texto de la frase propuesta.**

El ___ le cortó el pelo a mi hermana la semana pasada.

A veterinario
B esteticista
C peluquero
D arquitecto

Las frases siguientes contienen una parte subrayada caracterizada por un error gramatical. Escoja la alternativa que reemplaza correctamente la parte subrayada.

31 **Si Juan vendría, comeríamos todos juntos.**

A Si Juan vendrá
B Si Juan viniese
C Si Juan hubiese venido
D Si Juan viene

32 **De acuerdo con lo que vieron, debían hacer un resumen.**

A deberán hacer un resumen
B deben que hacer un resumen
C tienen hacer un resumen
D tendrá que hacer un resumen

33 **Escoja el grupo de palabras que completa mejor el texto de la frase propuesta.**

Cuando lleguen, ya ___

A hemos desayunado
B hayamos desayunado
C habremos desayunado
D habíamos desayunado

LINGUE STRANIERE

34 **Elija la perífrasis adecuada para completar la siguiente frase.**

___ cuando las chicas llegaron.

A Acababa de almorzar

B Seguía almorzando

C Empezaré a almorzar

D Hay que almorzar

35 **Elija la perífrasis adecuada para completar la siguiente frase.**

Hasta ahora ... cinco coches.

A vendrán

B han vendido

C vendía

D habrá vendido

Elija la palabra que falta en el siguiente pasaje.

Tras la publicación de la monumental *Submundo* (1997), considerada su magnum opus, la carrera de Don DeLillo, autor de 15 novelas, experimentó un cambio sutil. Sus obras se hicieron más breves y meditativas y en ___ [36] el autor tendía puentes que entroncaban con las artes visuales. Nacido en el barrio neoyorquino del Bronx hace 75 años, Don DeLillo es uno de los ___ [37] más prestigiosos y respetados de nuestro tiempo. Obras como *Americana* (1971), *Great Jones Street* (1973), *Los nombres* (1982), *Ruido de fondo* (1985), *Libra* (1988), Mao II (1991) o, ya en el siglo XXI, *Body Art* (2001), *Cosmópolis* (2003), *El hombre del salto* (2007) y *Punto Omega* (2010) constituyen uno de los corpus narrativos más formidables de las últimas décadas. La publicación en 2011 de *El ángel Esmeralda* (Seix Barral), su primer libro de cuentos, ahora traducidos al español, supone un ___ [38] en una carrera que dura ya medio siglo. Haciendo gala de una prosa que destila belleza y profundidad, los nueve relatos que integran este sobrio volumen están a la altura de lo mejor que jamás ha escrito DeLillo. Entresacados de la veintena de cuentos que ha publicado a lo largo de toda su vida y ordenados cronológicamente (___ [39] 1979 y 2011), los relatos de *El ángel Esmeralda* constituyen la mejor introducción posible a una obra que por su audacia y rigor no siempre resulta inmediatamente accesible. Los temas y preocupaciones mayores de Don DeLillo están todos presentes aquí. Su prosa, concisa hasta la desnudez y de una precisión glacial, irradia una luminosidad que sólo se da cuando el lenguaje de la poesía se ___ [40] al de la ciencia, alcanzando en ocasiones altísimas cotas de belleza.

36

A aquellas

B las

C ellas

D otras

37

A científico

B escultores

C pintores

D narradores

38

- A hito
- B lugar
- C sentido
- D relato

39

- A desde
- B entre
- C en
- D hasta

40

- A desplaza
- B amanecer
- C desechar
- D acerca

Lea el siguiente artículo y responda a las preguntas.

El "funeral" de los pájaros

Adrián Pascua | Madrid, *El mundo* 4/09/2012

El comportamiento animal no deja de sorprender por su sofisticación y su chocante similitud con el *Homo sapiens*. Una nueva investigación ha descubierto cómo algunos pájaros llegan a brindar "funerales" a sus muertos. Una reacción que no es la primera vez que se observa en otras especies y vuelve a reabrir el debate sobre la consciencia y el sufrimiento por la muerte en el reino animal.

El estudio de la Universidad de California en ejemplares de la especie *Aphelocoma californica*, común del oeste de los EEUU, observó como estos pájaros, en el momento en que percibían al animal muerto, lo rodeaban y comenzaban a realizar señales de alarma.

Esta actuación sirve a la especie para percatarse de un peligro cercano, generalmente un depredador, y posteriormente advertírselo al resto. «Usan esa muerte como un indicador del riesgo existente en el área y se lo comunican al resto de pájaros» afirma Teresa Iglesias, investigadora principal del estudio, a ELMUNDO.es.

El experimento se llevó a cabo colocando una serie de objetos y animales para ver la reacción de las especies. Entre ellos había trozos de madera coloreada, pájaros muertos y simulaciones de depredadores. Las aves reaccionaban de un modo indiferente a los objetos de madera, pero cuando observaban un pájaro muerto, cambiaban por completo su comportamiento. De inmediato comenzaban a lanzar, advirtiendo al resto de ejemplares. De este modo, los pájaros lo rodeaban y atendían durante todo el día. Una conducta «ligada a un desarrollo de inteligencia elevado y a un comportamiento social desarrollado» explica Santiago Merino, miembro del Departamento de ecología evolutiva del Museo Nacional de Ciencias Naturales.

El hecho de que no reaccionaran a los otros objetos demuestra que no es la novedad lo que les cambia el comportamiento, sino otro motivo mucho más complejo. Son conscientes de la muerte de sus congéneres y además les sirve para mejorar su seguridad, alertándose entre ellos del peligro de los deprededadores y disminuyendo de esta manera el riesgo. Son conscientes, aunque la investigación no confirma «que estos animales sufran emocionalmente por estas muertes», destaca Iglesias.

Sin embargo, para la científica «sería presuntuoso pensar que somos los únicos que sufrimos por la muerte de algún pariente». De hecho, la consciencia de la muerte no es exclusiva de estos pájaros. No es el primer caso descubierto de un animal que lleva a cabo ritos y honores a sus fallecidos. Ese fue el caso de una jirafa en Zambia que se negaba a abandonar el cuerpo de su cría difunta y durante cuatro días recibía la "visita" de otras jirafas que rodeaban al cadáver.

Lo mismo se ha comprobado con los elefantes y los chimpancés, que muestran sufrimiento ante al fallecimiento de sus seres queridos. Para Merino, «probablemente sea un comportamiento aún más extendido de lo que conocemos hoy en día». Una muestra más de la complejidad del comportamiento animal y de que la muerte, para ellos, también puede ser motivo de dolor.

41 Según el autor del artículo, el comportamiento animal de los pájaros que llegan a brindar "funerales" a sus muertos sorprende porque:

- A pensábamos que sólo los seres humanos sufren la muerte de sus seres queridos
- B sólo los elefantes y los chimpancés muestran sufrimiento por la muerte de sus seres queridos
- C los pájaros no cambian sus comportamiento ante la gran diversidad de ecosistemas
- D los pájaros, como las jirafas, no pueden conocer el sufrimiento del alma

42 El comportamiento social desarrollado por los pájaros que sufren el fallecimiento de sus congéneres consiste en:

- A reaccionar a los objetos de madera como si fueran pájaros muertos
- B reaccionar de un modo indiferente a los objetos de madera y a los pájaros muertos
- C ser conscientes de la muerte de sus congéneres y brindar funerales a sus muertos
- D abandonar el cuerpo de sus queridos fallecidos

43 La conciencia de la muerte les sirve para:

- A minimizar la degradación del contexto ambiental
- B consolidar la seguridad de la especie
- C mejorar la calidad de vida de la población de los pájaros
- D colocar objetos de madera y animales para ver la reacción de los congéneres

44 La científica cree que:

- A pensar que somos los únicos que sufrimos por la muerte de algún pariente sería como negar la complejidad de la especie aviaria
- B el sufrimiento por la muerte prueba que el desarrollo de inteligencia es elevado
- C las aves nunca cambian su comportamiento con señales de alarma
- D la necesidad de advertir al resto de ejemplares es infrecuente

45 El estudio de la Universidad de California demuestra que:

- A sólo la especie *Aphelocoma californica* cambia su comportamiento ante la muerte
- B todos los pájaros cambian radicalmente su comportamiento ante la muerte
- C los ejemplares de la especie *Aphelocoma californica* cambian su comportamiento cuando advierten la presencia de un miembro de su especie fallecido
- D sólo los pájaros concientes de la muerte son prueba de un desarollo de inteligencia elevado

Elija la palabra que falta en el siguiente pasaje.

Frecuentemente los lectores de las novelas de la serie Carvalho me interrogan sobre el porqué de la a veces desmedida afición a la cocina del señor Carvalho. Yo suelo dar una respuesta inteligente, de la que me responsabilizo, pero Carvalho ___ [46] ha dicho nada relevante al respecto. Yo suelo plantear la cocina como una metáfora de la cultura. Comer significa matar y engullir a un ser que ___ [47] vivo, sea animal o planta. Si devoramos directamente al animal muerto o a la lechuga arrancada, se diría que somos ___ [48] salvajes. Ahora bien, si marinamos a la bestia para cocinarla posteriormente con la ayuda de hierbas aromáticas de Provenza y un vaso de vino rancio, entonces hemos realizado una exquisita operación cultural, igualmente fundamentada en la brutalidad y la muerte. Cocinar es una metáfora de la cultura y su contenido ___ [49], y en la serie Carvalho forma parte del tríptico de reflexiones sobre el ___ [50] de la cultura. Las otras dos serían esa quema de libros a la que Carvalho es tan aficionado y la misma concepción de la novela como vehículo de conocimiento de la realidad, desde el mestizaje de cultura y subcultura que encarna la serie Carvalho.

(Prólogo por Manuel Vázquez Montalbán a *Las recetas de Carvalho*, 1989)

46

- A nunca
- B ya
- C aún
- D jamás

47

- A ha sido
- B fue
- C ha estado
- D estuvo

48

- A unos
- B muchos
- C algunos
- D ningunos

49

- A fantástico
- B hipócrita
- C cruel
- D sabroso

50

- A lugar
- B sitio
- C papel
- D tamaño

Elija la palabra que falta en el siguiente pasaje.

La Casa Milà, llamada popularmente La Pedrera («cantera» en catalán), es un edificio ___ [51], obra del arquitecto Antoni Gaudí, construido entre los años 1906 y 1910 en el distrito del Ensanche de Barcelona, en el número 92 del Paseo de Gracia. La casa fue edificada por encargo del matrimonio Pere Milà i Camps y Roser Segimon i Artells, y Gaudí ___ [52] la colaboración de sus ayudantes. La Casa Milà es un reflejo de la plenitud artística de Gaudí: pertenece a su etapa naturalista (primera década del siglo XX), periodo en que el arquitecto perfecciona su ___ [53] personal, inspirándose en las formas orgánicas de la naturaleza, para lo que puso en práctica toda una serie de nuevas soluciones estructurales originadas en los profundos análisis efectuados por Gaudí de la geometría reglada. A ello ___ [54] el artista catalán una gran libertad creativa y una imaginativa creación ornamental: partiendo de cierto barroquismo sus obras adquieren gran ___ [55] estructural, de formas y volúmenes desprovistos de rigidez racionalista o de cualquier premisa clásica.

51

- A barrueco
- B modernista
- C contemporaneo
- D racionalista

52

- A contó en
- B contó sobre
- C contó con
- D contó

53

- A visíon
- B empeño
- C habilidad
- D estilo

54

- A añade
- B pone
- C trae
- D se mezcla

55

- A complejidad
- B visíon
- C abundancia
- D riqueza

Lea el siguiente artículo y responda a las preguntas.

El 4 de julio 2012 la física de partículas acaparó los titulares del mundo entero, gracias al éxito de una historia que comenzó hace más de 60 años. Fue un gran día para la ciencia y para Europa: un símbolo de lo que los europeos pueden lograr cuando aúnan sus recursos y trabajan juntos, en particular, cuando lo hacen de forma sostenible.

Este éxito europeo se llama CERN, un laboratorio de investigación básica nacido de las cenizas de la Segunda Guerra Mundial, y la gran noticia era el descubrimiento de una nueva partícula fundamental que podría cambiar radicalmente nuestra concepción del universo.

La nueva partícula se parece mucho al tan buscado bosón de Higgs, relacionado con un mecanismo originalmente propuesto en 1964 para explicar por qué dos fuerzas fundamentales de la naturaleza tienen una intensidad parecida, pero son muy distintas. Una, el electromagnetismo, tiene un alcance infinito mientras que la otra tiene un alcance limitado a la dimensión de un núcleo atómico y es extraordinariamente débil a mayor distancia. La explicación detallada del *mecanismo de Higgs* puede parecer esotérica, pero sus consecuencias son profundas. Es el responsable de la generación de la masa de las partículas (de masa no nula) y las citadas fuerzas son el electromagnetismo y las *interacciones débiles*. El electromagnetismo es lo que estructura la materia desde la escala atómica a la de objetos más grandes, como seres humanos, casas, estrellas y planetas. Nos encamina la energía del sol y la electricidad en nuestros hogares. Las interacciones débiles inician las reacciones que hacen lucir las estrellas. Entender estas fuerzas es pues extremadamente importante en el humano deseo de comprender el universo que habitamos.

La partícula que hemos descubierto se parece mucho al bosón de Higgs, pero hay que proseguir las investigaciones para lograr una identificación definitiva. La masa de la nueva partícula está en el intervalo que la teoría y previas medidas de muy alta precisión — indirectamente dependientes de la masa del bosón — sugerían. La partícula la encontramos creándola en una mínima fracción de las colisiones entre protones en el LHC y buscando las *huellas* observables de sus posteriores desintegraciones, que la teoría también predecía. Aun así, ahora tenemos que establecer de qué tipo de partícula se trata. Podría ser el bosón de Higgs postulado en los años 60 o podría ser algo más exótico. Lo que está en juego tiene su importancia, puesto que el *modelo estándar,* la teoría que usamos para describir las partículas elementales de las que estamos hechos y las fuerzas que las estructuran describe toda la materia visible en el universo. Pero hay problemas. La teoría no incluye satisfactoriamente la fuerza de la gravedad y hay mucho más en el universo que mera materia visible. Un 95% del universo nos resulta invisible, pero sabemos que está ahí por su efecto en el 5% visible. En todo caso, estamos en el albor de una era emocionante para la física.

---

56 En el pasaje se afirma que el bosón de Higgs:

A fue descubierto por el CERN el 4 de julio 2012

B fue descubierto por el CERN en 1964

C todavía no existe

D jamás existirá

---

57 De acuerdo con el pasaje, el electromagnetismo:

A tiene un alcance limitado a la dimensión de un núcleo atómico

B nos encamina la energía del sol

C inicia las reacciones que hacen lucir las estrellas

D es extraordinariamente débil a grandes distancias

---

58 Según el pasaje, la teoria del bosón había predicho que:

A un 95% del universo nos resulta invisible

B un 5% del universo nos resulta visible

C la partícula se puede encontrar creándola en una mínima fracción de las colisiones entre protones en el LHC

D la partícula se puede encontrar buscando todas las huellas de sus posteriores desintegraciones

---

59 El pasaje propuesto puede ser extraído de un:

A ensayo científico

B artículo de prensa científica

C manual de física

D boletín oficial del CERN

---

60 De acuerdo con el pasaje, las reacciones que hacen lucir las estrellas son iniciadas por:

A las interacciones débiles

B el electromagnetismo

C la estructura de la materia

D una reacción esotérica

Soluzioni e commenti

1 La risposta esatta è la A. Infatti, l'espressione "dovettero osservare" si traduce con una costruzione verbale al *pretérito indefinido* del verbo *tener* + *que* + infinito. Palesemente errate sono le risposte C e D, in quanto i verbi *platicar* e *dar* sono lessicalmente fuori luogo riferiti al sostantivo *silencio*. Si poteva essere in dubbio riguardo all'alternativa B, in quanto l'uso di *deber* (che indica gli obblighi morali) può essere erroneamente scambiato con quello di *tener que* (che indica obblighi imposti formalmente, quale è appunto quello espresso dall'alternativa A). *Poner silencio* non esiste in ogni caso.

2 Il quesito indaga la conoscenza delle preposizioni *por* e *para* e la confusione che può generare il loro uso. La risposta esatta è la B, in quanto in questo contesto serve *por* seguito da un pronome relativo al femminile singolare.

3 Il quesito si riferisce all'uso passivo dei verbi *ser* e *estar*. Nella forma passiva *ser* + participio esprime l'azione, dando maggior enfasi al soggetto rispetto al complemento d'agente (come correttamente espresso nelle alternative A e B e come andrebbe invece espresso nell'alternativa D – la previsíon del tiempo *es* publicada cada día por la prensa – che rappresenta quindi la soluzione al quesito). L'uso di *estar* + participio, invece, esprime il risultato di un'azione, dando maggior enfasi al complemento d'agente (per esempio, *l'ejército* dell'alternativa C).

4 Il quesito indaga la conoscenza dei pronomi e degli aggettivi interrogativi *cuál* e *qué*. Mentre *cuál* può essere usato solo in fuzione di pronome (e non come erroneamente espresso nell'alternativa A, che rappresenta quindi la soluzione al quesito), *qué* ha valore sia pronominale sia aggettivale.

5 Si tratta di un quesito sull'uso di *ponerse* + *a* + infinito (che indica semplicemente l'inizio di un'azione), *echar(se)* + *a* + infinito (questi ultimi che indicano entrambi l'inizio repentino o deciso di un'azione). La frase sbagliata, e perciò richiesta dal testo dell'esercizio, è rappresentata dall'alternativa D.

6 Nel quesito viene richiesta la formazione corretta di un comparativo di uguaglianza, che è espresso correttamente dall'alternativa A (*igual* + *de* + aggettivo + *que*).

7 "Ciò che disse il professore". Il neutro relativo viene reso da *lo que*, come correttamente indicato dall'alternativa D. Si noti che *aquel* è un aggettivo dimostrativo (*aquél* nella forma di pronome), ma mai pronome relativo.

8 Il verbo corretto da inserire in questa frase è il *pretérito perfecto* (risposta B), che corrisponde al passato prossimo. Come in italiano, infatti, questo tempo verbale si riferisce a un'azione del passato che però è ancora in relazione con il tempo presente. Nel caso specifico, l'azione si è compiuta *esta mañana* cioè "questa mattina", un tempo appena trascorso e ancora vicino al momento in cui si parla.

9 In spagnolo *separar* è sinonimo di *apartar* (in questa frase al participio passato) che in italiano significa "dividere, separare". Nell'esempio si descrive la divisione delle mele acerbe da quelle mature, quindi la risposta esatta non può che essere la A.

PARTE QUARTA

10 Le frasi proposte sono tutte corrette tranne l'alternativa C (risposta esatta). Bisogna infatti sostituire *que* con *de* perché *de lo previsto* è una specificazione dell'aggettivo *tarde* e non, in questo caso, il termine di paragone di una comparazione di maggioranza.

11 L'alternativa A è la risposta esatta: è evidente infatti l'errore, ossia la non concordanza tra soggetto (*los perros*, al plurale) e il verbo (*no puede*, al singolare).

12 Qui la frase scorretta è la B (risposta esatta). Davanti all'avverbio di modo *mal* si usa *muy* e non *mucho* che, diversamente, nel suo uso normale precede i sostantivi.

13 La frase contenente l'errore è la B (risposta esatta). In spagnolo il participio passato, talvolta, concorda in genere e numero con il soggetto o con il complemento. Con l'ausiliare *haber*, invece, il participio forma tutti i tempi composti della coniugazione in forma attiva, ed è sempre invariabile in genere e in numero. In questo caso, infatti, *dejada* va sostituito con *dejado*.

14 L'errore si trova nella frase A (risposta esatta): il pronome personale soggetto *tú* va accentato e questo permette di distinguerlo dalla forma atona del pronome possessivo *tu*.

15 Le prime tre frasi sono corrette, l'ultima contiene un errore (risposta D): il sostantivo *cárcel* in spagnolo è femminile e l'articolo determinativo corretto è *la*.

16 La preposizione che normalmente mette in relazione un nome o un aggettivo al suo complemento è *de* (risposta B). Fanno eccezione a questa regola alcuni aggettivi come *útil*, *bueno*, *estupendo* ecc. che possono essere seguiti dalla preposizione *para*: *Es un día estupendo para casarse*.

17 In spagnolo, il sostantivo *banco* è maschile. L'articolo da usare in questo caso è quindi *un* (risposta B).

18 L'unica alternativa plausibile è data dalla risposta B. *Ni siquiera* è una congiunzione avversativa che significa *nemmeno*. *Quiere* è la terza persona plurale al presente del verbo *querer*; *dieran* è la terza persona plurale del presente congiuntivo; infine, *nunca* significa *mai*.

19 Tutte le alternative riportano verbi coniugati al *pretérito indefinido* (passato remoto). In questa frase, il verbo *volver* significa "rivelare", ed è quindi l'alternativa da selezionare (risposta C).

20 Se Dora studia storia dell'arte, è plausibile e naturale che provi verso la musica un sentimento positivo, di ammirazione. L'unica tra le alternative è quindi la risposta D: *apego* significa infatti "affezione" mentre *cansancio* è la "stanchezza", *rencor* il "rancore" e *aburrimiento* la "noia".

21 La risposta corretta è la A. *Rehenchimiento*, infatti, significa "imbottitura"; *tresillo* è l'insieme di divano e due poltrone, se si parla di mobilio, mentre in musica significa "terzina"; *jaboncillo* è la saponetta; infine *denuesto* significa "ingiuria, insulto".

22 Tra le alternative bisogna cercare l'aggettivo sinonimo di *chinchoso*, che significa "'lamentoso" in italiano. *Gozoso* si traduce con "gioioso", *doloroso* con "penoso", *quisquilloso* con "permaloso" e infine *empalagoso* con "noioso, pesante" (la D è infatti la risposta corretta).

23 *Echar un vistazo* e *dar una ojeada* sono espressioni che significano "guardare, dare un'occhiata" (è infatti esatta la risposta A); *tener duende* si traduce con "avere fascino, quel certo non so che" e non c'entra affatto con il contesto della frase; *cerrar los ojos'* significa "chiudere gli occhi" e nello specifico annullerebbe il senso della frase; così pure *poner buena cara* che si traduce con "fare buon viso a cattivo gioco".

24 Questa è una tipica espressione idiomatica che significa "essere un pazzoide". La parola che la completa può essere solo *cabra* (risposta A).

25 *De tal palo, tal astilla* è l'espressione idiomatica che in spagnolo significa "tale padre, tale figlio" o "buon sangue non mente". La risposta corretta è offerta dall'alternativa **C**.

26 L'espressione *por menudo* significa "minuziosamente, dettagliatamente", risposta **D**. Le altre risposte offrono alternative non corrette.

27 *¡Quémese la casa pero que no salga humo!* è l'espressione idiomatica che significa "i panni sporchi si lavano in famiglia". L'unica risposta corretta è data dall'alternativa **D**.

28 Il quesito presenta diverse traduzioni dell'italiano "mancare". Nel caso proposto dal quesito – e cioè nel significato di "sentire la mancanza di qualcuno" – il verbo esatto è *extrañar* (risposta esatta **A**). *Faltar* significa l'assenza di qualcosa rispetto a un completo; *fallecer* indica il morire, mentre *carecer* significa "venir meno" e anche "non possedere la cosa di cui si parla".

29 Tutte le alternative esprimono correttamente il verbo al modo *subjuntivo* al tempo presente. In questo quesito, però, il problema è lessicale: non va bene che Emiliano "fugga" dalla realtà (o fugga la realtà); l'alternativa cercata è perciò la **B**. Si noti che "andarsene dalla realtà" non ha senso (alternativa **A**); *esquivar* (alternativa **C**) è un verbo transitivo e non si costruisce quindi con la preposizione *de*; infine, la forma riflessiva di *correr* (alternativa **D**) significa "spostarsi di pochi passi".

30 Sebbene *pelo* significhi effettivamente sia "pelo" sia "capelli" (usato al singolare nel senso di "capigliatura"), in questo caso la parola cercata è "parrucchiere", resa dallo spagnolo *peluquero*. La risposta esatta è pertanto la **C**. Si noti che *esteticista* (alternativa **B**, che traduce l'italiano "estetista") è un sostantivo femminile.

31 Si tratta di un periodo ipotetico del secondo tipo, che richiede l'uso del *subjuntivo* al tempo imperfetto (e non al *pretérito pluscuamperfecto*, come proposto dall'alternativa **C**); è dunque sbagliata la parte sottolineata del testo dell'esercizio che propone il condizionale. L'alternativa cercata è pertanto la **B**. L'indicativo presente (alternativa **D**) e futuro (alternativa **A**) non hanno senso in questo tipo di periodo ipotetico.

32 Si tratta di un quesito di *consecutio temporum*, in cui la risposta esatta è rappresentata dall'alternativa **A**. Le altre altre alternative presentano errori grossolani (come la **C**, con il verbo *tener* non seguito da *que* o la **D**, con la terza persona singolare).

33 In questo caso il tempo verbale corretto è il *futuro perfecto* (risposta **C**) che si usa normalmente per esprimere un'azione futura che si realizza con anticipo rispetto a un'altra azione futura. Qui infatti, *desayunar* è anteriore a *llegar* e la frase si può tradurre così: "Quando arriveranno, noi avremo già fatto colazione".

34 La risposta **A** è l'unica corretta. In questo caso, la perifrasi verbale *acabar de* + verbo all'infinito descrive un'azione terminata immediatamente prima del momento in cui si parla (se *acabar* è coniugato al presente) o prima di un'altra azione (se *acabar* è coniugato al passato).

35 In questa frase il complemento di tempo rende la scelta del tempo verbale piuttosto semplice: *hasta ahora*, che significa "fino a ora", non può che essere seguito da un *pretérito perfecto* (risposta **B**).

36 Nelle sue opere, DeLillo tiene vivo un rapporto costante con le arti visive. In questo passo, l'unica soluzione è data dal pronome personale *ellas* (risposta **C**).

37 In questo caso è sufficiente capire che DeLillo è un romanziere. La risposta esatta è quindi la **D**.

38 DeLillo ha scritto romanzi fino al 2011, anno in cui pubblica la sua prima raccolta di racconti, *El ángel Esmeralda*. Ciò significa che quest'opera segna una svolta nella sua carriera letteraria (*marcar un hito* significa "segnare una svolta", "cambiare rotta"). La risposta esatta è la **A**.

39 Il periodo che va dal 1979 al 2011 racchiude il tempo dell'attività letteraria di DeLillo. In spagnolo la preposizione che introduce un periodo di tempo intermedio ed è seguita da *y* è *entre* (la risposta corretta è la B).

40 L'autore dell'articolo descrive il profondo legame che, nell'opera di DeLillo, lega la poesia alla scienza. Qui il verbo *acercar* esprime appieno il senso di vicinanza e comunanza (risposta D). Gli altri verbi sono da scartare per mancanza di senso: *desplazar* significa "dislocare", *amanecer* significa "albeggiare" e *desechar scartare* "buttare via".

41 La domanda chiede quale sia il motivo della reazione di sorpresa conseguente all'osservazione di quegli uccelli che inscenano delle "cerimonie funebri" per la morte dei propri simili. Il motivo sta nella convinzione generale, almeno fino a tempi recenti, che la capacità di soffrire per la morte dei propri simili sia una prerogativa dell'essere umano (risposta A).

42 Dallo studio condotto dall'Università della California emerge che il comportamento particolarmente e inaspettatamente evoluto degli uccelli consiste nell'avere coscienza della morte dei propri simili e nel celebrare riti funebri in loro onore (risposta C).

43 Dal punto di vista dell'evoluzione della specie la coscienza della morte, e il comportamento che ne deriva, serve a questi uccelli a migliorare la sicurezza del gruppo, quindi della specie (risposta B).

44 L'aver dimostrato di essere sensibili al fenomeno della morte dei propri simili è per la comunità scientifica una prova del complesso sviluppo evolutivo di questa specie (risposta B). La risposta A potrebbe trarre in inganno, ma è da escludere perché l'autore dell'articolo non considera il comportamento degli uccelli, consapevole e sensibile alla morte, come unico aspetto dell'evoluzione.

45 Dall'articolo emerge che lo studio dell'Università della California è stato condotto sulla specie *Aphelocoma californica*, diffusa nella parte occidentale degli Stati Uniti. L'unica risposta corretta è quindi la C.

46 La parola mancante nella frase è l'avverbio "mai", che in questo brano va espresso con *jamás* – come correttamente riportato nell'alternativa D – in quanto negazione radicale della possibilità che il personaggio Pepe Carvalho abbia detto o dica in futuro qualcosa di rilevante circa la sua passione per la cucina. L'uso di *nunca* (alternativa A) in questo contesto risulterebbe sbagliato, in quanto più possibilista e meno ultimativo.

47 La risposta esatta è la C, perché il *pretérito perfecto*, esattamente come il passato prossimo italiano, rende l'azione come un evento o un avvenimento compiuto. Il verbo da usare in questo caso, poi, è *estar* (che descrive appunto lo stato di una persona o una cosa) e non *ser* (che ne descrive le caratteristiche generali).

48 "Si direbbe che siamo *dei* selvaggi" è reso da *unos salvajes*, come correttamente indicato dall'alternativa A. Le altre alternative proposte sono palesemente senza senso.

49 Tutto il brano verte sull'ambivalenza del valore della cucina e del ruolo culturale che essa assume nella società; ambivalenza che acquisisce quindi sfumature di ipocrisia quando si tratti di "maneggiare" e "ingurgitare" esseri che sono stati vivi. L'alternativa corretta è perciò la B.

50 Il quesito è apparentemente semplice ma in realtà un po' ostico. Il "ruolo" di una realtà come la cultura è espresso correttamente da *papel* (alternativa C); ma ci si poteva facilmente confondere con sostantivi che indicano "posto", come *lugar* e *sitio* (alternative A e B), o "dimensione" (*tamaño*, alternativa D). Ma il vocabolo più appropriato è inequivocabilmente *papel*.

LINGUE STRANIERE

51 Il geniale e poliedrico architetto catalano Antoni Gaudí è il principale esponente dell'architettura modernista in Spagna. Il *modernismo* è la traduzione spagnola di quel movimento che in Europa prese diversi nomi: *Art nouveau* in Francia, *Jugendstijl* in Germania e *Sezession* in Austria ecc. La risposta esatta è perciò la B.

52 "Contare su" in spagnolo viene reso con l'espressione *contar con*, come correttamente individuato dall'alternativa C.

53 Non v'è dubbio che, trattandosi di un artista, fondamentale sia l'evoluzione dello stile, come correttamente individuato dall'alternativa D.

54 La risposta esatta è la A: l'artista catalano "aggiunge" la sua libertà creativa ai meticolosi studi di geometria.

55 La ricchezza strutturale è la caratteristica che le opere della maturità di Gaudí vengono ad assumere. La risposta esatta è perciò la D. Si noti che "abbondanza" (*abundancia*, alternativa C) travalica la positività del significato che la frase vuole esprimere, mentre "complessità" (*complejidad*, alternativa A) non dà conto della compresenza fortunata di vari elementi nell'opera dell'architetto di Barcellona.

56 La risposta esatta è la C in quanto, tecnicamente, quello che nel 1964 è stato ipotizzato come bosone di Higgs non esiste. Ciò che però il 4 luglio del 2012 è stato scoperto è una particella che presenta caratteristiche fortemente compatibili con quelle che sono state delineate come caratterizzanti il bosone.

57 La risposta esatta è rappresentata dall'alternativa B. Infatti, tra le caratteristiche dell'elettromagnetismo vi è la veicolazione dell'energia solare. Tutte le altre caratteristiche sono proprie della seconda forza che ha fatto postulare l'esistenza di una "particella di dio": le interazioni deboli.

58 La risposta esatta è rappresentata dall'alternativa C. Infatti, la particella può essere trovata entro una piccolissima frazione delle collisioni fra protoni nel LHC (Large Hadron Collider, il grande acceleratore di particelle del CERN di Ginevra).

59 Il brano è un esempio di prosa giornalistica di argomento scientifico; pertanto, la risposta esatta è la B. Il lessico e la complessità di un saggio scientifico (alternativa A) sarebbero diversi, mentre un manuale di fisica per la scuola (alternativa C) userebbe un registro più adatto agli studenti. Altrettanto inverosimile appare l'ipotesi che si tratti di un bollettino ufficiale del CERN perché il testo si rivolge chiaramente a un pubblico non specialistico.

60 Sono le interazioni deboli a dare inizio al processo in base al quale le stelle possono luccicare. La risposta esatta è quindi la A. L'elettromagnetismo (risposta B), invece, è responsabile della formazione della materia sia di dimensioni atomiche sia di grandi dimensioni. Esoterica (risposta D), infine, sembra a tratti essere tutta la teoria del bosone.

Quesiti di tedesco

Ergänze die Sätze mit dem richtigen Wort.

1 **Das, _____ich nicht begreife, kannst du mir auch nicht erklären.**

A wessen
B wo
C wer
D was

2 **Peter hatte keinen Hunger beim Abendbrot, _____ er vorher so viel genascht hatte.**

A weil
B wenn
C falls
D es sei denn

3 **Ich befürchte, _____ er heute nicht mehr ankommt.**

A zu
B weil
C da
D dass

4 **Lass ihn doch die Tür streichen. Das macht er bestimmt _____ .**

A gerner
B lieber
C vieler
D am liebsten

5 **Das ist ein Schaden, der nicht _____ beheben ist.**

A mehr
B kann
C oft
D zu

6 **_____ Probleme, über die wir gesprochen haben, wurden immer noch nicht gelöst.**

A Jener
B Jene
C Jenes
D Jenen

LINGUE STRANIERE

7 **Im letzten Jahrhundert _____ die Stadt verwüstet.**

A ist
B wird
C sei
D wurde

Welcher der unterstrichenen Satzteile ist falsch?

8 **Ich weiß nicht was du sehst, aber ich sehe einfach nur einen alten Mann.**

A weiß
B sehst
C einfach
D einen alten Mann

9 **Waren Sie erst mal in Hamburg? – Nein, ich war noch nie dort. Aber ich würde gern mal hinfahren**

A erst mal
B ich war
C ich würde
D mal hinfahren

10 **Wenn ich genug gespart habe, ich kaufe mir als erstes ein Auto. Aber es wird noch eine Weile dauern, bis ich das Geld zusammen habe.**

A genug gespart
B ich kaufe mir
C es wird
D das Geld zusammen habe

11 **Nachmittags sind wir durch dem Park spazieren gegangen. Als es dunkel wurde, haben wir uns ein gemütliches Restaurant gesucht.**

A Nachmittags
B durch dem Park
C dunkel wurde
D ein gemütliches Restaurant

12 **Du kannst das Fahrrad leicht reparieren, in dem du einfach den Schlauch auswechselst. Gib auch ein bisschen Öl auf die Kette.**

A Du kannst
B in dem
C den Schlauch auswechselst
D ein bisschen Öl

13 **Ich schwimme gern, aber oft fahre ich auch in die Berge um zu wandern. Am gernsten allerdings tauche ich.**

A schwimme gern
B oft fahre ich
C um zu wandern
D am gernsten allerdings

Ersätze die unterstrichenen falschen Satzteile durch eine der angegebenen Lösungen.

14 Er kann <u>sein</u> nicht gut allein beschäftigen.

A seiner
B seine
C seim
D sich

15 Ich habe gesehen, dass du das Auto schon in die Garage gefahren <u>bist</u>.

A sein
B warst
C hast
D haben

16 Er hatte nicht nur all sein Geld verspielt, <u>aber</u> auch seine Frau verloren.

A sondern
B doch
C allein
D jedoch

17 Immer nach dem Essen ist der Tisch <u>abwischen</u>.

A abgewischen
B abgewischt
C abzuwischen
D abwischte

18 Die Leute, <u>die</u> ich begegnet bin, hatten alle sehr merkwürdige Hüte auf.

A der
B diejenigen
C das
D denen

19 Olaf Müller, der momentan <u>amtierte</u> Bürgermeister der Stadt, hat die Bürger aufgefordert, mehr Verständnis für ältere Leute zu zeigen.

A geamtete
B amtierende
C amtierter
D amtierender

Ergänze die Sätze mit dem richtigen Wort.

20 Bitte kommen Sie herein, der _____ steckt im Schloss.

A Schlüssel
B Schüssel
C Tür
D Pforte

LINGUE STRANIERE

21 **Er hat eine _____ als Tischler gemacht, nun arbeitet er in einer Schreinerei.**

A Bildung
B Lehre
C Schule
D Meister

22 **Nach dem Krieg war die Stadt vollständig _____.**

A roviniert
B gestört
C zerstört
D bevölkert

23 **Der Markt ist der Ort, wo Angebot und _____ entstehen.**

A Frage
B Vorfrage
C Überfrage
D Nachfrage

Finde die richtige Bedeutung der Ausdrücke.

24 **Wo fehlt's?**

A Was wird vermisst?
B Was hast du verloren?
C Was gibt's?
D Was stimmt nicht?

25 **Jemanden an die Hand nehmen**

A Jemandem bei etwas helfen
B Jemanden in die Irre führen
C Jemanden grüßen
D Jemanden entführen

26 **Die passenden Worte gebrauchen**

A Jemandem schmeicheln
B Jemanden von etwas überzeugen
C Die geeigneten Worte verwenden
D Etwas schwören

27 **Die Brücke**

A Ein öffentliches Verkehrsmittel
B Eine Fahrbahnmarkierung
C Eine Konstruktion, um einen Fluss zu überqueren
D Ein Weg für die Fahrradfahrer

Finde das richtige Synonym.

28 **Kaufen**
- A Laufen
- B Erwerben
- C Handeln
- D Ansehen

29 **Hinweis**
- A Zeichen
- B Verweis
- C Anweisung
- D Weisheit

30 **Kleidung**
- A Sachen
- B Kamm
- C Seife
- D Stoff

Finde das Gegenteil.

31 **Anfang**
- A Beginn
- B Teil
- C Dauer
- D Schluss

32 **Sofort**
- A Gleich
- B Jetzt
- C Momentan
- D Später

33 **Belohnen**
- A Sich verrechnen
- B Behaupten
- C Bestrafen
- D Entlohnen

Finde das Wort, dass das Verhältnis richtig ergänzt.

34 **Auto : Parkplatz = Zug : x**
- A Autobahn
- B Straße
- C Rad
- D Bahnhof

LINGUE STRANIERE

35 **Gebirge : x = Meer : schwimmen**

- A klettern
- B laufen
- C rennen
- D sprinten

36 **x : Winter = Hitze : Sommer**

- A Mantel
- B Frost
- C Schal
- D Mütze

Finde die richtige Bedeutung der unterstrichenen Satzteile.

37 **Er konnte seinen <u>Pyjama</u> nicht finden.**

- A Mathematikaufgabe
- B afrikanische Schlange
- C Grammatik
- D Schlafanzug

38 **Sie suchte sich eine andere Arbeit, auf der sie <u>ein höheres Gehalt</u> bekam.**

- A eine größere Herausforderung
- B bessere Kollegen
- C einen höheren Lohn
- D einen freundlicheren Chef

39 **Wo würdest du gerne leben, <u>wenn du wählen könntest</u>?**

- A wenn du es dir aussuchen könntest
- B wenn du es sehen könntest
- C wenn du in der Politik wärst
- D wenn du erwachsen wärst

40 **Keine Angst, dieser Hund ist <u>ganz harmlos</u>.**

- A sehr bissig
- B nicht hungrig
- C sehr lieb
- D völlig ungefährlich

Finde die richtige Bedeutung der Sätze.

41 **Er sieht aus wie sein Vater.**

- A Er erkennt seinen Vater
- B Er kann seinen Vater nicht sehen
- C Er ist wie sein Vater
- D Er ähnelt seinem Vater

42 **Seit langer Zeit lehrt sie Chemie an diesem Institut.**

A Sie besucht dieses Institut seit vielen Jahren und lernt Chemie

B Sie ist Chemiestudentin

C Sie gibt seit viele Jahren Chemieunterricht

D Schon seit langem versucht sie, Chemie zu lernen

43 **Obwohl ihm die Politik völlig gleichgültig ist, liest Hans jeden Tag Zeitung.**

A Trotz der schlimmen politischen Lage, liest Hans täglich Zeitung

B Obwohl er jeden Tag Zeitung liest, versteht Hans die Politik nicht

C Trotzdem ihm die Politik völlig egal ist, liest Hans täglich Zeitung

D Er liest die Zeitung jeden Tag, weil Hans sich sehr für Politik interessiert

Finde die richtige Übersetzung der italienischen Sätze.

44 **Volevo comprarmi i pantaloni rossi, però non c'erano più.**

A Ich wollte mir die rote Hose kaufen, aber sie war nicht mehr

B Ich wollte mir die rote Hose kaufen, aber es gab sie nicht mehr

C Ich wollte kaufen mir die rote Hose, aber es gab sie nicht mehr

D Ich wollte kaufen mir die rote Hose, aber sie war nicht mehr

45 **Non posso lasciare il mio cane da solo in casa neanche per due ore. Mette tutto in disordine.**

A Ich darf meinen Hund keine zwei Stunden allein zu Hause lassen. Er trägt alles in Unordnung

B Ich kann meinen Hund keine zwei Stunden allein zu Hause lassen. Er bringt alles in Unordnung

C Ich kann meinen Hund nur zwei Stunden allein zu Hause lassen. Er bringt alles in Unordnung

D Ich kann meinen Hund keine zwei Stunden allein zu Hause lassen. Er macht alles in Unordnung

46 **Mi dispiace di non essere in grado di aiutarti con la macchina, ma non capisco proprio niente di meccanica.**

A Es tut mir leid, dass ich dir mit dem Auto nicht helfen kann, aber ich verstehe wirklich nichts von Mechanik

B Es tut mir leid, dass ich dir mit dem Auto nicht zu helfen weiss, aber ich verstehe wirklich nichts von Mechanik

C Es tut mir weh, dass ich dir mit dem Auto nicht helfen kann, aber ich verstehe wirklich nichts von Mechanik

D Es tut mir weh, dass ich dir mit dem Auto nicht helfen kann, aber ich weiss nicht viel über Mechanik

Finde die richtige Übersetzung der deutschen Sätze.

47 **Er nahm den Bus ins Zentrum, um dort seinen Freund zu treffen.**

A Ha preso l'autobus per il centro, lì voleva incontrarsi con il suo amico

B È andato con l'autobus fino in centro per incontrarsi lì con il suo amico

C È andato con l'autobus in centro, dove si è incontrato con il suo amico

D Ha preso l'autobus in centro, per incontrarsi lì con il suo amico

48 **Als ich ihm meine Meinung sagen wollte, hat er einfach weitergeredet ohne mir zuzuhören.**

A Quando volli esprimere la mia opinione, ha continuato a parlare senza ascoltarmi

B Quando espressi la mia opinione, ha continuato a parlare lo stesso senza ascoltarmi

C Quando mi voleva dire la sua opinione, ho continuato a parlare senza ascoltarlo

D Quando volevo esprimere la mia opinione, ha continuato a parlare senza che io l'ascoltassi

Lies die folgenden Texte aufmerksam und beantworte die Fragen.

Die von vielen so geliebten Restaurants im Mittelmeerraum sind Ergebnis eines lebendigen Umgangs mit der Mittagspause, dem Essen, der Zeit, dem Leben. Der neudeutsche Begriff des Business-Lunchs impliziert dagegen nur geschäftige Eile. "Nur Loser lunchen", heißt es. Aber Zeit ist immer Lebenszeit. Die ist begrenzt. Also sollte man sie angenehm verbringen. Auch während der Mittagspause.

Eine Bestandsaufnahme: In meiner Umgebung gibt es Pizzerien, asiatische Stehimbisse, Metzgereien mit heißer Theke und wechselnden Tagesgerichten, Bäckereien, die auch frisch bereitete Sandwiches anbieten, neuerdings ein kleiner Sushi-Laden. Immer noch der Platzhirsch: die Imbissbude mit Currywurst und Pommes rot-weiß, vor der sich während der Mittagspause große Schlangen bilden. Ein Bioladen verkauft Vegi-Burger, Tofu und Gemüse-Quiches in gequälter Atmosphäre. Und dann der Sandwich-Laden, der Neues verspricht: Da werden Wraps, Bagels und Ciabattas als Sandwiches nach Wunsch belegt, daneben gibt es Suppen und Säfte. Alles wird im Stehen gegessen, der Kaffee dazu aus dem obligatorischen Pappbecher "to go" getrunken.

Was hier als neues Trend-Essen der Fit-for-Fun-Gemeinde verkauft wird und aus den USA zu uns herübergeschwappt ist, stammt eigentlich aus der arabischen Kultur. Salat und Fleisch vom Spieß in dünnen Scheiben, manchmal auch vegetarische Falafel oder Schafskäse und eingelegtem Gemüse in dünnem Fladenbrot kenne ich als Straßen-Snack aus dem Orient. In Paris gibt es die berühmten "Sandwiches tunisiens", Fladenbrote mit Thunfisch, Ei, Zwiebeln und Gemüse reichlich belegt. Das war für uns als Studenten oft das einzige Essen am Tag.

Ebenso aus Amerika importiert: die Coffeeshops à la "Starbucks", die in allen deutschen Städten aus dem Boden schießen. Bisher hatte ich nach mehreren Versuchen in Amerika auf Kaffee verzichtet. Selbst in Little Italy mit italienischen Espressomaschinen konnte mir dort keiner einen vernünftigen Café mit Crema, Geschmack und Wirkung servieren. Dazu gibt es dafür reichlich Süßes, Muffins, Cookies und fettfreie Milch. Wer vor dem Bildschirm sitzt, braucht wohl den Gang zum Stehkaffee um die Ecke, den Lärm und den Rummel zwischendurch. Ein Bekannter zeigt mir stolz die Kantine einer großen Frankfurter Bank. Hell und luftig sind die Räume, täglich wird aus frischen Produkten für über 2000 Mitarbeiter gekocht, deftiges und leichtes Essen steht zur Wahl. Die Preise sind günstig, und doch geht fast keiner täglich hierher. Vielleicht ist die Pause im Betrieb doch keine richtige Pause.

Ortswechsel. In der Innenstadt, das "Mutter Ernst", so etwas wie das letzte traditionelle Wirtshaus. Auf der Karte: Linsensuppe, Rippchen mit Sauerkraut, Apfelwein, Handkäs mit Musik und viel Tradition. Früher war um 14 Uhr Börsenschluss, kurz danach brach hier die Hölle los. Jetzt wird bis 20 Uhr gehandelt. Verkabelt mit der Welt sitzen die Händler vor ihren Computern, neben ihnen steht ein Kotelett mit Kartoffelsalat, Wraps oder Bagels – vegetarisch oder ungesund, alles kann es sein. Wahre Helden machen keine Pause. Nur Loser lunchen.

49 **Welche Meinung hat der Autor zur Mittagspause?**

A Man sollte sich nicht zu viel Zeit zum Essen nehmen, da sonst Arbeitszeit verloren geht

B Im Mittelmeerraum nimmt man sich keine Zeit für die Mittagspause

C Am besten ist es, wenn man Mittags an der Imbissbude isst

D Auch in der Mittagspause sollte man in Ruhe essen

PARTE QUARTA

50 **Was für ein Restaurant ist das "Mutter Ernst"?**

- **A** Das letzte traditionelle Wirtshaus, in dem man sich viel Zeit zum Essen nimmt
- **B** Eine Bäckerei, die auch asiatische Gerichte anbietet
- **C** Ein Restaurant, in dem zwar traditionelle Gerichte angeboten werden, die Geschäftsleute aber vor dem Computer essen
- **D** Eine helle und luftige Kantine der Frankfurter Bank

51 **Was meint der Autor, wenn er sagt, dass die Imbissbude der Platzhirsch ist?**

- **A** Die meisten gehen dort zum Essen hin
- **B** Niemand will mehr an der Imbissbude essen
- **C** Hier werden Bioprodukte angeboten
- **D** Die Imbissbude ist neu

52 **Was sagt der Autor über die Kantine der Frankfurter Bank?**

- **A** Hier wird das Essen für eine "Fit-for-Fun-Gemeinde" verkauft
- **B** Es gibt eine große Auswahl an Speisen die aus frischen Produkten zubereitet werden
- **C** Das Essen ist sehr gut, aber es gibt zu viel Lärm, weil es hier immer sehr voll ist
- **D** Man hat für die Mitarbeiter Computer aufgestellt, so dass sie auch in der Mittagspause weiter arbeiten können

Lies die folgenden Texte aufmerksam und beantworte die Fragen.

Die Forderung nach einem höheren Bußgeld für das Handy-Telefonieren am Steuer hat auf dem 40. Deutschen Verkehrsgerichtstag in Goslar zu einer Kontroverse geführt. Der Präsident der Expertentagung, Peter Macke, schlug am Donnerstag eine Erhöhung des Bußgelds von derzeit etwa 30 Euro auf 50 Euro vor. Dies hätte einen Punkt in der Verkehrssünderkartei in Flensburg zur Folge. Der Allgemeine Deutsche Automobilclub (ADAC) und der Deutsche Anwaltsverein wiesen den Vorschlag zurück.

In seiner Eröffnungsrede erinnerte Macke daran, dass sich der letztjährige Verkehrsgerichtstag mit Erfolg für ein Verbot von Handys am Steuer eingesetzt hat. Inzwischen müsse man aber feststellen, dass das Verwarnungsgeld von 30 Euro "als Denkzettel nicht reicht". Der ADAC-Chefjurist Eckart Jung entgegnete, das Sicherheitsrisiko durch das Telefonieren am Steuer sei bisher nicht ausreichend bewiesen. Zunächst müsse abgewartet werden, ob Telefonieren ohne Freisprecheinrichtung tatsächlich zu einer höheren Unfallhäufigkeit führe. „Wenn jeder Verstoß gleich in den Punkterang kommt, gerät das gesamte Punktesystem aus den Fugen", sagte Oskar Riedmeyer vom Deutschen Anwaltsverein.

Mack forderte weiterhin ein absolutes Alkohlverbot für Anfänger. Die 0,0-Promille-Grenze für Fahranfänger sei ganz oben auf die Tagesordnung zu setzen, sagte Macke. Er kritisierte das Vorhaben der EU, für die Zeit des Probeführerscheins eine 0,2-Promille-Grenze festzusetzen. Fahranfänger stellen laut Macke zwar nur 11 Prozent der Führerschein-Inhaber, sind aber für 25 Prozent der Unfälle verantwortlich; 75 Prozent der tödlichen Unfälle seien auf Alkohol zurückzuführen.

Der Verkehrsgerichtstag richtet alljährlich Empfehlungen an die Politik, die oft in neue Gesetze münden. In diesem Jahr diskutieren in Goslar fast 1700 Juristen, Polizeiexperten, Wissenschaftler, Gewerkschafter und Politiker aus etwa 20 Ländern.

53 **Welche Aufgabe hat der Verkehrsgerichtstag?**

- **A** Er erlässt die Verkehrsgesetze
- **B** Er diskutiert über Bußgelder
- **C** Er macht der Politik Vorschläge für neue Verkehrsgesetze
- **D** Er informiert die Bürger über Verkehrsunfälle

LINGUE STRANIERE

54 Welche Meinung vertritt Peter Macke hinsichtlich des Bußgelds für das Telefonieren am Steuer?

- A Das Bußgeld soll herabgesetzt werden, da noch nicht bewiesen ist, dass Telefonieren am Steuer wirklich gefährlich ist
- B Das Bußgeld von momentan 30 Euro ist richtig
- C Das Bußgeld ist zu hoch, es sollte von 50 auf 30 Euro herabgesetzt werden
- D Das Bußgeld sollte erhöht werden, da die Strafe von 30 Euro nicht ausreicht

55 Was sagte Macke zum Thema Alkohol am Steuer?

- A Für Anfänger sollte die 0,0-Promille-Grenze gelten, 25% der Unfälle werden von Anfängern verursacht
- B Für Anfänger sollte die 0,2-Promille-Grenze gelten, da nur 11% aller Autofahrer Anfänger sind
- C Die Anfänger sind für 25% der tödlichen Unfälle verantwortlich, deshalb sollte für sie ein absolutes Alkoholverbot gelten
- D Da 11% aller Anfänger Unfälle verursachen, sollte für sie absolutes Alkoholverbot gelten

56 Für welche Länder gelten die Regeln, die auf dem Verkehrsgerichtstag diskutiert werden?

- A Für Deutschland
- B Für 20 Länder Europas
- C Für Deutschland, Österreich und die Schweiz
- D Für die Region Goslar

Lies die folgenden Texte aufmerksam und beantworte die Fragen.

Es war ein langer Weg. All die Jahre haben viele Unternehmer, Risikokapitalgeber und Anleger im Internet Millionenbeträge verbrannt – in der Hoffnung auf hohe Gewinne. Nun zeigt sich, daß im Netz der Netze tatsächlich Geld verdient wird. Wer die lange Durststrecke vom ersten Dollar bis in die Gewinnzone überleben wird? Nur die schnellsten und größten, haben Beobachter schon zu Beginn der beispiellosen Internet-Hausse prophezeit. Sie scheinen recht zu behalten. Analysten und Fondsmanager weisen auch heute wieder auf die Aktien weniger, großer Werte: Amazon, E-Bay, Yahoo und AOL.

Ein wichtiges Signal hat der Internet-Buchhändler Amazon.com in der vergangenen Woche an die gesamte Branche gesendet: Das Unternehmen schrieb erstmals in seiner Unternehmensgeschichte schwarze Zahlen. Das gelang bisher nur wenigen Unternehmen des Sektors, beispielsweise dem Online-Auktionator E-Bay oder – zumindest zeitweise – dem Internet-Portal Yahoo.

Der langfristige Erfolg der vier Internet-Kolosse scheint außer Frage zu stehen. "Gewinne werden nur die großen Unternehmen machen, die eine bekannte Marke aufgebaut haben und eine breite Kundenbasis haben", sagt Martino Perkmann von der Deka, der Anlagegesellschaft der Sparkassen. Seiner Ansicht nach gibt es nur fünf oder sechs profitable Geschäftsmodelle. Für alle gelte: Nur der Marktführer kann wirklich erfolgreich werden.

Allerdings steht auch hinter diesen Werten noch das eine oder andere Fragezeichen. Schafft es Yahoo, für seine Dienste auf Dauer auch Geld zu nehmen? "Wenn das gelingt, dann ist die Aktie stark unterbewertet", meint Perkmann. Wenn das Unternehmen hingegen weiterhin auch stark vom zyklischen Werbegeschäft abhänge, dann habe die Aktie nur noch wenig Potential.

Und Amazon? Hat das Unternehmen noch weiterhin Wachstumsperspektiven, die seiner Bewertung angemessen sind? "Amazon wird nicht so viel Geld verdienen in nächster Zeit", meint beispielsweise Carsten Roemheld von der Adig. Er sieht bei der Aktie derzeit keinen Handlungsbedarf.

Das Geschäftsmodell der Online-Börse E-Bay halten die meisten Analysten für attraktiv: Keine Logistik, keine Konkurrenz in der realen Welt – ein reines Internet-Geschäftsmodell. Der Haken: Die Aktie gilt als recht teuer.

AOL wiederum ist für viele ein Sonderfall. Seit der Fusion mit Time Warner sehen sie in dem Wert eher ein Medienunternehmen, das stark vom zyklisch geprägten Werbegeschäft abhängig ist. Dabei ist die Geschäftsbasis sehr attraktiv: AOL hat 33 Millionen Kunden, die jeden Monat eine feste Gebühr – gleich feste Einnahmen – an das Unternehmen entrichten.

Fest steht für die meisten Analysten: Diese Unternehmen werden im Internet auch Geld verdienen. Für die kleinere Konkurrenz wird das Leben schon deutlich schwieriger. Doch diese Erkenntnis ist auch schon – zumindest teilweise – in den Kursen enthalten. "Die großen Werte sind mittlerweile ein solides Investment. In der zweiten Reihe gibt es zwar auch einige gute Anlagegelegenheiten, doch sind das dann zumeist ungleich riskantere Wetten", erklärt Perkmann.

---

57 Was sagt der Autor über die Aktien von Internet-Unternehmen?

A Nach vielen Jahren werden erste Gewinne erzielt
B Es lohnt sich, auch die Aktien von kleineren Unternehmen zu kaufen
C Die größten Unternehmen erleben momentan eine Durststrecke
D Man sollte lieber keine Aktien von Internet-Unternehmen kaufen

---

58 Welche Gemeinsamkeiten gibt es zwischen Amazon, E-Bay und yahoo?

A Sie haben in letzter Zeit viele Kunden verloren
B Ihre Aktien sind im Wert gefallen
C Sie haben ihre Geschäftsmodelle geändert
D Sie sind die einzigen Unternehmen der Internet-Branche, die bisher Gewinne erzielt haben

---

59 Was ist die Grundlage der Unternehmen, die im Internet Erfolg haben?

A Sie müssen viele Kunden und einen bekannten Namen haben
B Sie müssen hohe Werbeeinahmen haben
C Sie müssen nicht nur im Internet vertreten sein, sondern auch in der "realen Welt"
D Sie müssen mit Ruhe und Bedacht handeln

---

60 Welche Erkenntnis kann man aus den Aktienkursen der Internet-Unternehmen ableiten?

A Auch die kleinen Unternehmen bekommen eine Chance
B Die Kurse schwanken momentan sehr stark
C Es ist sicherer, eine Aktie mit einem großen Wert zu kaufen
D Aktien von Internet-Unternehmen sind immer eine riskante Investition

Soluzioni e commenti

1 La frase da completare è una relativa per la quale si cerca il pronome. Poiché il pronome dimostrativo *das* è neutro, la scelta cade sul pronome relativo *was*. Quindi la riposta esatta è la D. I pronomi relativi *wessen* e *wer* si riferiscono a persone, dunque la A e la C non possono essere giuste. L'avverbio *wo* della risposta B si riferisce a uno stato in luogo.

2 La risposta giusta è la A: *weil* è una congiunzione causale che completa la frase correttamente. *Wenn*, *falls* e *es sei denn* sono congiunzioni ipotetiche.

3 L'esercizio richiede di completare la frase con una congiunzione subordinante che introduca una proposizione oggettiva. *Zu* (risposta A) è una preposizione, *weil* (risposta B) e *da* (risposta C) introducono entrambe proposizioni causali. La soluzione corretta è la D.

4 Nella frase manca un avverbio di maggioranza. *Gern* è uno dei pochi aggettivi/avverbi che formano il comparativo in modo irregolare (*lieber*). Anche *viel* è uno di questi (*mehr*). La D è un superlativo relativo avverbiale. La risposta corretta è la B.

5 La frase da completare è passiva ed esprime un'impossibilità (*un danno non riparabile*). La costruzione verbale da usare è *sein* + *zu*; la risposta esatta è la D.

6 Il pronome dimostrativo *jene* segue la declinazione dell'articolo indeterminativo. *Problem* è un sostantivo singolare neutro che in questa frase è all'accusativo (richiesto dal verbo *sprechen über* + acc.); quindi la risposta corretta è la B.

7 La diatesi passiva si forma con il participio II del verbo. Dato che *im letzten Jahrhundert* indica un tempo passato, la risposta corretta è la D.

8 *Sehen* è un verbo "forte", caratterizzato quindi dall'alterazione della vocale tematica nella seconda e terza persona singolare all'indicativo presente, al Präteritum e al participio passato. Infatti, la seconda persona di *sehen* è *du siehst*; la risposta corretta è la B.

9 La risposta esatta è la A. La frase corretta è: *Waren Sie schon mal in Hamburg? Erst* si traduce *appena*, *schon* invece significa *già* ed è la forma corretta per questa frase.

10 *Wenn* introduce una proposizione secondaria. Poiché precede la principale bisogna che in quest'ultima vi sia inversione del verbo con il soggetto; in questo esempio la struttura della frase dovrebbe essere quindi *kaufe ich mir*. La risposta esatta è la B.

11 La risposta corretta è la B. *Durch* è una preposizione che regge l'accusativo e *dem* corrisponde al dativo dell'articolo *der*. La forma corretta sarebbe *durch den Park*.

12 L'errore sta nell'espressione *in dem* in quanto congiunzione che introduce una proposizione modale si scrive unito (*indem*); dunque la risposta corretta è la B.

13 La risposta esatta è la D. *Am gernsten* è sbagliato: il superlativo di *gern*, richiesto dalla frase, così come il comparativo, sono forme irregolari: il superlativo corrisponde ad *am liebsten*, il comparativo a *lieber*.

14 *Sich beschäftigen* è un verbo riflessivo. Il pronome riflessivo della terza persona singolare corrisponde a *sich*, quindi la risposta corretta è la D. *Seiner* e *seine* delle risposte A e B sono pronomi possessivi, *seim* della risposta C è una forma inesistente.

15 Quasi tutti i verbi che indicano movimento da o verso un luogo formano il passato prossimo con l'ausiliare *sein*. I verbi *fahren* e *fliegen* però presentano una particolarità: sono transitivi (cioè possono reggere un complemento oggetto) e formano il passato prossimo con *haben*. Nella frase citata *das Auto* costituisce il complemento oggetto di *fahren*, quindi la risposta corretta è la C.

16 La risposta corretta è la A. *Aber* corrisponde all'italiano *ma* nel significato di *tuttavia, però*, mentre *sondern* nel significato di *bensì, al contrario*. La correlazione *non solo... ma anche* si traduce *nicht nur... sondern auch*.

17 La frase esprime una necessità. In tedesco si può esprimere una necessità o un obbligo con la costruzione passiva *sein* + *zu* + infinito; quindi la forma corretta è *abzuwischen*. La risposta giusta è la C.

18 La risposta corretta è la D. *Leute* è plurale (a differenza di *gente* in italiano). Il verbo *begegnen* regge il dativo, quindi la forma corretta del pronome relativo plurale è *denen*.

19 In questo caso bisogna prima trovare la forma corretta del participio I di *amtieren*. Il participio I si forma aggiungendo la *-d* all'infinito, quindi la forma cercata è *amtierend*. Siccome in questa frase il participio I è usato come aggettivo attributivo si deve declinare; la risposta corretta è la B.

20 *Schloss* vuol dire *serratura*, da qui si può risalire al termine *chiave* (*Schlüssel*): dunque la risposta corretta è la A. *Schüssel* (risposta B) è sbagliata perché significa *ciotola. Tür*, la risposta C, significa *porta* e *Pforte*, la D, indica un *portone*.

21 In questa frase manca la parola tedesca per apprendistato (*Lehre*); la B è la risposta giusta. *Bildung* della risposta A è sbagliata perché vuol dire *educazione*. Con il prefisso *Aus- (Ausbildung)* sarebbe corretta. *Schule* (risposta C) è *scuola, Meister (*alternativa D*)* è *mastro.*

22 *Roviniert* (risposta A) non esiste. *Gestört* (risposta B) significa *disturbato. Bevölkert* (risposta D) vuol dire *popolato*. La parola corretta è *zerstört*, la risposta C è quella corretta.

23 Si deve trovare il termine economico opposto ad *Angebot* (*offerta*). *Frage* (risposta A) significa *domanda*, però in tedesco non è un termine economico. Va aggiunto il prefisso *nach*. La B e la C non significano niente. Rimane solo la D come risposta corretta.

24 Questa è una caratteristica espressione tedesca per chiedere: *cosa c'è che non va?* Un'altra espressione può essere: *Was stimmt nicht?*, quindi la D è la risposta corretta. *Was wird vermisst?* sarebbe giusto se l'espressione fosse *Was fehlt?*, lo stesso vale per la risposta B. *Was gibt's?* invece corrisponde a *Cosa c'è?*.

25 *Jemanden an die Hand nehmen* si traduce *condurre qualcuno per mano*, in senso letterale e figurato. Quindi la risposta giusta è la A: *aiutare qualcuno a fare qualcosa*. La B significa invece: *mettere qualcuno fuori strada*. La C vuol dire *salutare qualcuno* e la D *sequestrare qualcuno*.

26 La risposta corretta è la C; *die passenden Worte* sono le *parole adatte*, che si possono anche chiamare *geeignete Worte*. Nonostante tutte le risposte siano in qualche modo inerenti al parlare, non corrispondono all'espressione *usare le parole adatte*: *jemandem schmeicheln* vuol dire *adulare qualcuno*, *überzeugen* corrisponde a *convincere* e *schwören* significa *giurare*.

27 *Die Brücke, ponte*, è una costruzione utilizzata per *attraversare un fiume*; la risposta corretta è la C. *Ein öffentliches Verkehrsmittel* della risposta A significa *mezzo pubblico*, *die Fahrbahnmarkierung* sono le *strisce pedonali* e *ein Weg für Fahrradfahrer* è la *pista ciclabile*.

LINGUE STRANIERE

28 La risposta corretta è la B: *kaufen* ed *erwerben* significano *acquistare, comprare. Laufen* vuol dire *correre, handeln agire* o *vendere* e *ansehen guardare*.

29 *Hinweis* significa *indicazione, cenno*; la parola *Zeichen* ha lo stesso significato. Nonostante le parole delle risposte B, C e D possiedano la stessa radice (*-weis*), il significato è diverso. *Verweis* corrisponde a *rimprovero, Anweisung* a *indicazione* e *Weisheit* a *saggezza*. La risposta esatta è la A.

30 Un sinonimo per *Kleidung*, che corrisponde a *vestiti*, è *Sachen*. Però attenzione perché *Sachen* vuol dire anche *cose*. Le altre risposte sono sbagliate perché *Kamm* è *pettine, Seife* significa *sapone* e *Stoff* è il materiale con cui sono fatti i vestiti: *stoffa*.

31 *Anfang* è il *principio*, il suo contrario è *Schluss*: la risposta giusta è quindi la D. *Beginn* è un sinonimo di *Anfang, Teil* vuol dire *parte* e *Dauer* corrisponde a *durata*.

32 La risposta corretta è la D. *Später*, che vuol dire *più tardi*, è esattamente il contrario di *sofort* che corrisponde a *subito*. Le altre tre risposte sono sinonimi di *sofort*.

33 *Belohnen* significa *ricompensare*. Il contrario, *punire*, corrisponde a *bestrafen*; la risposta corretta è la C. Comparando i prefissi *be-* e *ent-*, *entlohnen* sembra a prima vista essere il contrario di *belohnen*, invece ha lo stesso significato. *Behaupten* vuol dire *affermare* e *sich verrechnen sbagliare i calcoli*.

34 La risposta corretta è la D. La *macchina* (*Auto*) si ferma nel *parcheggio* (*Parkplatz*); il *treno* (*Zug*) nella *stazione* (*Bahnhof*).

35 In *mare* (*Meer*) si può *nuotare* (*schwimmen*), in *montagna* (*Gebirge*) ci si può *arrampicare*. Il verbo tedesco per *arrampicare* è *klettern*, quindi la riposta corretta è la A. Tutte gli altri verbi sono sinonimi di *correre*.

36 Mentre in *estate* (*Sommer*) fa *molto caldo* (*Hitze*), in *inverno* (*Winter*) c'è *gelo* (*Frost*); la risposta corretta è la B. Le altre soluzioni indicano vestiti che si possono indossare in inverno: *Mantel* (*cappotto*), *Schal* (*scialle*) e *Mütze* (*berretto*).

37 La parola tedesca *Pyjama* corrisponde a quella italiana *pigiama*. Nelle quattro risposte offerte spicca subito la D con la radice *Schlaf* (*sonno*); *Schlafanzug* è un sinonimo di *Pyjama*; la risposta corretta è la D.

38 Questa frase significa: *Cercava un altro lavoro per cui pagavano uno stipendio più alto*. La risposta A è sbagliata perché *Herausforderung* vuol dire *sfida*. Anche la B è scorretta: i *colleghi* (*Kollegen*) non c'entrano con lo *stipendio*. La parola *Lohn* (risposta C) invece significa *stipendio*, quindi la C è la risposta corretta. *Chef* della risposta D significa *capo*.

39 Il verbo *wählen* significa *scegliere* e *votare*. Siccome la prima parte della frase vuol dire: *dove ti piacerebbe vivere*, possiamo assumere che in questo caso *wählen* prenda il primo significato. Anche *aussuchen* signfica *scegliere*, quindi la risposta corretta è la A.

40 Il cane di questa frase è un cane totalmente *innocuo* (*ganz harmlos*). Quindi si tratta di un animale *non pericoloso* che in tedesco si dice *ungefährlich*: la risposta corretta è la D. La risposta C è sbagliata perché: non è specificato da nessuna parte che il cane sia *molto carino* (*sehr lieb*). Le risposte A e B sono errate: *bissig* corrisponde a *mordace* e *hungrig* ad *affamato*.

41 Il verbo *aussehen* corrisponde a *avere l'aspetto, assomigliare*. Se verifichiamo i verbi delle quattro risposte, possiamo escludere la A perché *erkennen* significa *riconoscere*. La B è scorretta perché *nicht sehen können* si traduce: *Non può vedere*. Anche la risposta C non corrisponde esattamente al significato: *Lui è come suo padre*. Quindi la risposta corretta è la D: *ähneln* significa *assomigliare*.

42 In tedesco bisogna stare attenti alla differenza tra *lehren* e *lernen*. Mentre il primo significa *insegnare,* il secondo vuol dire *imparare*. Il messaggio della frase è che *lei insegna la chimica*. L'unica risposta corretta è la C: *Chemieunterricht geben* vuol dire *insegnare chimica*. Le altre tre risposte sono sbagliate.

43 *Etwas gegenüber gleichgültig sein* significa *essere indifferente rispetto a qualcosa*. La risposta C è quella esatta: *Nonostante sia totalmente indifferente nei confronti della politica, Hans legge ogni giorno il giornale*. Le risposte A, B e D sono sbagliate perché la A fa riferimento alla situazione politica, la B sostiene che *Hans non capisce la politica* e la D che *si interessa molto alla politica.*

44 In tedesco nella proposizione principale il verbo infinito deve sempre occupare l'ultimo posto, le risposte C e D sono scorrette. Per quanto riguarda la traduzione del verbo *esserci*, la risposta A risulta incompleta: *esserci* si può tradurre con *da sein* o *geben*. La risposta esatta è la B.

45 L'espressione *mettere in disordine* si traduce con *in Unordnung bringen* e il verbo *potere* in questo caso si traduce con *können*, perché il verbo *dürfen* accompagnato da una negazione indica un divieto o una proibizione. La B è la risposta corretta. La C è sbagliata perché traduce *nur zwei Stunden* (*solo due ore*) invece di *keine zwei Stunden (neanche per due ore).*

46 *Essere in grado* si traduce *fähig sein, können*. La risposta B è sbagliata perché il verbo *wissen* significa *sapere* nel senso di *conoscere* e non di *essere in grado*. *Es tut mir weh*, una forma che si trova nelle risposte C e D vuol dire *mi fa male*; una traduzione troppo forte per *mi dispiace*. È più adeguato dire *es tut mir leid* come nelle risposte A e B. Nella D vi è un altro errore; dice *ich weiss nicht viel über Mechanik* (*non so molto di meccanica*), invece di *non capisco niente di meccanica*. Rimane solo la risposta A come traduzione corretta.

47 La versione corretta è la D. La A è sbagliata perché non traduce correttamente la costruzione *um... zu*. Lo stesso vale per la risposta C, la quale inoltre traduce il verbo *nehmen* (*prendere*) con *andare*. Anche nella risposta B è sbagliato il verbo *andare*. Solo la risposta D è corretta.

48 La traduzione corretta di questa frase è: *Quando volli esprimere la mia opinione, ha continuato a parlare senza ascoltarmi*. Corrisponde quindi alla risposta A. La B è sbagliata in quanto dice *quando espressi*. Nella risposta C c'è un'inversione dei soggetti: *lui* voleva dirmi, *io* ho continuato a parlare. Anche nella frase D vi è un scambio di persona: dice che *io non l'ho ascoltato*, invece è *lui che non mi ha ascoltato.*

49 Nel primo paragrafo l'autore paragona gli usi alimentari nei Paesi mediterranei a quelli diffusi in Germania. Constata che *mentre nei primi esiste un altro modo di apprezzare il cibo, il tempo e la vita, in Germania attualmente il pranzo è dominato dalla fretta*. La risposta corretta è la D; l'autore afferma infatti che *per la pausa pranzo bisogna prendersi tempo*. Le altre risposte sono sbagliate poiché accreditano l'opinione opposta.

50 Il Mutter Ernst è un ristorante tradizionale dove si mangiano zuppa di lenticchie, costolette con crauti, e altri piatti tradizionali. La clientela consiste soprattutto in uomini d'affari che mangiano davanti al computer perché non hanno il tempo di pranzare con tranquillità. La risposta corretta è la C. La A è sbagliata poiché dice che gli avventori qui si prendono tempo per pranzare, la B e la D sono sbagliate: l'una fa riferimento a un fornaio, l'altra alla mensa della banca di Francoforte.

51 La parola *Platzhirsch* tradotta letteramente significa *cervo più forte*. Nel contesto rappresenta un oggetto o una persona molto attraente. Infatti il testo dice che *al chiosco dove si vendono salsicce e patate fritte c'è sempre la fila più lunga*. Possiamo quindi dire che la risposta corretta è la A. La B dice il contrario ed è quindi sbagliata. Anche la C non può essere giusta perché *nel chiosco non si offrono prodotti biologici*. Poiché nel testo non è menzionato che *il chiosco è nuovo* anche la risposta D è sbagliata.

LINGUE STRANIERE

52 L'autore dice che *nella mensa della banca di Francoforte si può scegliere ogni giorno tra una grande varietà di piatti preparati con prodotti freschi. Gli impiegati della banca però preferiscono andare a mangiare qualcosa in strada, dove c'è più viavai*. Possiamo quindi dire che la A è sbagliata perché non è vero che *qui si vende il cibo per una comunità "Fit-for-Fun"*. La B invece è la risposta corretta: *nella mensa della banca si trova una varietà di piatti preparati con prodotti freschi*. La C non può essere giusta perché afferma che *la mensa è troppo piena*; in realtà accade piuttosto il contrario. Anche l'affermazione della risposta D, nella quale si dice che *sono stati introdotti dei computer nella mensa*, è errata.

53 Al *Verkehrsgerichtstag* vengono discussi, ogni anno, i problemi relativi al traffico e vengono avanzate delle *proposte per delle nuove leggi del codice stradale*. Visto che si tratta soltanto di proposte, si può escludere la risposta A che afferma che *vengono emanate delle leggi*. Anche la B è inesatta perché è troppo specifica. La D sostiene che *i cittadini vengono informati sugli incidenti stradali*, mentre ciò non rientra nei compiti del *Verkehrsgerichtstag*. La C invece è la risposta corretta; afferma che *si redigono proposte per nuove leggi stradali*.

54 Relativamente alle multe per l'utilizzo del telefonino mentre si è al volante, il testo informa che *Peter Macke vuole elevare la multa attuale da 30 euro a 50 euro*. Le risposte A e C non sono quindi corrette perché parlano di *una riduzione della multa*. La B è sbagliata perché afferma che *la multa di 30 euro è adeguata*. La risposta corretta è quindi la D.

55 Mentre l'Unione europea è intenzionata a fissare il limite di 0,2 per mille di alcol nel sangue *per i neopatentati, Macke propone un limite di 0,0 per mille*. Motiva la sua opinione con alcuni dati: *i neopatentati causano il 25% degli incidenti stradali, mentre il 75% degli incidenti mortali sono causati da automobilisti sotto l'effetto dell'alcol*. Quindi la A è la risposta corretta, in quanto afferma che *per i principianti, che causano il 25% degli incidenti stradali, bisogna fissare il limite di 0,0 per mille*. La B sostiene che *per i neopatentati è sufficiente il limite di 0,2 per mille* e quindi è sbagliata.

La C è inesatta poiché afferma che *i principianti sono responsabili per il 25% degli incidenti stradali mortali*. La D è errata poiché dice che *l'11% dei principianti causa incidenti stradali*.

56 *Per la riunione del Verkehrsgerichtstag si incontrano esperti di circa 20 Paesi europei*. Quindi la risposta corretta è la B. La A e la D indicano *dove ha avuto luogo il congresso quest'anno: in Germania a Goslar*. La C non ha nulla a che fare con il testo.

57 L'autore afferma che *dopo tanti anni in cui tutti gli investimenti effettuati nelle aziende operanti in Internet sono stati caratterizzati da scarse possibilità di realizzare un profitto, si possono finalmente osservare i primi notevoli risultati. Questi ultimi riguardano però soprattutto la minoranza delle aziende più grandi*. L'affermazione della risposta A, secondo cui *dopo tanti anni finalmente si sono raggiunti profitti*, è l'unica risposta corretta. La B afferma che *vale la pena comprare azioni di aziende piccole*, contraddicendo quindi il testo. Lo stesso vale per la C: il testo non sostiene che *le aziende più grandi in questo momento vivono un periodo di ristrettezze*; in realtà è esatto il contrario. Anche l'affermazione della risposta D *è meglio non comprare azioni di aziende operanti in internet* non viene menzionata nel testo.

58 Nel secondo paragrafo l'autore sostiene che *nel settore delle aziende operanti in internet fino a oggi solo le tre aziende menzionate sono riuscite a "schwarze Zahlen schreiben"*. Quindi deve essere giusta la risposta D secondo cui *quelle aziende sono le uniche nel settore internet ad aver ottenuto dei profitti*. La C è sbagliata: invece di dire che queste aziende hanno cambiato il loro modello d'affari, afferma che *soltanto il loro modello permette di portare l'investimento a buon fine*. Le affermazioni delle risposte A e B (*le grandi aziende hanno perso clienti e le loro azioni sono cadute*) sono sbagliate.

PARTE QUARTA

59 *Le aziende che hanno successo nell'e-commerce devono avere solide fondamenta; hanno bisogno di una grande clientela fissa e un nome conosciuto.* La risposta corretta è la A. La B è sbagliata: il testo dice che *nel futuro Yahoo andrà incontro a grossi problemi se continua a dipendere così fortemente, come al momento, dai ricavi della pubblicità.* Lo stesso vale per la C. *L'esempio di E-Bay dimostra che un'azienda operante nell'e-commerce è più forte quanto meno dipende dagli affari del "mondo reale" (logistica, imballaggio ecc...).* La D non è corretta poiché nell'articolo si accenna al fatto che *le aziende internet devono agire con grande velocità e accettando qualche rischio.*

60 Perkmann, uno specialista di borsa e finanza, sostiene che *comprare azioni di grande valore significa fare un investimento sicuro.* La risposta A è sbagliata; il testo afferma che le aziende piccole operanti nell'e-commerce hanno poche possibilità. La B non è corretta perché nel testo non viene citato l'andamento degli *indici*. La C invece è corretta, infatti, afferma che *è sicuro comprare azioni di grande valore.* Anche la D è sbagliata poiché il testo non dice che *è sempre un rischio comprare un'azione di un'azienda operante nell'e-commerce.*

LINGUE STRANIERE

parte quinta

PROVA SIMULATA

Alpha Test

Scheda per le risposte della prova simulata

CONTRASSEGNARE LE RISPOSTE RELATIVE ALLE DOMANDE DELLA PROVA SIMULATA

	A	B	C	D		A	B	C	D		A	B	C	D
1					21					41				
2					22					42				
3					23					43				
4					24					44				
5					25					45				
6					26					46				
7					27					47				
8					28					48				
9					29					49				
10					30					50				
11					31					51				
12					32					52				
13					33					53				
14					34					54				
15					35					55				
16					36					56				
17					37					57				
18					38					58				
19					39					59				
20					40					60				

Introduzione

La prova simulata riportata nelle pagine seguenti è stata predisposta tenendo conto delle specificità della prova a cui il volume è dedicato.

La prova è costituita da **60 domande** suddivise in quattro sezioni:

1. quesiti da 1 a 18: logico-deduttiva;
2. quesiti da 19 a 33: comprensione verbale di testi;
3. quesiti da 34 a 53: cultura generale;
4. quesiti da 54 a 60: competenze linguistiche (in questa ultima sezione sono riportati 7 quesiti per ciascuna della quattro lingue straniere previste; al lettore è richiesto di rispondere ai quesiti di una sola lingua a scelta tra inglese, francese, spagnolo o tedesco).

Il tempo a disposizione per lo svolgimento dell'intera prova è di **90 minuti**, corrispondenti a un tempo medio per quesito pari a 1 minuto e 30 secondi. Si suggerisce di svolgere la prova cronometrando il tempo a disposizione in modo da simulare le condizioni della prova ufficiale.

La prova simulata è corredata da due *schede di risposte*: una *scheda vergine* (riportata qui a sinistra), sulla quale il lettore deve riportare l'alternativa scelta per ogni quesito e una *scheda già compilata* (alla fine del volume), che riporta la soluzione di tutti i quesiti della prova.

Una volta completata la prova (**e solo allora**) si confrontino le risposte indicate sulla scheda vergine con quelle presenti sulla scheda già compilata.

Per la **valutazione del risultato**, si utilizzi il seguente criterio:

- Risposta esatta: + 1
- Risposta errata: – 0,25
- Risposta omessa: 0

Al termine della prova simulata sono inoltre riportati i commenti di tutti i quesiti.

Quesiti di ragionamento logico-deduttivo

1 **Trovare l'alternativa che completa correttamente la seguente proporzione tra parole:**

laconico : logorroico = x : y

- A x = importuno; y = discreto
- B x = errato; y = anarchico
- C x = miope; y = presbiopia
- D x = disguido; y = equivoco

2 **Individuare l'accoppiamento improprio.**

- A Anestesista – Narcosi
- B Giornalista – Articolo
- C Enigmatico – Indovinello
- D Medico – Diagnosi

3 **Completare la seguente frase:**

«Il saldo contabile è quello … in un dato momento in base a tutte le operazioni che sono state … a debito e a credito del correntista».

- A atteso; in
- B registrata; poste
- C che; sì
- D risultante; registrate

4 **La frase «non c'è alcuna persona che parli bene l'inglese tra noi» è falsa.**

Questo significa che:

- A almeno una persona tra noi parla bene l'inglese
- B nessuno di noi parla bene l'inglese
- C tutti parlano bene l'inglese tra noi
- D una sola persona parla bene l'inglese tra noi

5 **«La perizia balistica non ha escluso l'impossibilità che il colpo non sia stato sparato dalla casa di fronte».**

La precedente affermazione è logicamente equivalente a:

- A sicuramente il colpo non è stato sparato dalla casa di fronte
- B il colpo deve essere stato sparato dalla casa di fronte
- C il colpo non potrebbe essere stato sparato dalla casa di fronte
- D nessuna delle altre risposte è corretta

6 **«Nell'ufficio di Silvia ci sono diversi scaffali con libri di storia e di matematica. Sugli scaffali con almeno due libri, almeno uno è di matematica».**

Se la precedente affermazione è vera, allora è vero che:

- **A** se su uno scaffale c'è un solo libro, questo è di matematica
- **B** uno scaffale che contiene tre libri ne ha sempre due di storia
- **C** il numero dei libri di storia su uno scaffale è sempre inferiore o pari al numero di libri di matematica
- **D** su uno scaffale che contiene due libri potrebbero non esserci libri di storia

---

Leggere il testo del seguente problema e rispondere alle relative domande.

A un torneo di scherma partecipano cinque atleti: Alvari, Bonelli, Lucaretti, Mongetti e Resti. Il regolamento del torneo prevede che tutti i partecipanti si incontrino tra loro due volte. Per ogni vittoria vengono assegnati 2 punti, mentre in caso di sconfitta il punteggio assegnato è pari a 0 (non è prevista la possibilità di pareggio dell'incontro).

Dopo che ogni atleta si è incontrato una volta con tutti gli altri si ha che:

1. Mongetti è a punteggio pieno;
2. il secondo in classifica ha 6 punti;
3. Alvari è quarto in classifica da solo;
4. tutti i partecipanti al torneo hanno vinto almeno una partita tranne Lucaretti;
5. Resti ha battuto Bonelli.

---

7 **Quanti punti ha totalizzato Resti?**

- **A** 4
- **B** 2
- **C** 6
- **D** 8

---

8 **Chi è il terzo in classifica?**

- **A** Bonelli
- **B** Lucaretti
- **C** Resti
- **D** Mongetti

---

9 **Quante partite ha vinto Bonelli?**

- **A** 0
- **B** 2
- **C** 3
- **D** 1

---

10 **Individuare il numero che completa correttamente la seguente successione di numeri:**
4, 5, 10, 8, 9, 18, 16, 17, 34, ...

- **A** 29
- **B** 68
- **C** 28
- **D** 32

PARTE QUINTA

11 **Un carpentiere può avvitare 56 viti in 1 ora. Se in un giorno lavorativo di 6 ore si devono avvitare 5040 viti, di quanti carpentieri si avrà bisogno?**

A 14

B 17

C 18

D 15

12 **Paola non ha sorelle. Chi è la sorella del figlio del nonno materno della figlia di Paola?**

A La mamma di Paola

B Una zia di Paola

C Non esiste tale persona

D Paola stessa

13 **Si pescano tre carte da due mazzi e si voltano su un tavolo. C'è un re alla destra di un asso; c'è un re alla sinistra di un re; c'è una carta di quadri alla sinistra di una carta di fiori; c'è una carta di quadri alla destra di una carta di quadri. Quali sono nell'ordine da sinistra a destra le tre carte?**

A Re di fiori, re di quadri, asso di quadri

B Re di quadri, re di quadri, asso di fiori

C Asso di quadri, re di quadri, re di fiori

D Con i dati a disposizione non si può determinare

14 **Una chitarra con la sua custodia costa in tutto 440 euro. La chitarra costa 400 euro più della custodia. Qual è il prezzo della custodia?**

A 40 euro

B 20 euro

C 10 euro

D 60 euro

15 **Mauro scrive alcune parole sul vetro appannato di una finestra. Dall'esterno Elena prova a leggerle. Quale delle seguenti parole risulta leggibile anche a Elena, dall'altra parte del vetro?**

A ASSO

B ASSE

C OTTO

D EMME

16 **Individuare il termine mancante.**

Laureati	Gatti
Diplomati	?

A Cani

B Mammiferi

C Università

D Docenti

PROVA SIMULATA

17 **Negare che "ogni uomo ha un nemico" equivale a dire che:**

- A esistono uomini senza nemici
- B nessun uomo ha un nemico
- C tutti gli uomini non hanno nemici
- D ogni uomo non ha un nemico

18 **Sei artigiani, lavorando allo stesso ritmo, impiegano 24 giorni per realizzare un mosaico. Quanto impiegherebbe un solo artigiano a compiere lo stesso lavoro?**

- A 36 giorni
- B 6 giorni
- C 124 giorni
- D 144 giorni

PARTE QUINTA

Quesiti di comprensione verbale del testo

Brano 1 **In base alle informazioni contenute nel brano seguente, rispondere alle successive domande.**

La fedeltà con cui l'uomo culturale si attiene alle norme tramandate del comportamento è assicurata in larga misura dal fatto che egli traspone quei sentimenti che aveva avuto per il datore della tradizione su tutto ciò che da questi gli veniva trasmesso. La persona che, in condizioni normali, esercita maggiormente questo influsso sul giovane è molto probabilmente il padre. Nelle grandi famiglie primitive questo ruolo poteva però essere assunto nello stesso modo anche da un fratello maggiore, da uno zio o dal nonno, ma in ogni caso da un membro della stessa famiglia. In questa sede io ho parlato sempre al singolare di datore di tradizione perché volevo esprimere con ciò la mia opinione che nella maggior parte dei casi è una persona singola ad assumersi il ruolo paterno di datore di tradizione; col che non voglio dire naturalmente che anche l'azione di massa di molti portatori di cultura non sia in grado di trasmettere la tradizione. Non sarebbe possibile svincolarsi dalle più strette e peculiari norme comportamentali della tradizione familiare, se l'amore e il rispetto che l'adolescente sente per chi gli dà la tradizione non si trasformasse a un certo punto, attraverso un vero e proprio cambiamento di segno, in una moderata ostilità e aggressività o, per essere più precisi, se questi sentimenti non si mescolassero con i loro antagonisti in modo ambivalente. L'intensità di questo rovesciamento dipende da molti fattori collaterali. Se il datore di tradizione è una persona tirannica e severa, che ha imposto con la violenza all'adolescente le norme comportamentali della famiglia, la ribellione sarà più violenta e accompagnata da più forti sentimenti di odio che nei confronti di un educatore più mite e "democratico". In ogni caso, però, probabilmente non è possibile che il distacco del giovane dalla famiglia avvenga senza che intervengano in qualche modo sentimenti di ostilità. Questo distacco, comunque, è altrettanto necessario per lo sviluppo della cultura umana quanto lo è l'impollinazione per certe piante e l'esogamia per molte specie animali. Appena l'adolescente ha cominciato a contrapporsi criticamente e quasi ostilmente alla figura paterna e alle norme del comportamento sociale che questa gli ha trasmesso, comincia anche a guardarsi intorno alla ricerca di altri datori di tradizione, che siano più lontani dallo stretto ambito familiare. A ciò seguono quindi i famosi anni di vagabondaggio, dopo gli anni dell'apprendistato. A volte essi si esprimono in un vero e proprio vagabondare, ma spesso prendono la forma di un viaggio di ricognizione spirituale. Ciò che spinge lontano l'individuo giovane è la nostalgia per qualcosa di ineffabile ed elevato, che si differenzi sostanzialmente dagli avvenimenti quotidiani della vita familiare. Non è difficile indicare quale sia il vero scopo, utile alla cultura e alla conservazione della specie, di questo comportamento appetitivo: esso sta nella ricerca di un gruppo culturale le cui norme sociali tradizionali si differenzino da quelle della società dei genitori, ma che nello stesso tempo abbiano sufficienti somiglianze con esse, in modo da permettere all'individuo di identificarsi con queste nuove norme. Così l'adolescente si trova spesso ad "adottare" un maestro, un amico più anziano, a volte addirittura un'intera famiglia amica, che agiscono per lui come nuovi datori di tradizione.

19 **Secondo l'autore, il distacco del giovane dalla propria famiglia:**

A riveste un ruolo marginale nello sviluppo della cultura umana

B avviene senza sentimenti di ostilità

C non può avvenire senza sentimenti di ostilità

D difficilmente avviene senza sentimenti di ostilità

PROVA SIMULATA

20 **Il comportamento appetitivo del giovane:**

- **A** si esprime spesso in un vero e proprio vagabondare
- **B** ha come oggetto norme sociali tradizionali totalmente diverse da quelle della società dei genitori
- **C** presuppone una posizione critica nei confronti del datore di tradizione
- **D** nessuna delle altre risposte è corretta

21 **L'argomento del brano è:**

- **A** religioso
- **B** etico
- **C** filosofico
- **D** psicologico

Brano 2 **In base alle informazioni contenute nel brano seguente, rispondere alle successive domande.**

Il destino dei libri a volte è strano come quello degli uomini. Herman Melville conobbe il suo primo insuccesso di critica e di pubblico nel 1851, quando diede alle stampe il suo capolavoro *Moby Dick*. Troppo ampio il divario fra i romanzi d'avventure esotiche e marinare che gli avevano regalato una certa notorietà e la tragedia senza tempo del capitano mutilato che insegue la balena (il caos?) che lo ossessiona, vicenda troppo cupa e apocalittica per poter essere subito accettata, compresa e apprezzata. Lo scrittore di New York sarebbe sopravvissuto quarant'anni al suo romanzo sulla balena bianca, non abbastanza per vedergli riconosciuti quei meriti stilistici, epici e contenutistici che ne hanno fatto uno dei capisaldi di quel formidabile battaglione letterario che è il romanzo ottocentesco.

Già nell'*Etimologia* che apre il romanzo, e che Melville attribuisce a «*uno smunto assistente ginnasiale ormai morto*», c'è un assaggio di quel che attende il lettore, del viaggio cui si sta apprestando. Prima di presentare le varie forme linguistiche con cui sono designati i cetacei, lo scrittore americano così descrive l'assistente ginnasiale che le ha raccolte: «*Amava spolverare le sue vecchie grammatiche; quel gesto, in qualche modo, gli ricordava con dolcezza la sua condizione di mortale*». E insieme alla mortalità, l'abisso, il male, il dolore dell'uomo e il caos che lo circonda sono i temi di *Moby Dick*. Argomenti con cui Melville aveva familiarità fin da quando, dodicenne, era rimasto orfano e aveva dovuto abbandonare gli studi per mettersi a lavorare, finendo per abbracciare la vita marinara, imbarcandosi su mercantili e baleniere. Temi tragici e universali con cui aveva familiarità anche Cesare Pavese, il classico e insuperato traduttore italiano di *Moby Dick*, maestro di Fernanda Pivano, la più importante americanista italiana del secondo Novecento, e poeta di un verso immortale: «*Verrà la morte e avrà i tuoi occhi*». Niente ci impedisce di immaginare che siano gli occhi acquosi della balena bianca che dal libro di Giobbe a quello di Melville ha navigato e turbato l'oceano dei sogni di generazioni di lettori.

22 **Dal brano si deduce che Herman Melville morì nel:**

- **A** 1891
- **B** 1851
- **C** 1871
- **D** 1819

23 **Nel brano si dice che *Moby Dick*:**

- **A** fu tradotto subito in italiano
- **B** fu censurato per la sua crudezza
- **C** fu subito considerato un capolavoro
- **D** inizialmente fu un insuccesso di critica e pubblico

24 **L'assistente ginnasiale cui si accenna nel brano è:**

- A l'autore dell'intero romanzo di Melville
- B la persona alla quale Melville attribuisce l'*Etimologia* che apre il romanzo
- C l'autore degli *Estratti* che aprono il romanzo
- D il narratore del romanzo

25 **Nel brano c'è una citazione in cui qualcuno «ricordava con dolcezza la sua condizione di mortale». Di chi si tratta?**

- A Dell'assistente ginnasiale
- B Del capitano Achab
- C Di Giobbe
- D Del sottoassistente di biblioteca

26 **Secondo l'autore del brano, il romanzo ottocentesco è:**

- A uno dei capisaldi della cultura occidentale
- B esemplificato da *Moby Dick*
- C in grado di turbare l'oceano dei sogni di generazioni di lettori
- D un formidabile battaglione letterario

Brano 3 **In base alle informazioni contenute nel brano seguente, rispondere alle relative domande.**

Se mi assumessi il risultato e dicessi al lettore: «Tale è il mio carattere», [1] credere, se non addirittura che lo inganno, almeno che mi inganno. Ma raccontandogli particolareggiatamente quanto m'è occorso, quanto ho fatto, tutto ciò che ho pensato, tutto ciò che ho sentito, non posso indurlo in errore (a meno che, per qualche ragione, non lo voglia e anche volendo non vi riuscirei facilmente in questo modo. Sta in lui di riunire quegli elementi e di determinare l'essere che compongono [2] il risultato sarà l'opera sua; e se allora s'ingannerà, tutto lo sbaglio sarà suo. Ora, a tal fine non basta che i miei racconti siano fedeli al vero, [3] pure che siano esatti. Spetta a me giudicare l'importanza dei fatti. Non credo, ma penso piuttosto di dover esporre tutti gli episodi verificatisi con tale sincerità da esporre anche le cose più spiacevoli. Mi ci sono applicato sin qui con tutto il mio coraggio, né me ne stancherò in seguito; ma i ricordi dell'età di mezzo sono sempre meno vivaci di quelli della prima giovinezza. Ho cominciato col trarre da questi il miglior partito che m'è stato possibile, e se gli altri mi tornano alla mente con la medesima forza, forse qualche lettore s'annoierà ma io non sarò scontento del mio lavoro. Da questa mia impresa non ho da temere che un'unica cosa: non dire troppo o dir menzogne, bensì di non dire tutto e di tacere qualche verità. Benché sia avanti con gli anni, mi sento più giovane di un ragazzino.

27 **Nel brano è stata omessa una chiusura per la parentesi che inizia dopo la parola *errore*. La chiusura di parentesi va messa dopo la parola:**

- A voglia
- B volendo
- C riuscirei
- D modo

28 **Nel testo è stato dimenticato un punto interrogativo. Dopo quale parola deve essere inserito (le parole sono a conclusione di altrettante frasi)?**

- A inganno
- B esatti
- C fatti
- D verità

PROVA SIMULATA

29 **Quale parola va al posto della parentesi col numero 1?**

A può
B poteva
C potesse
D potrebbe

30 **In corrispondenza del numero 2 manca un segno di punteggiatura. Si tratta di:**

A virgola
B due punti
C punto e virgola
D punto

31 **La parola omessa al numero 3 è:**

A anche
B voglio
C dovrà
D occorre

Brano 4 **In base alle informazioni contenute nel brano seguente, rispondere alle relative domande.**

Plank ha dimostrato che per stabilire una legge sull'irradiamento termico concordante con l'esperienza, bisogna utilizzare un metodo di calcolo la cui incompatibilità con i principi della meccanica classica diventa sempre più evidente. Grazie a questo metodo, Plank ha introdotto nella fisica l'ipotesi dei quanti che, in seguito, è stata oggetto di verifiche brillanti. Con questa ipotesi dei quanti, egli ha capovolto la meccanica classica, nel caso in cui masse sufficientemente piccole si spostano con velocità che toccano valori assai piccoli e accelerazioni sufficientemente grandi. Di modo che oggi non possiamo più considerare valide le leggi del movimento di Galileo e Newton se non come leggi-limite. Tuttavia, nonostante gli sforzi più tenaci dei teorici, non si è potuto fino ad oggi pervenire a sostituire i principi della meccanica con altri che corrispondano alla legge dell'irradiamento termico di Plank, o all'ipotesi dei quanti.

Benché non esista più alcun dubbio che abbiamo ricondotto il calore a un movimento molecolare, nondimeno dobbiamo confessare che noi ci troviamo oggi, davanti alle leggi fondamentali di questo movimento, nella stessa situazione degli astronomi prima di Newton davanti ai movimenti dei pianeti.

Ho fatto allusione a un insieme di fatti nello studio teorico dei quali i principi vengono meno. Si può egualmente presentare il caso in cui principi chiaramente formulati conducano a conseguenze che escono totalmente o quasi totalmente dai limiti del dominio dei fatti attualmente accessibili alla nostra esperienza. Può darsi che, in questo caso, un lavoro di ricerche empiriche di lunghi anni sia necessario per sapere se i principi corrispondono alla teoria della realtà. La teoria della relatività ce ne offre un esempio.

L'analisi delle idee fondamentali di tempo e di spazio ci ha mostrato che il teorema della costanza della velocità della luce nel vuoto, che si deduce dall'ottica dei corpi in movimento, non ci costringe affatto ad accettare la teoria generale che tiene conto della circostanza che, nelle esperienze eseguite sulla terra, non notiamo mai nulla del movimento di traslazione terrestre. Si fa uso, in questo caso, del principio di relatività che dice: le leggi naturali non cambiano di forma, quando si passa dal sistema iniziale di coordinate (riconosciuto corretto) a un nuovo sistema concepito come animato da un movimento di traslazione uniforme in rapporto a se stesso. Questa teoria ha già ricevuto dall'esperienza verifiche notevoli e ha condotto, in unione con il complesso dei dati raccolti, ad una semplificazione della rappresentazione teorica.

Ma, d'altra parte, dal punto di vista teorico, questa teoria non dà completa soddisfazione, perché il principio della relatività sopra enunciato dà la preferenza al movimento uniforme. Se è vero che partendo dal punto di vista fisico non si può attribuire un senso assoluto al movimento uniforme, la questione di sapere se questa affermazione deve estendersi egualmente ai movimenti non uniformi, sorge spontanea. È

stato provato che se si prende come base il principio di relatività esteso in questo senso, si ottiene una estensione molto caratterizzata della teoria di relatività e si è condotti così a una teoria generale della gravitazione, comprendente la dinamica.
Abbiamo stabilito che la fisica induttiva pone delle questioni alla fisica deduttiva e viceversa e che la risposta a queste questioni esige la tensione di tutti gli sforzi.

---

32 Cosa ha reso possibile l'introduzione dell'ipotesi dei quanti da parte di Plank?

A L'incompatibilità della meccanica classica con i principi dell'irradiamento termico
B La sua dimostrazione che per le leggi sull'irradiamento occorre usare metodi di calcolo in contrasto con i principi della meccanica classica
C La scoperta dell'irradiamento termico
D La scoperta dei quanti

---

33 Newton si trovava di fronte ai movimenti dei pianeti come i fisici moderni si trovano di fronte alle leggi:

A della meccanica classica
B dell'irradiamento termico
C fondamentali della fisica
D fondamentali del movimento molecolare

PROVA SIMULATA

Quesiti di cultura generale

34 **Cosa si intende con il termine *lavoro nero*:**

A lavoro irregolare ovvero l'impiego di lavoratori dipendenti non risultanti dalle scritture o altra documentazione obbligatorie

B l'estrazione del petrolio in Medioriente

C l'attività dei giornalisti di cronaca nera

D le ore di straordinario non retribuite al lavoratore

35 **In quale anno è stato firmato a Roma il trattato istitutivo della Comunità economica europea (CEE)?**

A Nel 1964

B Nel 1956

C Nel 1969

D Nel 1957

36 **Quale delle seguenti proposizioni contiene un verbo ausiliare?**

A Si serve della mia macchina per andare dalla parrucchiera

B Io sono colui che viene

C Ha una nuova fidanzata

D Ieri sono andato a pescare

37 **Quale delle seguenti proposizioni contiene un complemento di tempo determinato?**

A Da quando gioca a calcio si è molto irrobustito

B Non ho tempo da perdere questa sera

C È una fanciulla di 18 anni

D Per tutto il tempo che sono stato qui, ho osservato il personale

38 **In che periodo è vissuto il filosofo David Hume?**

A Nel XVIII secolo

B Nell'antichità greca

C Nel 1600 d. C.

D A cavallo fra il 1500 e il 1600 d. C.

39 **Quale dei seguenti tipi di campo è spesso utilizzato, per la sua natura, come campo chiave primaria in Access?**

A Memo

B Contatore

C Logico

D Oggetto OLE

40 **Si riconosca la serie che abbina correttamente tutte le seguenti signorie alle rispettive città egemonizzate:**

- A Gonzaga/Verona; Della Scala/Mantova; Visconti/Milano; Estensi/Ferrara
- B Visconti/Milano; Della Scala/Verona; Estensi/Ferrara, Gonzaga/Mantova
- C Della Scala/Mantova; Gonzaga/Verona; Estensi/Milano; Visconti/Ferrara
- D Della Scala/Verona; Estensi/Mantova; Gonzaga/Ferrara; Visconti/Milano

---

41 **Nel discorso storiografico, con l'espressione «cattività avignonese» s'intende alludere:**

- A al crudele espansionismo dei duchi d'Avignone ai danni del contado
- B al celebre assedio d'Avignone da parte degli inglesi
- C alla cosiddetta prigionia del pontefice nella città d'Avignone
- D all'eccidio di centinaia di ugonotti da parte degli avignonesi

---

42 **Quale tra i seguenti eventi avvenne nel 1453?**

- A La scoperta dell'America
- B L'ascesa della dinastia Romanov in Russia
- C La nascita di Federico II di Svevia
- D La fine dell'Impero romano D'Oriente

---

43 **Lo scontro, avvenuto il 7 ottobre 1571, era destinato a rivestire un alto valore simbolico: per la prima volta l'imperversare incontrastato delle flotte musulmane, che aveva trasformato il Mediterraneo in una sorta di "lago ottomano", subiva una pesante battuta d'arresto. Le navi cristiane, in primo luogo di Venezia e della Spagna, conseguivano una clamorosa affermazione che, per quanto poi non adeguatamente sfruttata sul piano politico e militare, segnava l'inizio di un'inversione di tendenza. Si tratta della battaglia:**

- A di Malta
- B di Ceuta
- C dell'Invincibile Armata
- D di Lepanto

---

44 **Quale tra le seguenti donne di Casa Savoia, scomparsa a 94 anni nel 2001, era anche nota come la "regina di maggio"?**

- A Margherita
- B Mafalda
- C Maria Gabriella
- D Maria José

---

45 **La "questione delle foibe" si inquadra nei rapporti:**

- A italo-jugoslavi
- B italo-libici
- C italo-tedeschi
- D italo-albanesi

---

46 **Quale dei seguenti autori ha vinto nel 1999 il premio Nobel per la letteratura?**

- A Dario Fo
- B José Saramago
- C Aleksandr Solzenicyn
- D Günther Grass

47 **Con il termine Neorealismo si definisce:**

A una corrente culturale, attiva al principio del XX secolo, che privilegiò quale strumento conoscitivo della realtà, il sentimento

B un clima culturale caratterizzato da un forte legame con le vicende contemporanee e da un notevole impegno sociale e politico dello scrittore e dell'artista in genere, attivo negli anni Cinquanta del Novecento

C una posizione culturale caratterizzata dalla centralità della riflessione sulla comunicazione

D un movimento culturale e filosofico ottocentesco di matrice romantica

48 **Il periodico «Il Politecnico» fu fondato da:**

A Giovanni Berchet

B Niccolò Tommaseo

C Aleardo Aleardi

D Carlo Cattaneo

49 **Quale fu uno degli eventi che diede avvio al movimento Neoclassico?**

A Gli scavi di Ercolano e di Pompei

B La Rivoluzione francese

C La morte di Luigi XIV

D La venuta di David a Roma

50 **Qual è il colore più tipico e caratteristico dei quadri monocromi di Yves Klein?**

A Blu

B Rosso

C Bianco

D Nero

51 **Indicare l'alternativa da scartare.**

A Atene

B Londra

C La Valletta

D Barcellona

52 **Quali sono le lingue ufficiali di Malta?**

A Maltese e Italiano

B Maltese e Arabo

C Maltese e Inglese

D Solo l'Inglese

53 **La cascata che ha la maggior portata d'acqua al mondo è:**

A Paulo Afonso

B Iguaçu

C Niagara

D Urubupunga

Quesiti di lingue straniere

In questa sezione sono riportati 10 quesiti per ciascuna della quattro lingue straniere previste nei test di ammissione dell'area di Lingue e Mediazione Linguistica. Ai candidati è richiesto di rispondere ai quesiti di una sola lingua a scelta tra inglese, francese, spagnolo o tedesco. La numerazione dei quesiti parte da 54 per ciascuna delle lingue.

INGLESE

Select the part of the sentence that contains a mistake.

54 **"<u>Is Jenny there</u>?" "No, <u>she isn't</u>." "But <u>isn't that her</u> car?" "No, <u>her</u> is white."**

A Is Jenny there

B she isn't

C isn't that her

D her

Fill in the blanks with the right word(s).

55 **This book gives you some _____ for studying and learning in a short time.**

A tips

B advices

C advise

D council

Find the right synonym of the word.

56 **Chairman**

A Secretary

B Publisher

C President

D Judge

57 **Cosy**

A Alike

B Worth

C Icy

D Comfortable

PROVA SIMULATA

Select the right meaning of the phrase or sentence underlined.

58 They decided, <u>out of the blue</u>, to sing old songs in the street.

A Predictably
B Unexpectedly
C Hopelessly
D Slowly

Find the meaning of the following sentence.

59 After the car accident that occured to my family I did realize how much I love them.

A I've never really understood how much I love my family
B At the time my family had the car accident I loved them less than I do now
C I love my family more because of the car accident I had
D It's such a surprise to me that my family are well and alive

Correct the underlined part of the sentence with the right words.

60 If the Democratic candidate has his way, the most important issue to be debated in this campaign <u>has been</u> the defence budget.

A have been
B is
C will be
D had been

FRANCESE

Repérez la traduction correcte de la phrase.

54 Mi chiedo come tu sia riuscito a risolvere quel problema: parlamene.

A Je me demande comment tu soit réussi à résoudre ce problème: parles-en-moi
B Je me demande comment tu aies réussi à résoudre ce problème: parles-m'en
C Je me demande comment tu est réussi à résoudre ce problème: parle-en-moi
D Je me demande comment tu as réussi à résoudre ce problème: parle-m'en

Repérez le sens correct de la phrase.

55 Que de gens dans cette place!

A Il y a beaucoup de monde dans cette place
B Les gens dans cette place sont bizarres
C Il y a des gens étranges dans cette place
D Il y a peu de monde dans cette place

56 Un de mes amis docteurs, que ma famille estime beaucoup, m'a envoyé cette jolie carte postale.

A Le docteur de mes amis estime ma famille

B Ma famille estime mes amis

C Ma famille estime le médecin qui est un de mes amis

D Mon médecin estime ma famille

Repérez le sens correct de la partie soulignée de la phrase.

57 Ils seront les bienvenus <u>en raison de</u> leurs mérites.

A justement

B malgré

C néanmoins

D étant donné

Repérez le mot qui complète la proportion.

58 peintre: artiste = sociologue: x

A étudiant

B spécialiste

C studieux

D docteur

Repérez le faux synonyme du mot.

59 Porter

A Ranger

B Avoir

C Tenir

D Engendrer

Complétez les phrases suivantes avec une des solutions proposées

60 Malgré tout leur courage leurs projets _____.

A ont failli

B sont faillis

C ont échoué

D sont échoués

PROVA SIMULATA

54 **Escoja la palabra que completa mejor el texto de la frase propuesta.**
Julia está muy flaca ___ lo mucho que come.

A contra
B desde
C por
D para

55 **Señale la frase incorrecta.**

A Me temo que Mario vendrá cuándo le apetezca
B ¡Mira por donde vas!
C Cuando el sol se puso, sentí frio
D ¿Quieres decirme dónde dejaste mi ropa?

56 **Escoja la palabra que completa mejor el texto de la frase propuesta.**
Cuando hace frío me pongo un ___ de lana.

A paraguas
B sombrerete
C gorro
D chaqueta

57 **Escoja la palabra o el grupo de palabras que completa mejor el texto de la frase propuesta.**
En nuestra ___ tenemos once cerdos y trece vacas.

A jaula
B quintana
C viña
D granja

58 **Señale la frase incorrecta.**

A Pregunta a Violeta qué si tiene frío
B Violeta ha preguntado su numero de telefono
C Francisco pidió otra cerveza
D Francisco me pidió que le dijera el nombre de tu marido

59 **Escoja el grupo de palabras que completa mejor el texto de la frase propuesta.**
Pedro ___ cuando se hirió con el cuchillo.

A empezó a llorar
B echó a llorar
C tenía que llorar
D comencé a llorar

60 **Escoja el grupo de palabras que completa mejor el texto de la frase propuesta.**
Cocinaré yo ___ quieras hacerlo tú.

A siempre que
B cuando que
C salvo que
D mientras que

Welcher der unterstrichenen Satzteile ist falsch?

54 **Das Europäische Parlament ist die einzige Institution des Europäische Union, die öffentlich tagt und berät.**

A Das Europäische Parlament

B die öffentlich

C berät

D des Europäische Union

Finde das richtige Synonym.

55 **Resultat**

A Ergebnis

B Fehler

C Ausweg

D Richtung

Finde das Gegenteil.

56 **Beruhigung**

A Ruhe

B Betonung

C Aufregung

D Verrat

Finde das Wort, dass das Verhältnis richtig ergänzt.

57 **Salz : Pfeffer = Öl : x**

A Suppe

B Topf

C Besteck

D Essig

Finde die richtige Bedeutung der unterstrichenen Satzteile.

58 **Ilse ist sehr emsig, aber für eine Person allein ist es zu viel Arbeit.**

A Ilse ruht sich ständig aus

B Ilse arbeitet schnell und pausenlos

C Ilse ist sehr freundlich

D Ilse ist sehr wissbegierig

Finde die richtige Bedeutung der Sätze.

59 Sollte es wirklich schon so spät sein?

- A Ich kann nicht glauben, dass es schon so spät ist
- B Ich dachte, es wäre schon viel später
- C Jetzt ist es zu spät
- D Es ist noch sehr früh

60 Das wärs für heute; wir setzen die Arbeit morgen fort.

- A Heute sind wir fertig geworden, morgen fahren wir weg
- B Heute haben wir die Arbeit hier beendet, morgen müssen wir woanders hin
- C Für heute sind wir fertig, morgen machen wir weiter
- D Heute hatten wir kein Glück, vielleicht wird es morgen besser

Commenti

1 *Laconico* indica una persona di poche parole, mentre *logorroico* indica chi si esprime in modo prolisso e incessante. L'alternativa corretta è la **A** l'unica che propone altri due contrari: l'aggettivo *importuno* (derivato mediante il prefisso con valore negativo *in-* dalla stessa radice di *opportuno*) indica perciò cosa o persona *che dà disturbo, invadente*. Al contrario, chi è *discreto* è *riservato, rispettoso, moderato*. La difficoltà nel riconoscere la risposta esatta può forse consistere nel fatto che, derivando dal verbo *discernere* (*distinguere, dividere, giudicare*), l'aggettivo ha anche un significato quantitativo (*moderato, entro giusti limiti*), qualitativo (*soddisfacente, abbastanza buono*), etimologico (*discontinuo*). L'alternativa **D** è da escludere perché formata da vocaboli (*disguido/equivoco*) fra loro sinonimi, anziché contrari. La **C** infine è errata perché instaura una relazione tra aggettivo e sostantivo e non tra due aggettivi.

2 In ciascuna alternativa proposta, il secondo termine indica un prodotto o una prestazione caratteristica della persona indicata dal primo termine. Così, l'*anestesista* esegue una *narcosi* (che è un tipo di anestesia), il *giornalista* scrive un *articolo*, il *medico* effettua una *diagnosi*. Chi è abile e si occupa di elaborare o risolvere *indovinelli* non è però un *enigmatico* (aggettivo) bensì un *enigmista*. La risposta esatta è dunque la **C**.

3 La risposta corretta è data dall'alternativa **D**. Tutte le altre propongono una coppia di parole che non completa correttamente la frase. In particolare, si deve porre attenzione all'alternativa **B**. In questo caso, la parola *registrata* (femminile) non concorda con *saldo contabile* (maschile) a cui si riferisce.

4 La soluzione all'esercizio è fornita dall'alternativa **A**. Infatti, se è falso che «non c'è alcuna persona», allora significa che «c'è almeno una persona». Non si può dire invece con certezza se tutti sappiano parlare bene inglese (alternativa **C** errata) o una persona sola (alternativa **D** errata).

5 *Non escludere* qualcosa significa "ammettere come possibile" quel qualcosa. Nella frase, questo qualcosa è *l'impossibilità che il colpo non sia stato sparato dalla casa di fronte*, vale a dire "la certezza che il colpo sia stato sparato dalla casa di fronte". Il senso complessivo della frase è dunque che, in base alla perizia, *è possibile la certezza che il colpo sia stato sparato dalla casa di fronte*. Pertanto, nessuna delle alternative proposte è corretta e la risposta da indicare è la **D**.

6 Affermare che, se ci sono due o più libri su uno scaffale, almeno uno è di matematica, significa dire che sugli scaffali dove ci sono due o più libri sicuramente uno è di matematica. Quindi, in teoria, su uno scaffale con due libri si potrebbero trovare due libri di matematica (si è sicuri che almeno uno lo sia, ma potrebbero esserlo entrambi) e nessun libro di storia (la **D** fornisce la soluzione dell'esercizio). Si faccia attenzione all'alternativa **A**: il testo dell'esercizio non tratta il caso di scaffali contenenti un solo libro.

7 Per rispondere al quesito è necessario costruire una tabella a due colonne in cui riassumere le informazioni fornite dall'esercizio:

Atleta	**Punteggio**

Se Mongetti è a punteggio pieno (informazione 1) e ha disputato 4 partite (ha infatti incontrato una volta sola ognuno dei quattro avversari) ha un punteggio di 8 punti. Lucaretti, non avendo mai vinto una partita (informazione 4), ha un punteggio pari a 0. È inoltre noto che il secondo in classifica ha 6 punti (informazione 2) e che Alvari (informazione 3) occupa da solo il quarto posto (quindi Lucaretti è quinto da solo con i suoi 0 punti).

Atleta	Punteggio
Mongetti	8
	6
Alvari	
Lucaretti	0

Per completare la tabella si consideri che il secondo classificato, avendo 6 punti, ha vinto tutte le partite tranne quella contro Mongetti; ancora però non è chiaro se questo secondo in classifica sia Resti o Bonelli. Per capirlo, basta considerare l'affermazione 4, secondo cui tutti (tranne Lucaretti) hanno vinto una partita (e hanno perciò almeno 2 punti), e la 5, secondo la quale Resti ha battuto Bonelli. Resti è quindi il secondo in classifica e Bonelli il terzo.

Atleta	Punteggio
Mongetti	8
Resti	6
Bonelli	
Alvari	
Lucaretti	0

A questo punto resta solo da ricavare il punteggio conseguito da Bonelli e da Alvari. Bonelli ha perso con Mongetti e con Resti, ma ha vinto con Lucaretti e, dal momento che lo precede in classifica, anche con Alvari e ha quindi accumulato 4 punti. Ne segue che Alvari ha vinto solo contro Lucaretti e ha dunque un punteggio di 2 punti. La tabella può quindi essere così completata:

Atleta	Punteggio
Mongetti	8
Resti	6
Bonelli	4
Alvari	2
Lucaretti	0

La soluzione al quesito è quindi la C.

8 Sulla base della tabella che abbiamo costruito si ricava che Bonelli è il terzo in classifica, quindi la risposta corretta è la A.

9 Dalla tabella risulta che Bonelli occupa il terzo posto in classifica e ha un punteggio pari a 4. Ciò significa che Bonelli ha vinto 2 partite e dunque la soluzione al quesito è fornita dall'alternativa B.

10 La successione è governata da più *operazioni aritmetiche che si ripetono ciclicamente*; l'ordine delle operazioni è il seguente: aggiungere uno (+ 1), moltiplicare per due (× 2), sottrarre due (– 2). Osservando la successione data, si nota il seguente andamento: 4 + 1 = 5; 5 × 2 = 10; 10 – 2 = 8; 8 + 1 = 9; 9 × 2 = 18; 18 – 2 = 16; 16 + 1 = 17; 17 × 2 = 34; 34 – 2 = 32. La risposta corretta è la D.

11 Se un carpentiere in 1 ora avvita 56 viti, in 6 ore ne avviterà 336. Per sapere quanti carpentieri servono per avvitare 5040 viti si deve dividere questo valore per 336. Il risultato dell'operazione è 15 e la soluzione al quesito è la D.

12 Il nonno materno è il padre della propria madre. Perciò il nonno materno della figlia di Paola è anche il padre di Paola. Il figlio di questi è evidentemente il fratello di Paola. Sapendo che Paola non ha sorelle, l'unica sorella del fratello di Paola è quindi proprio Paola. La risposta corretta è la **D**.

13 Il quesito obbliga solo a un po' di attenzione all'ordine in cui sono disposte le carte. Seguendo le indicazioni si ha che: la prima carta da sinistra è un asso; seguita da un re e da un altro re. Inoltre, la prima carta a sinistra è di quadri, seguita da un'altra di quadri e una di fiori. Abbinando queste informazioni si ha l'ordine delle carte riportato dalla risposta **C**.

14 Si presti attenzione all'alternativa **A** (errata). Se la custodia costasse 40 euro, allora la chitarra, che costa 400 euro più della custodia, costerebbe 440 euro e la somma tra i due costi darebbe 480 euro (mentre il totale deve essere 440). La soluzione al quesito è fornita dall'alternativa **B**: infatti, se la custodia costa 20 euro, la chitarra ne costa 420 e il totale è proprio 440 euro.

15 Per risolvere l'esercizio si può provare a leggere le alternative attraverso il foglio, voltando la pagina. Ci si accorge che l'unica parola che si legge ancora correttamente è OTTO. La soluzione al quesito è fornita dall'alternativa **C**. Attenzione: EMME non può essere la risposta esatta, anche se si tratta di un'altra parola palindroma (cioè che presenta le lettere nella medesima successione sia da destra sia da sinistra). Infatti, pensando di leggere dall'altra parte del vetro, bisogna considerare anche la *forma* che assumono le lettere: mentre in OTTO le lettere sono tutte figure simmetriche rispetto all'asse longitudinale, le E di EMME non lo sono e, dall'altra parte del vetro, si mostrano così: ƎMMƎ .

16 Analizzando lo schema per colonna, si osserva che i termini *laureati* e *diplomati* sono correlati da una relazione di appartenenza (i laureati sono tutti diplomati, ossia appartengono all'insieme dei diplomati); analogamente i *gatti* appartengono all'insieme dei *mammiferi*. La risposta corretta è quindi la **B**.

17 Se si nega che ogni uomo ha un nemico, si afferma che c'è almeno un uomo senza nemici. La risposta corretta è pertanto la **A**.Non si può dire quanti siano questi uomini, ma sicuramente ce ne sono alcuni (uno o più di uno). Non si può, invece, affermare quanto riportato dalle alternative **B**, **C** ed **D** che, in forma diversa, affermano che sono "tutti" gli uomini a non avere nemici.

18 Dal momento che i sei artigiani lavorano allo stesso ritmo, ciascuno di loro in un giorno svolge un lavoro pari a $\frac{1}{6} \times \frac{1}{24} = \frac{1}{144}$ del lavoro totale. Quindi, per compiere l'intero lavoro un solo artigiano impiega 144 giorni, risposta **D**.

Soluzioni al Brano 1

19 Da quanto si afferma verso la metà del brano, si comprende che la risposta corretta al quesito è la **D**. L'alternativa **A** è errata in quanto l'autore giudica il distacco del giovane dalla propria famiglia come «altrettanto necessario per lo sviluppo della cultura umana quanto lo è l'impollinazione per certe piante e l'esogamia per molte specie animali».

20 In relazione al comportamento appetitivo del giovane, trattato nella seconda parte del brano, risulta vera l'alternativa **C**. Questo comportamento si esprime a volte, e non spesso (alternativa **A** errata), in un vero e proprio vagabondare e ha come oggetto norme sociali solo in parte e non totalmente (alternativa **B** da escludere) diverse da quelle della società dei genitori.

21 In questo caso l'alternativa corretta è la **D**. Nel brano viene infatti analizzato il percorso di crescita psicologica di un individuo, concentrandosi in particolare sulla fase adolescenziale di distacco dalla famiglia.

Soluzioni al Brano 2

22 La risposta esatta è la **A**. Nel brano, infatti, si dice che Melville sopravvisse quarant'anni a *Moby Dick*, di cui viene indicata la data di pubblicazione, il 1851. Sommando le due cifre si ricava 1891, l'anno di morte dello scrittore. L'alternativa **D** riporta invece la data di nascita di Melville, che non viene mai citata nel brano.

23 La risposta esatta è la **D**. Proprio all'inizio del brano si dice che *Moby Dick* fece registrare il primo insuccesso di critica e di pubblico di Melville. Dal testo si deduce che il romanzo cominciò a essere considerato un capolavoro solo nel Novecento. Si accenna anche alla traduzione italiana di Pavese che però non è ottocentesca, ma risale agli anni Quaranta del Novecento.

24 Nel brano non si accenna affatto né alla figura del narratore né agli *Estratti* che seguono l'*Etimologia*. Le ultime due alternative sono quindi da scartare, al pari della prima: l'autore del romanzo è ovviamente Melville; l'assistente ginnasiale è semplicemente uno dei tanti personaggi creati dallo scrittore (a cui Melville attribuisce l'*Etimologia* che apre il romanzo), al pari del sottoassistente di biblioteca cui sono attribuiti gli *Estratti*. La risposta esatta è quindi la **B**.

25 La risposta esatta è la **A**. Le due uniche citazioni da *Moby Dick* contenute nel brano hanno come protagonista l'assistente ginnasiale. Il capitano Achab invece, pur essendo la figura centrale del romanzo di Melville, non viene mai citato con il suo nome nel brano.

26 La risposta esatta è la **D**. Nel brano si dice infatti che *Moby Dick* è «uno dei capisaldi di quel formidabile battaglione letterario che è il romanzo ottocentesco». L'alternativa **C** riporta invece le ultime parole del brano, che però non sono specificamente rivolte al romanzo ottocentesco, quanto piuttosto a *Moby Dick* e al senso della morte che lo caratterizza.

Soluzioni al Brano 3

27 La parentesi si apre dopo la frase *non posso indurlo in errore* e si deve chiudere alla fine della frase. Eliminando la parentesi, la frase diventa: *ma raccontandogli particolareggiatamente quanto m'è occorso, quanto ho fatto, tutto ciò che ho pensato, tutto ciò che ho sentito, non posso indurlo in errore e anche volendo non vi riuscirei facilmente in questo modo.* La soluzione al quesito è, dunque, fornita dall'alternativa **A**.

28 Per individuare dove inserire il punto interrogativo si provi a vedere come iniziano le frasi che cominciano dopo le parole proposte dalle alternative. Dopo *fatti* (metà brano) la frase seguente inizia con *non credo* che è l'*incipit* di una risposta dell'autore a una domanda che si è appena posto. La soluzione al quesito è, quindi, fornita dall'alternativa **C**.

29 La prima frase del brano, da cui è stata tolta la parola 1, è un periodo ipotetico della possibilità. In tale periodo l'ipotesi è presentata come soltanto possibile e il tempo verbale usato è il congiuntivo imperfetto (*se mi assumessi il risultato e dicessi*). In tale periodo ipotetico il verbo della frase reggente (detta apòdosi) deve essere il condizionale presente o l'imperativo. La parola mancante è quindi, *potrebbe* e la soluzione è fornita dall'alternativa **D**.

30 Dopo la parola *compongono* si ha una nuova frase di pari grado rispetto alla precedente e con un nuovo soggetto. Inoltre ha un valore esplicativo. Ciò richiede la presenza dei due punti. La soluzione al quesito è fornita dall'alternativa **B**.

31 Per completare correttamente la frase è necessario sostituire al numero 3 la parola *occorre*, infatti: [...] *non basta che* [...], *occorre pure che* [...]. La soluzione al quesito è fornita dall'alternativa **D**.

Soluzioni al Brano 4

32 La risposta esatta è la B. Dal brano risulta infatti che Plank ha introdotto nella fisica l'ipotesi dei quanti, dopo aver dimostrato che, per stabilire una legge sull'irradiamento termico concordante con l'esperienza, bisogna usare un metodo di calcolo incompatibile con i principi della meccanica classica.

33 Nel brano si propone il confronto fra la situazione della ricerca delle leggi fondamentali dell'astronomia prima di Newton e di quella del movimento molecolare affrontata dai fisici odierni. La risposta esatta è quindi la D.

Soluzioni di cultura generale

34 La locuzione *lavoro nero* (o noto anche come lavoro irregolare) non presenta una definizione giuridica univoca. Un primo tentativo di definizione si deve alla Legge n. 73 del 23 aprile 2002 che così dispone in tema di lavoro irregolare: l'impiego di lavoratori dipendenti non risultanti dalle scritture o altra documentazione obbligatorie. Risposta corretta A. Da un punto di vista sociologico, viene considerato lavoro nero l'attività a scopo di lucro realizzato in violazione della legge.

35 Il trattato CEE, firmato a Roma nel 1957, riunisce Francia, Germania, Italia e Paesi del Benelux in una Comunità avente per scopo l'integrazione tramite gli scambi in vista dell'espansione economica. La risposta esatta è la D.

36 I verbi ausiliari sono *essere* e *avere,* limitatamente ai casi in cui reggono il participio passato di un altro verbo nella formazione dei tempi composti o delle forme passive. Ciò non si verifica nelle alternative B e C, dove *essere* e *avere* sono usati secondo il proprio significato. Si verifica invece nell'alternativa D (*sono andato*), che è pertanto la risposta esatta. È interessante notare anche che *essere* e *avere* sono ausiliari di sé stessi (per esempio: *sono stato*; *ho avuto*).

37 La risposta C propone un complemento di età. L'alternativa A presenta una proposizione temporale, mentre la D contiene un complemento di tempo continuato. La risposta esatta è la B. *Questa sera* è un complemento di tempo determinato in quanto indica il momento in cui avviene l'azione e risponde alla domanda: quando? Si noti che questo complemento pur non essendo diretto viene spesso costruito senza preposizione (*Ci siamo conosciuti l'anno scorso*).

38 David Hume, esponente dell'empirismo inglese, è nato nel 1711; la risposta esatta è la A.

39 Affinché sia possibile mettere una tabella in relazione con altre, è necessario che in ciascuna di esse (salvo casi particolari) uno dei campi sia individuato come chiave primaria. Questo campo serve a garantire l'univocità dei record contenuti nella tabella, ovvero che ciascun record sia in qualche modo (almeno per il valore contenuto nel campo chiave primaria) diverso da tutti gli altri della tabella.

Un campo chiave primaria deve rispondere a determinate caratteristiche: quelle fondamentali sono l'unicità dei valori che contiene e il fatto di non poter contenere valori vuoti, che sono proprio le caratteristiche distintive di un campo di tipo Contatore. La risposta corretta è dunque la B.

40 Il corretto abbinamento tra Signoria e città egemonizzata, tra la fine del Medioevo e l'inizio dell'Età Moderna, è quello fornito dalla risposta B. Infatti, i Visconti governarono Milano, i Gonzaga Mantova, gli Estensi Ferrara e i Della Scala Verona.

41 Il termine «cattività avignonese» designa il periodo del XIV secolo (1309-76) in cui la Curia Papale si spostò da Roma ad Avignone, dove il pontefice era "tutelato" dal sovrano di Francia, che l'aveva aiutato a respingere le pretese imperiali e da cui in pratica dipendeva. La risposta esatta è la C.

42 Nel 1453 l'Impero romano d'Oriente con capitale Costantinopoli fu conquistato dai turchi di Maometto II e si sgretolò definitivamente. L'unico altro evento riportato nelle alternative che si verificò nel XV secolo fu lo sbarco di Colombo in America nel 1492. La risposta esatta è quindi la **D**.

43 La battaglia navale che nell'autunno 1571 oppose una flotta cristiana, di cui facevano parte navi della Spagna di Filippo II, delle Repubbliche di Venezia e di Genova e del Papato, a una flotta musulmana dell'impero Ottomano si svolse a Lepanto (risposta esatta **D**) e vide la schiacciante affermazione dei cristiani, che recuperarono posizioni nel controllo del mar Mediterraneo.

44 L'alternativa corretta è la **D**. Maria José del Belgio, figlia di Alberto I, sposò nel 1930 Umberto di Savoia che, per poche settimane, dopo l'abdicazione del padre Vittorio Emanuele III, fu sovrano d'Italia nel maggio 1946. Da qui il soprannome dato a Maria José la quale, dopo la proclamazione dei risultati del referendum istituzionale che abolì la monarchia, seguì il marito nell'esilio portoghese.

45 La risposta esatta è la **A**. Tra il 1943 e il 1945, nelle foibe, inghiottitoi naturali del Carso, vennero sepolti migliaia di italiani, uccisi dai comunisti jugoslavi che facevano capo a Tito. Il numero delle vittime è a tutt'oggi incerto e la questione si inquadra nei difficili rapporti bilaterali italo-jugoslavi che portarono, nel secondo dopoguerra, all'esodo di migliaia di Dalmati e di Istriani in Italia.

46 Lo scrittore tedesco Günther Grass ha vinto il premio Nobel per la letteratura nel 1999 (risposta corretta **D**). La sua produzione artistica è dominata da un forte impegno storico e politico e da un'accesa polemica contro gli atteggiamenti piccolo borghesi. Dario Fo (**A**) ha ricevuto il premio Nobel nel 1997; José Saramago (**B**) nel 1998; Aleksandr Solzenicyn (**C**) nel 1970.

47 La risposta corretta è la **B**. Il Neorealismo raggiunse pieno sviluppo tra il 1945 e il 1955 e fu caratterizzato da un forte legame con le vicende contemporanee, dalla passione della testimonianza e da un notevole impegno sociale e civile da parte dello scrittore. Ebbe importanti adesioni anche in campo cinematografico.

48 «Il Politecnico» fu fondato nel 1839 da Carlo Cattaneo (un periodico omonimo fu creato anche da Elio Vittorini nel 1945) e divenne la più importante rivista culturale del periodo pre-unitario. Ampio risalto venne dato ad argomenti di scienza e tecnica, considerati strumenti di progresso sociale. La risposta esatta è la **D**.

49 Verso la metà del XVIII secolo torna d'attualità il Classicismo, che durante il XVII secolo e la prima metà del Settecento era stato messo in ombra dall'irrompere del Barocco e del Rococò, pur senza mai scomparire del tutto. Il Classicismo si alimenta ora delle nuove scoperte archeologiche: le rovine romane sono studiate con sistematicità; in particolare Carlo III di Borbone promuove a Napoli gli scavi di Ercolano e Pompei, dove viene alla luce una grande quantità di reperti. La risposta esatta è dunque la **A**.

50 La risposta corretta è la **A**. Yves Klein (Nizza, 1928 - Parigi, 1962) trovò una particolare tonalità di blu oltremare, profonda e brillante, che brevettò con il nome di International Klein Blue (IKB) e utilizzò in buona parte delle sue opere.

51 Tranne Barcellona, tutte le altre città sono capitali di Stati che fanno parte dell'Unione europea. Barcellona (risposta esatta **D**) è invece la capitale della Catalogna, una delle regioni amministrative della Spagna, la cui capitale è Madrid.

52 Al centro del Mediterraneo, abitata fin dal 5000 a.C., l'isola di Malta conquistò l'indipendenza dall'Impero britannico nel 1964 e nel 2004 è entrata nell'Unione europea. Conta poco più di 400mila abitanti, ha per capitale La Valletta e le sue lingue ufficiali sono il Maltese e l'Inglese (risposta esatta **C**).

53 Le quattro cascate riportate dalle alternative sono quelle che hanno la maggior portata d'acqua al mondo. Al primo posto vengono le cascate del Niagara (risposta esatta: C) con un flusso di 64.680 m^3 d'acqua al secondo. Seguono la cascata Paulo Afonso (30.480 m^3), Urubupunga (29.566 m^3) e Iguaçu (1.859 m^3).

INGLESE

54 Tutte le costruzioni alla forma interrogativa e negativa sono esatte. La risposta da indicare è la D, dato che il pronome, riferito alla macchina, non è *her* ma *hers*.

55 *Consigli* può esser tradotto con *uncountable advice*, oppure, in un registro più colloquiale, con *tips*. La risposta giusta è dunque la A.

56 *Chairman* è sinonimo di *presidente*. La risposta corretta è quindi la C.

57 *Cosy* vuol dire *comodo, confortevole* ed è sinonimo di *comfortable*. La risposta giusta è la D.

58 La scelta dei colori in quasi tutte le espressioni idiomatiche non corrisponde a quella dell'italiano. *Out of the blue*, infatti, significa *di punto in bianco* e quindi, per usare un avverbio, *improvvisamente, insospettatamente. Predictably* (risposta A), *hopelessly* (risposta C) e *slowly* (risposta D) significano *prevedibilmente, disperatamente, lentamente*. La risposta corretta è la B.

59 Il parlante sostiene di essersi accorto di amare davvero la famiglia dopo l'incidente che le è capitato. L'incidente non è accaduto a lui (risposta C), né il parlante si stupisce che la famiglia sia sana e salva (risposta D), né che prima dell'incidente l'amasse meno (risposta B). La risposta corretta è la A: *Non mi sono mai reso veramente conto di quanto ami la mia famiglia*.

60 L'esercizio chiede l'uso corretto dei tempi verbali. La frase si riferisce a un evento futuro: la risposta esatta è pertanto la C.

FRANCESE

54 L'avverbio *comment* introduce un'interrogativa diretta il cui verbo è sempre all'indicativo, in francese: le traduzioni A e B suggeriscono il congiuntivo di *être* e *avoir* (così come si userebbe in italiano). La C è da escludere perché l'ausiliare del verbo *réussir* è *avoir*, a differenza dell'italiano. Inoltre, l'imperativo dei verbi della prima coniugazione alla seconda persona singolare termina in *-e*; la *-s* si aggiunge solo se il pronome che segue inizia per vocale. Inoltre, *en* è sempre in seconda posizione, quindi la traduzione corretta è *parle-m'en*: la risposta esatta è la D.

55 Seguito dal sostantivo, *que de* traduce l'aggettivo indefinito *quanto*; quindi l'esclamazione significa *Quanta gente in questa piazza!* La risposta corretta è la A: *Ci sono molte persone in questa piazza*. La risposta D afferma il contrario. Le risposte B e C esprimono lo stesso concetto, ovvero che le persone nella piazza sono strane.

56 La struttura grammaticale con cui inizia il periodo viene chiamata doppio genitivo, e traduce la presenza di un determinante davanti a un aggettivo possessivo: in questo caso, *un mio amico*. Di conseguenza, la traduzione sarà *un mio amico dottore*, e non *un dottore dei miei amici*. Inoltre, il *que* all'inizio della relativa è un complemento oggetto; in altri termini, è la mia famiglia che lo stima molto, non viceversa. Ora, è chiaro che la risposta A è sbagliata (*Il dottore dei miei amici stima la mia famiglia*); secondo la risposta B, la *mia famiglia stima i miei amici*; quanto alla risposta D (*Il mio medico stima la mia famiglia*) non è detto che questo amico sia anche il mio medico e, comunque, non è lui che stima la mia famiglia. La risposta corretta è la C.

PROVA SIMULATA

57 La locuzione *en raison de* significa *in ragione di, per merito* o *a causa di*. Delle soluzioni proposte quella corretta è la D, poiché *étant donné* significa *dato, in considerazione di*. Gli avverbi proposti dalle risposte A, B e C significano: *giustamente, malgrado* (esatto contrario rispetto a *en raison de*, in questo caso), *tuttavia*.

58 *Artista* (*artiste*) definisce la categoria alla quale appartiene il *pittore* (*peintre*); il *sociologo* (*sociologue*) non è uno *studente* (*étudiant*, risposta A), né *studioso* (*studieux* è aggettivo, colui che studia molto, risposta C), né un *medico* (*docteur*, risposta D). Sicuramente è riferito a uno *specialista*: la risposta esatta è la B.

59 Tra i numerosissimi significati e usi di *porter* vi sono: *indossare, portare, avere* (risposta B), *tenere, sorreggere* un peso (risposta C) e *causare, portare, comportare* (risposta D). La risposta al quesito è la A: *ranger* significa *sistemare, ordinare*.

60 Il verbo mancante traduce *fallire*. Nonostante la radice comune a quella di questo verbo italiano, *faillir* significa *rischiare di, stare per* ed è seguito da infinito: le risposte A e B sono errate (comunque, l'ausiliare corretto sarebbe *avoir*). *Fallire* si traduce *échouer*, in riferimento a un piano, un progetto; il suo ausiliare è *avoir*: la risposta esatta è la C.

SPAGNOLO

54 La preposizione cercata è *para*, come correttamente espresso nell'alternativa D.

55 La frase sbagliata, che costituisce perciò la soluzione al quesito, è la A (la versione corretta sarebbe: *Me temo que Mario vendrá cuando le apetezca*). Infatti, gli avverbi interrogativi presentano l'accento se precedono proposizioni interrogative dirette; lo perdono se invece precedono proposizioni interrogative indirette.

56 Quando fa freddo, un *berretto* (traduzione di *gorro*) è quanto di meglio possa riparare la testa. La risposta esatta è quindi la C. Si noti che il *sombrerete* è un termine botanico che identifica esclusivamente il cappello dei funghi; il *paraguas* è l'ombrello; infine, *chaqueta* (giacca) è un sostantivo femminile.

57 Il quesito richiede dove si possano tenere *undici maiali* e *tredici mucche*. La risposta cercata è rappresentata dall'alternativa D, che significa appunto *fattoria*. La *jaula* è la *gabbia* (oltre a identificare il carcere); la *quintana* è la *villa di campagna*, mentre la *viña* produce uve da vinificazione o da tavola, ma non ricovera bestiame.

58 Il quesito indaga la capacità di usare i verbi *pedir* (chiedere per ottenere) e *preguntar* (chiedere per sapere). L'alternativa B, che rappresenta una richiesta per ottenere (in questo caso un numero di telefono), è sbagliata e pertanto costituisce la soluzione dell'esercizio.

59 *Si mise a piangere* viene reso correttamente dalla frase proposta dall'alternativa A. Si noti che la costruzione *echarse a* (alternativa B) è una forma riflessiva e qui manca il *se*. L'alternativa C (che, per altro, propone una forma verbale all'imperfetto) in questo contesto non ha significato. L'alternativa D, infine, propone il verbo *comenzar*, anch'esso adeguato all'espressione cercata, ma alla prima persona singolare.

60 Il quesito chiede di individuare la congiunzione che introduca esattamente la proposizione subordinata eccettuativa, che è correttamente individuata dall'alternativa C.

TEDESCO

54 La risposta corretta è la D. *Union* è un sostantivo singolare femminile e qui è un complemento di specificazione; l'articolo determinativo femminile al genitivo è *der* e l'aggettivo declinato *Europäischen*.

55 La risposta corretta è la A. *Resultat* e *Ergebnis* hanno lo stesso significato: *risultato*. Le altre risposte sono sbagliate: *Ausweg* corrisponde a *uscita*, *Fehler* è *errore* e *Richtung* significa *direzione*.

56 *Beruhigung* è un sostantivo che deriva dal verbo *beruhigen*, *calmare*. Il contrario è *agitazione* che corrisponde a *Aufregung*: quindi la risposta esatta è la C. *Ruhe*, avendo la stessa radice (*Ruh*) di *Beruhigung*, ha un significato simile; vuol dire *calma*. *Betonung* e *Verrat* non hanno niente a che vedere con la parola cercata; significano *intonazione* e *tradimento*.

57 In questo esempio si deve trovare il condimento giusto: *sale* e *pepe* (*Salz, Pfeffer*) costituiscono una "coppia" come *olio* e *aceto*. La parola tedesca per *aceto* è *Essig*, la risposta corretta è quindi la D. *Suppe* vuol dire *zuppa*, *Topf pentola* e *Besteck posate*; anche questi sono oggetti che si trovano in cucina, ma non sono i condimenti.

58 *Emsig* significa *operoso*. Di tutti i significati suggeriti, sono da escludere: *Ilse* si *riposa* (risposta A), è molto *gentile* (risposta C), è *avida di sapere* (risposta D). La risposta corretta è la B: *Ilse lavora veloce e senza pausa*.

59 *Sollte es wirklich* è un'esclamazione dubitativa che si usa quando non si può credere che qualcosa sia davvero così come sembra. La traduzione corretta della frase è: *Non posso credere che sia già così tardi*. La risposta corretta è la A. La C è sbagliata poiché ha il significato opposto, nemmeno la B e la D sono corrette.

60 La frase significa *per oggi ci siamo: proseguiamo domani il lavoro*. *Weitermachen* è un sinonimo di *fortsetzen:* la risposta corretta è la C. La B (*domani partiamo*), la A (*domani dobbiamo andare altrove*) e la D (*forse domani avremo più fortuna*) sono errate.

Alpha Test

Scheda per le risposte della prova simulata

CONTRASSEGNARE LE RISPOSTE RELATIVE ALLE DOMANDE DELLA PROVA SIMULATA

	A	B	C	D		A	B	C	D		A	B	C	D
1	■	□	□	□	21	□	□	□	■	41	□	□	■	□
2	□	□	■	□	22	■	□	□	□	42	□	□	□	■
3	□	□	□	■	23	□	□	□	■	43	□	□	□	■
4	■	□	□	□	24	□	■	□	□	44	□	□	□	■
5	□	□	□	■	25	■	□	□	□	45	■	□	□	□
6	□	□	□	■	26	□	□	□	■	46	□	□	□	■
7	□	□	■	□	27	■	□	□	□	47	□	■	□	□
8	■	□	□	□	28	□	□	■	□	48	□	□	□	■
9	□	■	□	□	29	□	□	□	■	49	■	□	□	□
10	□	□	□	■	30	□	■	□	□	50	■	□	□	□
11	□	□	□	■	31	□	□	□	■	51	□	□	□	■
12	□	□	□	■	32	□	■	□	□	52	□	□	■	□
13	□	□	■	□	33	□	□	□	■	53	□	□	■	□
14	□	■	□	□	34	■	□	□	□	54	□	□	□	■
15	□	□	■	□	35	□	□	□	■	55	■	□	□	□
16	□	■	□	□	36	□	□	□	■	56	□	□	■	□
17	■	□	□	□	37	□	■	□	□	57	□	□	□	■
18	□	□	□	■	38	■	□	□	□	58	□	■	□	□
19	□	□	□	■	39	□	■	□	□	59	■	□	□	□
20	□	□	■	□	40	□	■	□	□	60	□	□	■	□

